LA POLITIQUE POSTMODERNE

Généalogie du contemporain

Logiques sociales
Collection dirigée par Bruno Péquignot

En réunissant des chercheurs, des praticiens et des essayistes, même si la dominante reste universitaire, la collection « Logiques Sociales » entend favoriser les liens entre la recherche non finalisée et l'action sociale.

En laissant toute liberté théorique aux auteurs, elle cherche à promouvoir les recherches qui partent d'un terrain, d'une enquête ou d'une expérience qui augmentent la connaissance empirique des phénomènes sociaux ou qui proposent une innovation méthodologique ou théorique, voire une réévaluation de méthodes ou de systèmes conceptuels classiques.

Dernières parutions

Emilie HENNEQUIN (dir.), *La Recherche à l'épreuve des terrains sensibles : approches en Sciences Sociales*, 2012.
Michel LIU, *La dynamique des organisations : l'émergence des formes démocratiques*, 2012.
Joseph AOUN, *Les identités multiples*, 2012.
Henry TORGUE, *Le sonore, l'imaginaire et la ville. De la fabrique artistique aux ambiances urbaines*, 2012.
Marie-Christine ZELEM, *Mondes paysans. Innovations, progrès technique et développement. Témoignage de Pierre Brugel*, 2012.
Hugues CUNEGATTI, *Passer son permis. Sociologie d'une formation déniée*, 2012.
Gilles VIEILLE MARCHISET et Anne TATU-COLASSEAU, *Sociologie(s) du sport*, 2012.
Olivier SERVAIS, *L'Épistémologie pratique de Pierre Bourdieu*, 2012.
Rahma BOURQIA (dir.), *Territoires, localité et globalité. Faits et effets de la mondialisation, volume 2.* 2012.
Rahma BOURQIA (dir.), *La sociologie et ses frontières. Faits et effets de la mondialisation, volume 1.* 2012.
Hugues CUNEGATTI, Charles SUAUD (dir.), *La sécurité routière : enjeux publics et société civile*, 2012.

Thomas Seguin

LA POLITIQUE POSTMODERNE

Généalogie du contemporain

© L'Harmattan, 2012
5-7, rue de l'École-Polytechnique ; 75005 Paris

http://www.librairieharmattan.com
diffusion.harmattan@wanadoo.fr
harmattan1@wanadoo.fr

ISBN : 978-2-296-99287-0
EAN : 9782296992870

Introduction

« Ce qu'est *valeur*, ce qu'est *sûre*, ce qu'est *homme*, on tient ces questions pour dangereuses, on les referme bien vite. Elles ouvrent, dit-on, la voie au "tout est permis", au "tout est possible", au "rien ne vaut". »

Jean-François Lyotard[1].

---

[1] LYOTARD Jean-François, *L'inhumain. Causeries sur le temps*, Galilée, Paris, 1988, p. 9.

La crise de la modernité est l'état de pensée postmoderne. Car cette crise appelle à interroger fondamentalement l'humanisme, elle invite à questionner le développement de notre civilisation et sa visée. Ces bouleversements ont certainement le mérite de rendre justice aux pensées dites de la contreculture, parce qu'il est probablement judicieux aujourd'hui de les considérer non plus comme des entités se dirigeant contre la culture mais des éléments indispensables pour la prolonger. Il n'est plus possible d'esquiver l'enjeu de la transition. Dans cette nouvelle situation, les critiques radicales deviendront sans aucun doute des forces de propositions et des sources d'inspiration.

Pour comprendre la crise contemporaine qui traverse les sociétés occidentales, il s'agit, en premier lieu, de saisir la nature des changements affectant l'évolution sociale. Avant même d'envisager l'action du politique, ou sa responsabilité, nous devons entrevoir une strate plus profonde : nos conceptions de la réalité. Car si crise il y a, elle repose essentiellement sur notre capacité à cerner et à concevoir les réalités émergentes d'une nouvelle société.

À la racine de l'ambivalence culturelle, nous avons une lente sédimentation épistémologique qui transforme la vision du monde moderne. La modernité – on l'oublie trop souvent – a aussi été un moment critique fondamental questionnant le statut même de la connaissance dans sa quête du vrai. Tout au long du XXe siècle, des découvertes physiques primordiales ont modifié nos schèmes de pensée, et le monde a semblé plus vaste, l'évolution toujours plus rapide. La révolution est au cœur de la dynamique naturelle, technique et sociale, parce que le monde bouge, et la réalité se meut car nous la concevons et nous l'expérimentons comme telle. La crise nous confronte à ces changements, elle nous oblige à les prendre en considération. Nous savons qu'il nous faut changer nos modes de pensée non seulement pour englober la réalité plus vaste, simplement se représenter l'expansion de ce monde, mais aussi dans le but de pouvoir agir en lui, c'est-à-dire de rendre compte de notre propre expérience sociale dans son environnement global.

D'où cet axiome déterminant : les crises scientifiques coïncident avec les crises politiques. La crise scientifique elle concerne le champ de nos représentations, elle est métaphysique, philosophique et jusqu'à un certain point spirituelle. La crise politique est sociale et culturelle, elle touche au champ de l'action, elle est en quelque sorte existentielle. Or, les fondations de nos connaissances déterminent les fondations de nos actions, et réciproquement. Nous distinguons mieux la configuration de la crise dans l'écart entre ces deux sphères. C'est pourquoi le complexe de la culture est si malaisé à discerner, parce qu'il symbolise un entrelacement constant de changements multiples, avec leurs temps différents, leurs espaces propres, leurs identités spécifiques, qu'il nous faut joindre, dans un même mouvement. Pourtant, nous héritons d'un diagnostic crédible. Il a été établi par un ensemble de sociologues et de philosophes, de physiciens et de biologistes, d'artistes et de militants politiques qui ont évalué les causes du déséquilibre et aperçu les horizons d'une « autre modernité ».

En lisant cette tradition moderne, nous déchiffrons les données du problème auquel nous devons faire face. Métaphysiquement, tous nos systèmes ont été bousculés. Politiquement, il est difficile de percevoir quelles sont les perspectives d'avenir, ou comment gouverner au présent. Socialement, nos projets de société poursuivent le projet humaniste dans sa forme tout en cherchant un contenu à son dessein. Culturellement, le vide socio-éthique se traduit par un malaise de plus en plus ample de la civilisation. La modernité paraît désormais incertaine. Mais, un consensus s'opère paradoxalement sur le fait que la modernité est entrée dans une étape réflexive sur son développement. « Modernité inachevée » (Habermas), « seconde modernité » (Beck), modernité « liquide » (Bauman), sont des notions qui intègrent progressivement la nécessité de refonder les concepts et de réinterpréter les objectifs premiers issus de cette époque.

Depuis déjà trois décennies, ce qui est court pour l'histoire des idées, nous assistons à un débat entre les tenants de la modernité et ses critiques postmodernes. Dans l'esprit des postmodernes, nous sommes bien témoins de la cristallisation d'une nouvelle ère. Derrière le postmoderne, nous devons voir une maturation synchronique de plusieurs domaines du savoir et de diverses aires d'activités sociales et culturelles. Bien que résultant de la modernité philosophique elle-même, ce moment débute esthétiquement après la seconde guerre mondiale, se catalyse socialement à la fin des années 1960, et se poursuit dans les projets politiques de l'après crise, au milieu des années 1970 jusqu'à nos jours. La genèse postmoderne est issue d'une interpénétration entre un moment philosophique (idée), une transition socio-culturelle (valeur), et des changements techniques (facteur).

Force est de constater toutefois que l'affirmation selon laquelle nous sommes entrés dans l'époque de la postmodernité ne peut se prévaloir de la totalité analytique que revêt la modernité comme période historique. Il est vrai que la question de la périodisation n'a pas perdu au fil des années son caractère polémique. Elle provoque encore des débats conflictuels entre les garants de la modernité et les tenants d'une époque envisagée sous l'angle du déclin ou de sa transformation. Nous nous trouvons donc dans une région confuse dont les frontières se situent entre la modernité tardive et une nouvelle situation sociale encore indéfiniment définie.

Les pages qui suivent sont animées d'un dessein modeste : clarifier ce qui se cache sous le vocable de « postmoderne », « postmodernité » ou « postmodernisme ». Notre travail a pour but d'explorer ces conceptions et leurs critiques des représentations modernes. L'exploration sémantique de la notion donne accès à des constats qui, au-delà des positions normatives, conservent une valeur conséquente afin de dessiner le relief de notre temps présent. Les postmodernes forment une constellation d'auteurs, notamment français (Baudrillard, Deleuze et Guattari, Derrida, Foucault, Lyotard), mais aussi anglo-saxons (Mouffe, Laclau, Jameson, Rorty), entre autres. Ils offrent à notre regard les contours d'un tableau esthétique de la modernité, dans ses réalisations comme dans son imprésentable. Les formes de la modernité ne sont cependant pas esquissées pour elles-mêmes, elles participent toujours de la constitution d'imaginaires de la postmodernité, recelant parfois un projet utopique affirmé. Nous envisageons de la sorte la pluralité des imaginaires qui investissent la contemporanéité.

Le mouvement postmoderne semble similaire au modernisme dans sa structure car il entend donner sens aux changements contemporains, à l'image de ce qu'ont fait, à leurs époques, les avant-gardes modernes. Ce courant de pensée tente d'articuler les transformations récentes dans un nouveau système d'intelligibilité. Il essaie de repenser et d'inventer des modes innovants de pensée et d'action. La postmodernité représente un terrain sociologique et politique qui est tantôt considéré comme un levier pour penser le changement, tantôt comme un symptôme. Se poser la question de la postmodernité par le biais de son ambivalence demeure fertile parce que, dans une modernité regardée comme solide, il y a des temps et des espaces postmodernes, il existe des mouvements de transition qui animent nos sociétés et recomposent le développement. Au cœur de l'ossature de la Postmodernité naissante, se trouve la psychologie d'un certain nombre d'hommes et de femmes[2]. Nous nous sommes par conséquent intéressés à la perspective descriptive qui se demande à quoi ressemble, et pourrait ressembler, la société postmoderne, dans son versant politique et social.

Nous ne prétendons pas réunir ici les différentes tendances singulières de la composante postmoderne. Loin de constituer une unité, le corpus est en lui-même traversé par cette recherche du commun, dans la forme et le contenu. Il n'est pas aisé de repérer les traits significatifs du magma postmoderne car ce n'est pas un courant total, il est disparate par nature. Généralement, l'usage du qualificatif postmoderne renvoie le plus souvent aux perspectives futures, aux méditations épistémologiques, à la volonté spéculative. Il souligne plus distinctement le besoin, pour le savoir, de répondre aux changements actuels, sur un plan théorique, ou tout simplement, la nécessité de les décrire, de manière novatrice, sur un plan pratique. Une définition du postmoderne peut varier selon le domaine de spécialité de notre interlocuteur. Néanmoins, tout domaine du savoir comporte des questionnements postmodernes, ou plus modérément, l'utilisation du terme « postmoderne ».

---

[2] MILLS Charles Wright (1959), *L'imagination sociologique*, La découverte, Paris, 1997, p. 152.

Il est possible de distinguer deux postures dans ces discours[3]. La première posture – postmodernisme anglo-saxon – voit dans la postmodernité une nouvelle époque dont la périodisation s'avère indispensable en définissant les changements structurels engendrés par un processus de postmodernisation. La seconde posture – postmodernisme européen ou continental – s'attache à développer une démarche herméneutique qui, au sein du moderne, réarticule et réagence ses valeurs, par la relecture et la réécriture de son projet. À ce stade, il serait vain de dissimuler le fait que le postmoderne a trait au jugement, tout un devenir post-moderne, de la pensée de l'art ou de la politique, rappelle le philosophe Jean-Luc Nancy[4]. L'état de la modernité exige que l'on juge, la postmodernité requiert un investissement, elle enjoint d'interpréter.

Si le postmodernisme est une lutte spectrale sur le sens de l'histoire, il est symptomatique d'une lutte sur la manière de « dire » et de « faire » l'histoire. La diffusion du savoir et le développement de l'information ont favorisé une démocratisation de la narration historique. La politique moderne quant à elle, avait pour fondement une configuration qui a subi de conséquentes mutations. Nous sommes aujourd'hui dans un monde complexe, marqué par l'interdépendance des phénomènes. Sous ce régime, la démocratisation est nécessaire au projet social et à la décision politique, pour parer à la fragmentation et composer l'image dialectique du social. Jusqu'où pouvons-nous être conscients de l'histoire en train de se faire ? Comment symboliser ce processus même ? À travers l'étude du postmoderne, il convient, à nos yeux, de comprendre la façon dont la société peut donner consistance à la temporalité historique, et suivant à l'identité.

Dans le domaine politique, les critiques indiquent nécessairement que le postmodernisme ne saurait constituer une théorie car elle ne renfermerait, selon eux, aucune considération

---

[3] Nous nous limitons aux sociétés occidentales, particulièrement l'Europe occidentale et l'Amérique du nord.
[4] NANCY Jean-Luc, « Dies irae » in *La faculté de juger*, Ed. Colloque Cerisy, Minuit, Collection *Critique*, Paris, 1985, p. 10.

sur l'Etat et la forme du pouvoir. La politique postmoderne serait sans utilité car elle ne rendrait compte d'aucune théorie de la société conçue comme une organisation systémique, mode de production basé sur des relations sociales et des institutions spécifiques[5]. C'est précisément cet exercice prospectif que nous allons poursuivre. Affirmer que l'incarnation politique postmoderne n'est pas suffisamment caractérisée ne signifie pas que son étude ne revêt aucune utilité. C'est probablement un des rôles de la science que de s'intéresser aux devenirs des idées, ainsi qu'aux potentialités des représentations. La sociologie a certainement aussi pour rôle d'anticiper les faits sociaux dans leurs germes, ou de contribuer à les former, c'est-à-dire configurer l'avenir dans une simulation.

S'interroger sur un système politique d'organisation postmoderne est une étape indispensable afin d'évaluer les conditions de possibilité comme d'impossibilité d'une telle organisation, d'un tel passage entre le postmodernisme comme pensée, et le postmodernisme comme pratique. Nous essayons de comprendre ce projet politique et ses représentations en répondant à la question suivante : « qu'est ce qu'être politiquement postmoderne ? ». Dans un monde, semble-t-il, de plus en plus voué à l'incertitude, nous désirons montrer que le postmoderne, malgré les vaines polémiques, en dépit de sa pluralité intrinsèque, contient une signification politique forte pour le développement des sociétés occidentales que cela soit culturellement, économiquement ou politiquement.

La première partie décrit les traits déterminants de la condition postmoderne. La seconde partie interroge, de manière analytique, la nature de l'idéologie de ce courant. La troisième partie poursuit, dans un premier temps, la critique et la déconstruction du pouvoir moderne, dans les formes de sa régulation sociale, une homogénéisation comprise comme une négation. Dans la quatrième partie, nous distinguons l'Unité moderne, et son modèle d'intégration spécifique, de l'Unicité Postmoderne, et ses formes embryonnaires de solidarité. La cinquième et dernière partie détaille les éléments d'une

---

[5] BEST Steven, KELLNER Douglas, *Postmodern Theory. Critical interrogations*, The Guilford Press, New York, 1991.

reconstruction de nouveaux modèles de gouvernance incluant la différence en politique. Peu ou prou, notre travail se situe dans l'élaboration d'une politique de civilisation telle que la conçoit Edgar Morin, qui relie, par une herméneutique sociale, connaissance et socialité, tout en construisant des perspectives de développement sur le long terme.

Partie I

La condition postmoderne

Les auteurs de ce courant de pensée décrivent une condition dont il nous faut saisir les déterminants car elle est une figure essentielle de notre époque. Cette condition, envisagée préalablement par son aspect individuel, peut à la fois être comprise par un processus global plus large d'accentuation des logiques modernes, qui soutient l'hypothèse de la postmodernisation.

La situation contemporaine est marquée par l'hétérogénéisation qui fragmente les sociétés modernes, et leur fait perdre le fil de leurs développements. Cependant, différentes pensées postmodernes coexistent, il en est de même des descriptions de la société postmoderne, tantôt dépeinte positivement, tantôt négativement. Boisvert expose ainsi que « certains s'intéressent aux effets sociaux de la mutation postmoderne, tandis que d'autres se penchent sur le développement de nouvelles valeurs, sur les changements épistémologiques, ou encore la définition des rapports de pouvoir »[6]. Le postmoderne évoque surtout le dépassement d'un certain seuil dont l'appréhension, par les cadres cognitifs de la modernité, ne nous permet plus de développer une intelligibilité suffisante.

Il serait possible de circonscrire une période claire et lisible à partir de laquelle réaliser une généalogie des changements supposés apporter une modification paradigmatique. Nous pourrions, en effet, considérer l'ère qui s'ouvre, après la seconde guerre mondiale comme celle de l'émergence de la condition postmoderne, de l'hypothèse de la postmodernité et de la pensée postmoderne. Dans cette période, le terme acquiert en effet une certaine popularité et s'inscrit progressivement dans le paysage intellectuel. Il est associé à l'apparition d'une forme culturelle et sociale en lien avec l'accélération des changements techniques, les développements communicationnels et médiatiques.

---

[6] BOISVERT Yves, *L'analyse Postmoderniste. Une nouvelle grille d'analyse socio-politique*, L'Harmattan, Paris, 1997, p. 53.

Chapitre 1. Le prisme de la technique

Parce qu'elle est un symbole de la rationalisation, la technique est un objet privilégié pour cerner la condition postmoderne et déceler les motifs politiques de la déconstruction.

La modernité s'est directement conçue comme un effort de rationalisation. Et la rationalisation de la société se comprend de plus en plus par le prisme de la technique. Des modes de vie aux modes de gouvernement, la technique s'insinue dans les moindres recoins de l'organisation sociale. Les postmodernes interrogent cette figure inquestionnable car la technique devient en quelque sorte un modèle pour illustrer la gestion des différents types de rationalité dans une gouvernance politique postmoderne.

L'optimisme scientiste du XXe siècle nous semble loin aujourd'hui quand nous considérons, à l'aube du XXIe siècle, la technique et son lien avec la société. Les postmodernes questionnent l'application indifférenciée de la technique sur la politique, les relations sociales et, plus fondamentalement, sur l'humain. Mais la pensée postmoderne n'est pas anti-technologique. L'horizon technologique paraît indépassable tant d'un point de vue culturel qu'économique. Que cela soit l'idéal de la société de l'abondance ou celui de l'économie de la connaissance, ces perspectives nous renvoient toutes au développement technologique comme moyen d'émancipation. La civilisation postmoderne ne se développera pas sans technologies[7].

Si les arguments en faveur d'une régression technologique ne sont pas soutenables, la croyance moderne qui nous aveugle sur les implications de la technique est tout aussi intenable. Pourtant, l'évolution des techno-sciences et des modes de vie induits nous confrontent à des enjeux sociaux et culturels déterminants. Les rapports entre l'homme et son environnement sont considérablement modifiés par ces facteurs.

---

[7] FERRÉ Frederick, *Being and Value. Towards a Constructive Postmodern Metaphysics*, State University of New York Press, 1996, p. 316.

Hétérogénéisation et fragmentation

La première conséquence de la technique, c'est l'hétérogénéisation. La rationalisation est multiple, elle se déploie par une spécialisation des activités graduellement incontrôlable. Elle représente à la fois, un progrès dans chaque sous-ensemble de l'activité, mais elle constitue aussi une multiplicité pouvant être envisagée comme un processus de fragmentation.

Les postmodernes dépeignent un processus sociétal de différenciation dans lequel la communication sociale est fragmentée en série de domaines autonomes. Plus la société se technicise, plus les groupes sociaux se spécialisent dans leurs rationalités propres. Les systèmes économiques, politiques, légaux, la science ou les arts établissent leurs propres références : ils opèrent de façon sui-référentielle. Chacun des sous-systèmes, en établissant l'autonomie de son discours, contribue au processus social de différenciation. Ils instituent leur indépendance par le respect des valeurs implicites de leurs domaines.

La pluralité de la postmodernité est une entité en excroissance constante car un nombre considérable de langages vient progressivement s'ajouter aux anciens, constate le philosophe Jean-François Lyotard[8]. Ce dernier observe un phénomène de dissémination des jeux de langage, les acteurs n'utilisant pas les mêmes jeux de langages. Or, nul ne peut parler toutes ces langues. L'hétérogénéisation des rationalités formelles se traduit par l'incapacité de maîtriser voire de localiser l'ensemble des mouvements de l'activité contemporaine. Elle résulte de la spécialisation grandissante des sous-ensembles, paradoxalement nécessaire à l'approfondissement des perspectives de chacun d'entre eux. La société ne paraît plus avoir de contrôle sur ce processus de différenciation.

Le politique est affecté car il était l'instance par laquelle s'effectuait le contrôle des sous-systèmes, il régulait et

---

[8] LYOTARD Jean-François, *La condition postmoderne : rapport sur le savoir*, Minuit, Paris, 1979, p. 76.

synchronisait les sous-systèmes qui produisent la société à travers leur coévolution. En analysant le pouvoir, Foucault discerne dans le monde moderne depuis le XXe siècle, « toute une série de rationalités gouvernementales qui se chevauchent, s'appuient, se contestent, se combattent les unes les autres »[9]. Il existe en effet une multiplication des rationalités ou des objectifs politiques, économiques, techniques, sociaux. L'entrecroisement des évolutions engendre une imprévisibilité relative aux conséquences de nos actions qui sont dorénavant liées à une multitude de domaines. L'art de gouverner concerne ces diverses manières de calculer et de rationaliser ; le politique n'est finalement que « le jeu de ces différents arts de gouverner avec leurs différents index […] »[10].

Malgré quelques outils à la disposition du politique, le sentiment flagrant d'une déprise de la réalité ou d'un dessaisissement fait peser une suspicion durable sur le pouvoir politique et écorche sa légitimité. Le politique est confronté à la pluralité de toutes ces rationalités qu'il doit combiner et hiérarchiser dans son exercice du pouvoir et sa gestion politique. Lyotard remarque qu'il faut de façon croissante « phraser le politique à beaucoup d'autres phrases »[11]. L'image de la société, reflétée par transparence, dans la figuration politique de la pluralité des évolutions, conservait jadis une cohérence. Cette cohérence se disloque dans la postmodernité au fur et à mesure que les sous-systèmes approfondissent leurs logiques et conçoivent la société d'après leurs prismes spécifiques, des cadres conceptuels qui semblent de plus en plus incommensurables.

La crise politique de la régulation relève d'une insuffisante appréhension des rationalisations à l'œuvre dans la société, un manque de réflexivité quant à ces processus de complexification. C'est la crise de l'idée de modèle éprouvée dans l'incapacité des sociétés à agir sur elle-même. Le politique ne parvient pas à figurer les réseaux de communication globaux

---

[9] FOUCAULT Michel, *Naissance de la Biopolitique : Cours au Collège de France 1978-1979*, Seuil, Paris, 2004, pp. 316-317.
[10] *Idem.*
[11] LYOTARD Jean-François, *L'enthousiasme. La critique kantienne de l'histoire*, Galilée, Paris, 1986, p. 112.

et multi-centrés dans lesquels nous sommes pris. Dans le contexte postmoderne, il doit pourtant circonscrire les contours de toutes ces rationalités qui donnent sa physionomie à la société. Un des objets de la politique postmoderne se rapporte à la clarification des logiques qui animent l'évolution sociale.

Le problème se loge dans le manque de médiation et de communication entre ces sous-ensembles. La spécialisation croissante de ces différentes sphères spécialisées entre en tension avec la nécessité d'une communication accrue du fait de l'interpénétration des enjeux. Une telle dispersion, relative à l'isolement des sous-ensembles, provoque une anomie manifeste, c'est-à-dire l'incapacité à édifier des règles communes. Dans ce cas, la différence devient symptomatique d'une perte dramatique des valeurs ainsi que des principes légitimes de la gouvernance. Néanmoins, c'est bien à partir de la différence, et de la pluralité des rationalités, que les postmodernes entendent redonner une intelligibilité politique et sociale à l'hétérogénéité globale ; redonner consistance symbolique au contemporain. La nature de la médiation entre les différences est la pierre angulaire de la définition politique de cette ère.

Face à la fragmentation, et sa perte d'intelligibilité caractéristique, la tentation d'une unification simple mais simplificatrice, est grande. Elle diminuerait cependant les ressources que recèle la différence, l'unidimensionnalité ne peut favoriser la prise en compte de la pluralité des rationalités. Une telle homogénéisation est solidement ancrée dans la rationalité technique parce qu'elle s'institue comme un critère légitimant indubitable, une perspective d'avenir incontournable, un prisme politique surdéterminant, dont la portée sociale et culturelle doit être questionnée.

Le Système des objets et la société de consommation

Les années 1970 furent le théâtre de l'émergence de théories qui étudiaient l'incorporation de l'individu dans le milieu technique. Baudrillard fut un des représentants de cette pensée critique. Dans la société de consommation, le culte de l'objet est caractéristique du fantasme moderne de pleine maîtrise. Le sociologue a cependant montré que nous ne sommes pas dans la pleine maîtrise des objets techniques[12]. Entre les humains et les objets, ce sont davantage des « relations » qui s'établissent, plutôt qu'un simple lien de possession.

Ni l'objet, ni la fonction de l'utilisateur ne sont neutres, l'utilisateur se transforme en interaction avec l'objet qu'il utilise. Ceci est vrai tout d'abord d'un point de vue ergonomique et physique. Dans la structure même du fonctionnement de l'objet s'opère graduellement une élution des forces physiques. Les objets que nous utilisons dans notre activité quotidienne demandent, de moins en moins, de contraintes physiques ou corporelles mais, de plus en plus, de contraintes psychiques de contrôle et de calcul. Nous mobilisons un système de vigilance cérébro-sensorielle par la régularité des gestes de commande ou de télécommande, non plus une praxis neuromusculaire. De même, l'augmentation des stimuli dans les écrans comme la régularité des fonctions de calcul et de décision produisent un stress ou une fatigue psychique non négligeable.

Le système des objets est par ailleurs un système représentationnel. Baudrillard explique comment l'objet est un lieu de projection fantasmatique. Ce que projette l'utilisateur, c'est sa propre perfection dans l'objet, il peut, dès lors, prolonger son corps physique dans le mythe fonctionnel :

« L'homme est renvoyé à l'incohérence par la cohérence de sa projection structurale. Face à l'objet fonctionnel, l'homme devient dysfonctionnel, irrationnel et subjectif, une forme vide et ouverte alors aux mythes fonctionnels, aux projections fantasmatiques liées à cette efficience stupéfiante. »[13]

Autour de l'objet, l'individu construit un univers narcissique dans lequel l'objet devient une enceinte mentale où il règne, une chose dont il est le sens. La projection est celle d'un fantasme

---

[12] BAUDRILLARD Jean (1970), *La Société de consommation*, Gallimard, Paris, 1996.
[13] BAUDRILLARD Jean (1968), *Le Système des objets*, Gallimard, Paris, 1978, p. 69.

de toute puissance et de contrôle face à une vie aléatoire et incertaine, face à un dépérissement du corps physique, face à une limitation de notre efficience dans le monde. Le système des objets est sécurisant car il nous permet de maîtriser et d'organiser le temps conformément aux habitudes que nous avons avec eux[14]. Néanmoins, pour Baudrillard, cette maîtrise relève d'une illusion qui empêche la conscientisation progressive de nos rapports aux objets.

Dans l'étude sociologique des techniques, on peut considérer Jean Baudrillard comme un précurseur qui a couvert deux des trois périodes de l'évolution technologique moderne ainsi qu'elles sont décrites par le philosophe Bernard Stiegler. La révolution industrielle correspond, d'après Stiegler, à la première phase qui a trait à la transformation de la matière par la technique. La seconde correspond au modèle industriel organisé autour de l'automobile et du marketing, société consumériste. La troisième période correspond à l'essor des technologies informationnelles qu'il nomme technologies transformationnelles[15]. L'humanité transforme dorénavant des choses qui ont longtemps semblé inamovibles, comme la structure du vivant mais elle déploie également une influence discernable sur le psychisme. Nous entrons dans l'ère de la simulation ; la volonté d'illusion va s'accentuer avec le développement de la société informationnelle.

Nouvelles technologies : l'ère de la simulation

Il est important de noter une évolution du modèle explicatif entre le système des objets et le nouveau *bios* de la technique informationnelle caractérisant un nouvel ordre culturel de la simulation. L'œuvre de Baudrillard comprend l'émergence d'un *bios* virtuel (la vie soumise aux techniques) qui circonscrit une critique ontologique du virtuel. L'existence cybernétique est un champ d'étude en soi.

---

[14] *Ibidem.*
[15] STIEGLER Bernard, « Quel design à l'ère post-industrielle. Trois questions à Bernard Stiegler », *Fluctuat*, Entretien, 4/10/2008. Disponible sur :
< http://www.fluctuat.net/5948-Trois-questions-a-Bernard-Stiegler >
L'ensemble des adresses internet sont valides à la date du 30/10/2011.

D'après Baudrillard, nous sommes immergés dans l'ère de la simulation au sein de laquelle l'image masque l'absence de réalité. Le principe qui gouverne ne représente plus la réalité mais l'hyperréalisme. L'hyperreéalité est un monde de signes qui dénouent leurs liens avec le réel et deviennent indépendants de toute réalité ; la profusion virtuelle de ces signes engendre une confusion qui s'immisce alors entre le virtuel et le réel[16]. La diégétisation du monde réel est en effet un phénomène flagrant dans les sociétés postmodernes. L'imaginaire prend une place croissante à travers la virtualisation de nos vies quotidiennes. Lyotard expose ainsi que « la réalité du temps présent s'irréalise en imaginaire généralisé »[17]. L'hyperréalité est un principe transformant les réalités sociales, économiques et politiques qui adoptent toutes la dimension simulée de l'hyperréalisme[18].

Les postmodernes soulignent que les technologies informationnelles contiennent désormais la possibilité de modifier les conditions même de la culture. Les dispositifs ou structures de la culture – transmission des manières de penser, de vouloir, de sentir – sont redéfinis par les technologies contemporaines. Ces technologies déracinent les contextes dans lesquels s'élaboraient les transmissions, et produisent de nouveaux frayages :

« La technologie actuelle, ce mode spécifique de télégraphie, écriture de loin, éloigne les contextes dont les cultures enracinées sont tissées. Ainsi, par sa manière propre d'inscription, elle est en effet productrice d'une sorte de mémorisation affranchie des conditions dites immédiates de temps et de l'espace. [...] Elle en appelle [...] à une sorte de frayage [...] qui vient compliquer, contrarier, neutraliser, exténuer les frayages communautaires antérieurs. »[19]

---

[16] BAUDRILLARD Jean, *Simulacres et simulation*, Galilée, Paris, 1981.
[17] LYOTARD Jean-François, *Moralités postmodernes,* Galilée, Paris, 1993, p. 201.
[18] SANTRAC Alexander, *The Deconstruction of Baudrillard. The "Unexpected Reversibility" of Discourse*, The Edwin Mellen Press, New York, 2005.
[19] LYOTARD Jean-François, *L'inhumain, op.cit*, p. 61.

De nouveaux frayages communautaires seraient susceptibles d'apparaître qui correspondraient à cette culture, mais ils restent encore largement à effectuer. Ce qui préoccupe Lyotard réside dans l'aspect de réactivité des technologies actuelles parce qu'elles annihilent, selon lui, une certaine forme de réflexivité.

Dans les dispositifs culturels, tels qu'il les décrit, nous ne nous contentons pas de reproduire des habitudes de pensée mais nous réalisons une synthèse recognitive qui induit l'identification, un classement dans un calendrier et une cartographie. Il y a bel et bien une « capacité sui-référentielle, réflexion au sens habituel, critique si vous voulez [qui] s'exerce en se remémorant ses propres présupposés et ses sous-entendus »[20]. Lyotard remet en cause la culture de l'instantané et ses effets pratiques. Instantané de l'information et profusion des images créeraient une mémoire de court terme qui ne fait qu'appréhender et reproduire, plutôt que de reconnaître et de créer. Une culture coupée de ses mémoires – hypostasiée dans le présent – ne réfléchit pas ses références, elle procède plutôt d'une sérialité favorisant la répétition et la reproduction, sans aucun aspect critique.

Stiegler envisage, lui, la question technologique comme une question politique dès lors qu'il voit apparaître une « misère symbolique »[21]. Il observe une uniformisation des souvenirs et des filtres par lesquels nous fixons notre attention dans la mesure où progressivement, notre passé vécu, à travers toutes ces images et ces sons que nous voyons et entendons, tend à devenir le même que celui de nos voisins. La problématique est celle des « filtres » qui s'interposent entre les objets et le sujet. Stiegler distingue trois strates qui gouvernent notre attention : des rétentions (autrement dit des souvenirs) primaires, secondaires et tertiaires. Ces dimensions sont liées aux dispositifs de la mémoire, liées à nos souvenirs, liées à notre capacité critique et sélective :

---

[20] *Ibidem*, p. 63.
[21] STIEGLER, Bernard, *De la misère symbolique, Tome II : La catastrophe du sensible*, Galilée, Paris, 2005.

« Lorsque nous parlons, il y a une action immédiate de l'esprit et du langage qui permet la compréhension, un sens qui naît dans l'instant où les mots sont lus ou prononcés : c'est ce que j'appelle rétentions primaires. Mais en même temps, vous êtes en train de filtrer ce que je dis à partir de vos souvenirs, donc de vos rétentions secondaires, qui viennent de tout le savoir que vous avez accumulé, de ce que vous connaissez de moi, de la vie en général, etc. Vos rétentions secondaires filtrent vos rétentions primaires. […] nous n'avons pas les mêmes rétentions secondaires. Nos filtres sont différents. »[22]

Le système techno-capitaliste et son marketing forcené, essaient, d'après lui, de faire en sorte que tous les gens aient les mêmes rétentions secondaires, les mêmes filtres pour qu'ils adoptent les mêmes réflexes, les mêmes souvenirs. La misère symbolique se développe dans nos sociétés à partir d'un contrôle sur les rétentions secondaires collectives où la singularité individuelle y est systématiquement et même *systémiquement* détruite[23]. Notre passé se constitue dans les images et les sons que les médias déversent dans notre conscience, dans les objets et les rapports aux objets que ces images nous conduisent à consommer. Nos rétentions s'automatisent, des rétentions tertiaires se substituent aux rétentions secondaires comme c'est le cas dans le profilage sur Internet.

Pour Stiegler, nous sommes singuliers à travers la singularité des objets avec lesquels nous entrons en relation. Or, la misère symbolique se constitue par le fait que les individus sont privés d'un « narcissisme primordial ». Dans ce système, les individus sont privés de leurs capacités d'attachement esthétique à des singularités, à des objets singuliers.

L'informatisation croissante des sociétés n'est pas sans incidence sur les conditions d'exercice de la citoyenneté. Si l'expérience démocratique requiert des citoyens autonomes et

---

[22] STIEGLER Bernard, « Du psychopouvoir à la noopolitique 1, Economiser signifie prendre soin », Collège de France, Séminaire *Trouver de nouvelles armes : pour une polémologie de l'esprit*, 2008. Disponible sur :
< http://www.arsindustrialis.org/?q=node/1946 >
[23] STIEGLER Bernard, *De la misère symbolique*, op.cit.

projette de construire les conditions de leur liberté au sein de la société, elle ne peut omettre les conséquences sociales du développement technique, et notamment son versant informationnel. Les observateurs de la condition postmoderne soulignent en effet une certaine perte de repères. L'implosion du sens ou la fragmentation de la société postmoderne provient en partie d'une disruption de la pensée symbolique.

Pour cerner les caractéristiques de ce flottement socio-éthique ou de valeurs, plusieurs causes sont avancées. La déstabilisation du symbolique est symptomatique d'une mutation culturelle où les perspectives d'une vie unitaire s'effacent du fait de la conscience croissante de différentes cultures et modes de vie. Elle est probablement relative au déclin des fonctions intégratrices et symboliques des grands récits modernes de légitimation. Le symbolique est déstabilisé car une transition sémantique redéploie le soubassement conceptuel des mentalités collectives, la transition est aussi structurelle du fait de l'évolution des cadres nationaux politiques et économiques.

Il faudrait aussi reconnaître la pertinence de la notion d'hyperréalité parce qu'elle est un monde où foisonnent les images et les signes, sans que le spectateur ne puisse décoder l'ensemble de ces essaims. L'impuissance face au sens s'incarne d'autant plus dans l'hyperréalité au fur et à mesure que cette réalité virtuelle s'autonomise de tout ancrage dans l'expérience vécue, menace donc l'existence réelle, voire colonise graduellement le réel. Alors que la pensée symbolique instaure précisément un rapport de complémentarité entre le signifiant disponible et le signifié repéré[24]. Le flou des signifiants et la profusion des signifiés marquent une perte des empreintes symboliques sur lesquelles reposait l'imaginaire.

L'existence cybernétique a sûrement eu des impacts encore insoupçonnés sur le lien social. L'utilisation des bases de données et des systèmes informatiques constitue, pour Lyotard, la véritable nature de l'homme postmoderne[25]. Si les mondes virtuels peuvent constituer à terme des lieux de socialisation, la

---

[24] DERRIDA Jacques, *L'écriture et la différence*, Seuil, Paris, 1967, p. 424.
[25] LYOTARD Jean-François, *La condition postmoderne*, op.cit.

culture de ces nouveaux réseaux est encore en germe. Toutes ces évolutions comportent des implications politiques sur la nature du lien social, à l'instant où la solidarité se vit en apparence, au moment où n'existent plus des instances de socialisation « réelle ».

Baudrillard redoute que les hommes ne s'entourent de plus en plus d'objets et de moins en moins d'hommes[26]. Dans un tel système, explique-t-il, la communication n'est plus intersubjective, elle devient inter-objective, c'est-à-dire médiatisée par l'objet ; l'autre n'est pas neutralisé dans ce processus, il est, pour Baudrillard, exterminé. Bien qu'il soit possible de donner des exemples de réseaux dans lesquels la socialité est augmentée, la technosocialité conserve une nature complexe dont on ne sait si elle consistera en un surplus de communication ou une annihilation de l'échange. Les contours des nouvelles formes de « techno-socialité » restent un thème majeur dans l'étude des sociétés postmodernes.

Plusieurs auteurs sont préoccupés notamment par l'uniformisation de la sensibilité. Dans la mesure où la diversité culturelle est aussi une diversité politique, sa disparation peut menacer le pluralisme de nos sociétés. À l'instar de Baudrillard, Stiegler met en garde contre la mort de l'échange symbolique car la culture est menacée, une culture symbolique en tant qu'horizon de partage des souvenirs, mais aussi en tant que construction symbolique de l'avenir.

Le déficit démocratique est l'incapacité pour les individus de participer à la société autrement que par la consommation ou leur inclusion dans la volonté globale d'illusion informationnelle. Dans les sociétés postmodernes, l'identité du système social, politique ou économique est hyperréelle, elle renforce un décalage croissant entre l'illusion et la réalité sociales.

Un des dangers le plus présent dans les découvertes techniques et le développement technologique réside dans l'automatisme de ces applications. C'est, pour Baudrillard, la redondance fonctionnelle qui fait de l'homme un spectateur de

---

[26] BAUDRILLARD Jean, *La Société de consommation*, op.cit.

ses actions, le rendant irresponsable[27]. Selon Lyotard, nous sommes ainsi passés à une logique de machination qui n'est plus comme auparavant dirigée vers les compétences corporelles[28]. Nous sommes aujourd'hui face à des automates qui sont dorénavant dans la sphère de la réplique ou de la continuation des capacités mentales humaines[29].

En ce sens, les postmodernes se situent dans le sillage du philosophe Canguilhem qui a établi en son temps une distinction pertinente entre outil et machine. Lorsqu'il utilise l'outil, l'homme ne tend pas à détruire la nature, il en exalte les propriétés spécifiques. Par ailleurs, il utilise l'outil comme une expression directe de son savoir-faire. Or, l'homme n'existe plus dans l'équation machinique parce que la machine instaure un automatisme qui destitue tout rapport :

« La machine est faite pour tourner la nature des choses, pour la détourner d'abord, pour l'altérer ensuite. C'est par la machine d'abord que s'est instituée la technique et la dénaturation des choses. Au règne technique de la machine a répondu un idéal collectif qu'on peut dire de machination. »[30]

Ainsi, la technique, si elle n'est plus un outil dont se sert l'homme en fonction de ses besoins, dénature les choses. L'homme n'use plus de son savoir-faire et ne réfléchit plus la technique dès lors qu'elle s'automatise en système fermé.

La machine, en tant que telle, est le symbole d'une désappropriation critique et d'une dilution des capacités créatives de l'homme. La logique de machination se lit aussi bien dans le développement technologique que dans les développements politiques et économiques.

---

[27] BAUDRILLARD Jean, *Le Système des objets*, op.cit.
[28] LYOTARD Jean-François, *Les Transformateurs Duchamp*, Galilée, Paris, 1997. Notamment le chapitre sur la machination.
[29] LYOTARD participa à l'organisation de l'exposition *Les Immatériaux* au Centre Pompidou en 1985. Résumé du catalogue, Centre Interdisciplinaire de Recherche sur l'Esthétique Numérique, Paris 8. Disponible sur :
< http://www.ciren.org/ciren/conferences/300305/Preambule.pdf >
[30] CANGUILHEM Georges (1952), *La connaissance de la vie*, Vrin, Paris, 1998, p. 190.

Chapitre 2. La Société post-industrielle

La technique modifie certainement les comportements sociaux et culturels, mais elle est aussi une force de transformation majeure de nos structures globales, le moteur principal de l'évolution sociale. Il est certain que la société postmoderne est une société d'ordinateurs, de hautes technologies et de connaissances scientifiques. Les trois grandes caractéristiques de ce type de société sont l'information, l'informatisation et le savoir. Mais de quel type de savoir s'agit-il ? Le Savoir et le Pouvoir sont les deux faces d'une même question, affirme Lyotard[31].

Si la révolution industrielle à supprimer la force physique de l'homme dans l'activité productive, on peut se demander si la révolution informationnelle ne supprimera pas sa capacité intellectuelle. Les théories postmodernes tentent de cerner les risques d'une élution progressive des citoyens dans la décision politique et l'activité économique. Elles aménagent la question du gouvernement à l'âge informatique, et la question sociale à l'aune de la nouvelle société informationnelle.

La structure socio-économique de la postmodernité a souvent été assimilée à celle de la société post-industrielle. Tout au long de la modernité, nous avons été les témoins d'une transition industrielle dans les sociétés occidentales qui a produit une réduction significative du secteur primaire. Aujourd'hui, il semble que le secteur secondaire soit le lieu d'une restructuration informatique de grande ampleur. C'est un fait marquant et l'authentique force souterraine du développement de nos sociétés. L'évolution des structures politiques et économiques redéfinit les contours du contrat social notamment la place du politique dans la décision publique, et celle du travail dans l'intégration.

---

[31] LYOTARD Jean-François, *La condition postmoderne*, *op.cit.*

Le gouvernement à l'âge informatique

Ce qui est techniquement souhaitable prend le pas sur le politiquement légitime. Selon Lyotard, la performativité économique de l'efficience prend le pas sur le questionnement relatif au juste et à l'injuste, au faux et au vrai[32]. L'évolution technologique semble ne plus répondre à aucun contrôle politique. Les cycles techniques, aléatoires dans leur surgissement, sont difficilement matière à options et à débat public. Comme le soutient Habermas, la science et la technique ont pu devenir une idéologie qui entend redessiner les contours de la société[33]. Lorsque la rationalité économique intègre les sciences et les techniques dans son dispositif, ces dernières deviennent des instruments économiques à part entière. S'immisce alors dans la rationalité gouvernementale une logique économique et technique qui transforme nos modes de décision. La performativité des procédures incarne dorénavant la norme suprême. Les technologies redéfinissent la norme et sa constitution en prenant en charge les critères d'après lesquels la décision politique sera prise :

« [...] les fonctions de régulation et donc de reproduction sont et seront de plus en plus retirées à des administrateurs et confiées à des automates. La grande affaire devient et deviendra de disposer des informations que ceux-ci devront avoir en mémoire afin que les bonnes décisions soient prises. La disposition des informations est et sera du ressort d'experts en tous genres. »[34]

C'est donc en termes informatiques que Lyotard décrit le problème de l'expertise dans la décision publique : les indicateurs de la décision publique seront formulés par des experts sur la base d'applications techniques. Ainsi, les programmes publics seront évalués et confiés à des automates

---

[32] *Ibidem.*
[33] HABERMAS Jürgen, *La technique et la science comme « idéologie »*, Gallimard, Paris, 1990.
[34] LYOTARD Jean-François, *La condition postmoderne, op.cit*, p. 30.

destituant la délibération démocratique des représentants élus. L'éthique postmoderne s'applique à dégager une interrogation sur les finalités de la décision et précisément celles des jeux de langage qui délimiteront la pertinence d'une décision. Ainsi, le postmoderne s'intéresse à ce qui a trait à la dimension prospective, à celle du *programme*. Il s'agit de comprendre quels seront les critères qui définiront la performativité. Ceux-ci seront élaborés à partir d'un savoir dont la définition elle-même devient un sujet politique dès lors qu'elle ne semble plus impliquer une délibération sociale mais bien une imposition symbolique.

Deuxièmement, les anciennes structures nationales qui assuraient un contrôle démocratique sont dépassées par la création de nouveaux réseaux socio-numériques qui les outrepassent. Debray note que les vieux réseaux qui tissaient et ordonnaient le lien social paraissent aujourd'hui débordés par des réseaux d'une tout autre nature[35]. L'espace national, soumis à une exigence de circulation optimale des flux, représente pour certains une sorte de nuisance. Les Nations reposaient sur des réseaux à taille humaine qui sont décoiffés par de nouvelles architectures très peu liées à un substrat territorial. Ces évolutions peuvent être assimilées au déclassement de l'Etat, comme puissance régulatrice, et de la Nation, comme organisatrice des liens sociaux.

Troisièmement, un des risques les plus sensibles politiquement de l'âge informatique est l'avènement d'une société de contrôle. Un monde et un homme automatisés ouvrent la possibilité d'un contrôle total qui met en jeu des processus de normalisation extrême. D'après Deleuze, nous ne sommes plus dans une société disciplinaire, bloc monolithique des milieux d'enfermement et de dressage qu'étudia Foucault, nous sommes dans une société de contrôle qui s'exerce sur des réseaux flexibles de communication[36]. Non plus l'imposition violente et visible des sociétés disciplinaires. Ajustement,

---

[35] DEBRAY Régis, « Y-a-t-il une politique de la technique ? », Intervention à l'Assemblée nationale, Séminaire *Anciennes nations, nouveaux réseaux*, 27 février 1998.
Disponible sur : < http://regisdebray.com/content.php?pgid=medioint >
[36] DELEUZE Gilles, *Pourparlers 1972-1990*, Minuit, Paris, 1990.

arrimage et moulages sont les maîtres mots, c'est-à-dire la possibilité de modulation autour de la norme. La pénétration sociale de la normativité est d'autant plus accrue avec les canaux de communication et l'esthétisation de la norme. Stiegler perçoit une architecture des réseaux sociaux qui verrait se développer, dans la fourmilière numérique le règne de la traçabilité et du contrôle, avec la biométrie, les microtechnologies, les nanotechnologies.

Ainsi, la technique semble le lieu où recomposer la question sociale, non seulement d'un point de vue culturel et politique, mais aussi parce qu'elle enclenche une transformation fondamentale du monde socio-économique.

Économie et Société de la Connaissance

La restructuration de nos économies et l'informatisation du processus de production qui en découle modifient en profondeur la structure sociale des communautés. La société post-industrielle est symptomatique d'une nouvelle organisation matérielle des rapports sociaux.

L'utilisation de technologies de plus en plus avancées provoque une tendance à l'autonomisation de la production. C'est une logique immuable à l'augmentation de l'efficacité du système productif. Selon l'économiste Rifkin, la progressive restructuration informationnelle de l'économie crée un système technologique autosuffisant de production[37]. Dans ce contexte, la spécialisation des machines productives n'entraîne pas une division sociale du travail reposant sur la complémentarité des tâches. Elle crée, au contraire, un nombre croissant de personnes exclues du système productif. Les sociétés occidentales se trouvent devant un cap technologique qui est de constituer un système productif industriel entièrement autonome de la main-d'œuvre humaine.

L'hypothèse de Rifkin est contestée car l'évolution des activités tertiaires permettrait de résorber le coût social et humain de la restructuration. De fait, les économies post-industrielles sont vouées à se spécialiser, en partie, dans les

---

[37] RIFKIN Jeremy, *La fin du travail*, La découverte, Paris, 1997.

activités tertiaires et l'industrie de pointe dans la mesure où l'activité industrielle des produits manufacturés est progressivement délocalisée dans des pays périphériques à faible coût de main d'œuvre. Cependant, les activités tertiaires sont aussi vouées graduellement à l'informatisation. Les tâches de conception informatique et de maintenance électronique et mécanique de la production sont ainsi considérées comme les seules capables de résorber les populations inemployées. Elles ne constituent pourtant pas des réservoirs d'emploi susceptibles d'endiguer un chômage de masse endémique.

De façon croissante, la question de la structuration sociale autour du nouveau processus de production se pose. C'est la place du travail dans l'intégration qui est ici en cause. Ces développements déstabilisent le contrat social moderne reposant sur la division du travail, appréhendée d'un point de vue socio-économique. Rifkin préconise la création d'un secteur quaternaire (loisirs, culture, social), vivier d'emplois pour une société future. Le secteur quaternaire a pour but de nourrir le lien social et de développer de nouvelles activités. Si Rifkin intitule son livre *La fin du travail*, nous ne devrions pas en déduire pour autant la fin de l'activité de l'homme. Les économies post-industrielles se dirigent vers une nouvelle orientation des activités et l'apparition de nouvelles formes du travail, voire une ré-industrialisation en rapport à la transformation des activités.

Face à la lente restructuration des économies et au difficile ajustement social qu'il provoque, il existe une remise en cause des valeurs mêmes de l'économie de marché. Alors que les discours néo-libéraux stigmatisent le chômeur ou une formation universitaire récalcitrante à se conformer aux besoins du système productif, d'autres mouvements s'interrogent sur les conséquences écologiques et sociales du capitalisme, sur un modèle de surconsommation et de surproduction en décalage avec les besoins réels. Ces critiques questionnent la nature même du système productif. Il y a, semble-t-il, un déficit de reconnaissance des individus dans l'orientation du système économique et de ses activités. Pour ces mouvements, les individus ne devraient pas tant subir la structure du système économique en se conformant à sa physionomie, ils devraient bien plutôt l'influencer.

En réalité, la structure des activités est encore loin des changements nécessaires pour créer une nouvelle économie. Il faudrait ainsi donner toutes les possibilités aux acteurs de la société pour être acteurs du système économique et changer les activités. Le substrat de la restructuration économique, c'est la libération des potentialités créatives de la société qui sera génératrice de nouvelles activités. La question d'une économie qui permettra aux individus de participer à sa restructuration est relative à la question éthique sur l'orientation des activités humaines. Ces deux questions font partie des enjeux de l'économie de la connaissance, inséparables de la réflexion sur ce que représente une société de la connaissance.

À un niveau idéologique, la notion même pourrait relever de l'utopie grecque d'une société libérée du travail. Mais, la civilisation du loisir n'était pas forcément, chez les Grecs, une utopie axée sur l'hédonisme, le loisir ou le temps libre. Elle constituait un espace où exercer des activités esthétiques, physiques, philosophiques, de « création de soi ». Il est donc probable que l'augmentation graduelle du temps libre, ajoutée à une informatisation de la production matérielle, libère l'humain de l'activité laborieuse, afin qu'il s'oriente vers des activités « nourrissantes » en tant qu'humanité.

La transformation technologique de l'économique et du social semble porter en elle l'avènement d'une « société de l'accomplissement » où la priorité centrale sera de favoriser la réalisation personnelle et, consécutivement, la réalisation collective. La proximité intellectuelle de cette notion avec la société de l'abondance de Keynes ne fait pas de doute. Keynes envisageait en effet une évolution économique qui affranchirait la société de ses besoins primaires, matériels et sécuritaires[38]. Il pensait qu'à terme l'accumulation de la richesse ne serait plus d'une grande importance sociale et, par conséquent, provoquerait des modifications substantielles de nos systèmes

---

[38] KEYNES John Maynard, « Perspectives économiques pour nos petits-enfants » in *Essais sur la monnaie et l'économie : le cri de Cassandre*, Payot, Paris, 1971, pp. 127-141.

de moralité. Les changements économiques permettraient de « nous débarrasser de nombreux principes pseudo-moraux qui nous ont tourmentés pendant deux siècles et qui nous ont fait ériger en vertus sublimes certaines des caractéristiques les plus déplaisantes de la nature humaine »[39].

Keynes notait néanmoins qu'une telle redéfinition des buts de la civilisation ne se réaliserait pas sans une introspection quasi psychanalytique de l'homme sur soi. Il émettait l'hypothèse que les hommes ne sauraient peut-être pas *jouir* de la société de l'abondance car ils ont été tellement habitués à *souffrir*. Les bénéfices sociaux du développement économique sont conditionnés à la réflexion de l'homme sur sa nature ou sur son histoire. En son versant éthique, c'est un des objectifs de la société de la connaissance qui est indissociable du projet d'une *économie* de la connaissance.

L'économie de la connaissance constitue une vision d'avenir que l'on pourrait assimiler aux perspectives de l'économie européenne. D'un point de vue social et culturel, le rêve européen, analysé par Rifkin, fait passer les relations communautaires avant l'autonomie individuelle, la diversité culturelle avant l'assimilation, la qualité de vie avant l'accumulation de richesses, le développement durable avant la croissance matérielle illimitée, l'épanouissement personnel avant le labeur acharné[40].

L'époque postmoderne marque la volonté individuelle de s'engager et de contribuer à l'institution si et seulement si celle-ci supporte la vision personnelle ou encourage l'épanouissement individuel[41]. Au fond du rêve européen, Rifkin distingue la conviction que la qualité de vie l'emporte sur l'accumulation des richesses ou qu'il faut travailler pour vivre et non vivre pour travailler. L'épanouissement personnel

---

[39] *Ibidem*, p. 134.
[40] RIFKIN Jeremy, *Le rêve européen : Ou comment le rêve européen se substitue peu à peu à l'Amérique dans notre imaginaire*, Fayard, Paris, 2005.
[41] KEOUGH Trent, TOBIN Brian, « Le leadership postmoderne et le vocabulaire des politiques, théorie instrumentalité et pratique », Colloque du Programme pancanadien de recherche en éducation, Université Laval Québec, 2001. Disponible sur :
< http://www.cesc.ca/pceradocs/2001/papers/01Keough_Tobin_f.pdf >

devient la vertu suprême. Cette analyse converge avec les hypothèses du sociologue Inglehart sur la transition culturelle des sociétés avancées[42]. Une nouvelle hiérarchisation des priorités s'opère par laquelle les individus ne placeraient plus un accent prépondérant sur les besoins primaires, supposés assouvis, c'est-à-dire des besoins physiologiques et sécuritaires qui sont significatifs, dans l'estimation individuelle des priorités politiques du pays, de choix relatifs à la croissance matérielle, à l'accumulation de richesses et à la défense militaire.

Durant les années 1960, et au sein de sociétés profondément matérialistes, d'autres besoins postmatérialistes sont apparus qui soulignent l'importance qu'accordent les individus, dans leurs systèmes de valeurs, à l'environnement, à la qualité de vie et à l'épanouissement individuel. Ces caractéristiques sociales et culturelles expliquent le passage d'une société industrielle à une société post-industrielle détachée de la production des biens matériels. Bell conçoit la société post-industrielle comme une conséquence de la montée de l'éducation[43]. D'autres envisagent la libéralisation progressive des sociétés avancées en tant que facteur favorable à l'émergence des conditions du pluralisme et du multiculturalisme, à la constitution de nouvelles dispositions quant à une tolérance vis-à-vis des différents styles de vie ou quant à l'apparition des considérations écologiques.

Ces éléments sont le terreau sur lequel penser la transition du modèle économique industriel au modèle post-industriel ainsi que le passage d'une société matérialiste à une société post-matérialiste. Plutôt que de parler de « société » post-industrielle, il serait préférable de démarquer l' « économie » post-industrielle de la « société » post-matérialiste.

Les économies des pays occidentaux se trouvent devant un stade de leur évolution qui correspond au virage de l'économie immatérielle. C'est une évolution socio-économique liée au modèle de la société post-industrielle. L'informatisation du processus de production entraîne un besoin accru de circulation,

---

[42] INGLEHART Ronald, *The Silent Revolution*, Princeton University Press, 1977.
[43] BELL Daniel (1976), *Vers la société post-industrielle*, Robert Laffont, Paris, 1998.

de transmission et d'invention des savoirs[44]. La technologie et le savoir deviennent les deux principes de l'organisation sociale. Le potentiel de valeur économique que recèle l'activité est une affaire d'attention, d'intensité, de création et d'innovation[45]. La valeur ajoutée de l'économie immatérielle résidera dans la production d'idées ; la productivité de l'activité humaine sera tributaire de la capacité à générer de telles idées et ceci dans le but de renouveler constamment un système économique dont les principaux vecteurs de dynamisme seront la créativité et l'innovation. Ces variables de créativité et d'innovation renforcent la « confiance » en l'avenir du système économique, sa capacité à se donner des perspectives, à constituer un ensemble de propositions visant à s'autoréformer, à progresser d'un point de vue technique (nouveaux procédés et designs), humain (bien-être) ou organisationnel (organisation de l'information et du savoir).

La transformation technologique de l'économie et sa transition post-industrielle auraient favorisé l'émergence de la société postmatérialiste et de sa logique culturelle postmoderne comme logique du capitalisme tardif. Le philosophe américain Fredric Jameson donne raison à Karl Marx parce qu'il considère que tous les rapports sociaux découlent du processus de production[46]. Si cette description peut paraître plausible quant à la transition elle-même, la nouvelle configuration post-industrielle et postmatérialiste contient d'autres potentialités, elle inverse une logique qui fait du déterminisme économique la pierre angulaire de l'évolution sociale. Le renversement de la logique marxiste du matérialisme historique est indispensable pour Baudrillard au fur et à mesure qu'il est clair que « l'épicentre du système contemporain n'est plus le procès de production matérielle »[47]. Baudrillard montre que c'est la production des rapports sociaux qui détermine le mode de reproduction matérielle :

---

[44] LYOTARD Jean-François, *Le différend*, Minuit, Paris, 1984, p. 29.
[45] LYOTARD Jean-François, *La condition postmoderne*, op.cit, p. 218.
[46] JAMESON Fredric, *Postmodernism or The Cultural Logic of Late Capitalism*, Duke University Press, Duhram, 1994.
[47] BAUDRILLARD Jean (1975), *Le miroir de la production ou l'illusion critique du matérialisme historique*, LGF, Paris, 1994, p. 146.

« Contre le postulat matérialiste selon lequel le mode de production et de reproduction des rapports sociaux est subordonné aux rapports de production matérielle, on peut se demander si ce n'est pas la production des rapports sociaux qui détermine le mode de reproduction matérielle. »[48]

Le schéma postmoderne est certainement différent du schéma moderniste. Ce n'est plus l'économie et la production matérielles qui donnent une direction aux rapports sociaux, ce sont les rapports sociaux, disons la culture, qui donnent une direction à l'économie et au développement. En son sens le plus large, la culture pourrait être incarnée par la sphère des représentations, le travail de l'imaginaire et les processus de symbolisation.

Nous sommes témoins de la fin d'un monde qui pensait que l'économie pouvait seule expliquer comment le monde fonctionne. L'apport principal des postmodernes est leur tentative de comprendre comment les cultures changent et peuvent être changées, comment le capital social et culturel peut être développé. L'enjeu est de définir les ressorts de la culture, sa dimension conflictuelle et destructive pour la transformer en une dynamique positive et créative. La praxis, dès lors ne focalise pas tellement sur les conditions de production matérielle mais sur les conditions de production du sens. Cette dernière constatation constitue le socle d'une société de la connaissance, où la connaissance n'est pas simplement un facteur économique de croissance, mais comme l'envisageait Keynes, un terrain où la nature humaine progresse dans sa connaissance de soi et dans la construction raisonnée de ses activités.

Au XIXe siècle, l'économiste Sismondi énonçait déjà que le but de la société humaine devait être le progrès des *hommes* et non pas seulement celui des *choses*. De façon similaire, les postmodernes semblent indiquer qu'un virage historique et éthique pourrait éventuellement s'opérer grâce à la technologie. Le processus de production se mettrait enfin au service de la

---

[48] *Ibidem*, p. 160.

productivité des rapports sociaux, au service de l'organisation de la vie en favorisant l'émancipation humaine. Le processus technologique serait un facteur libératoire si, et seulement si, l'évolution matérielle de l'homme s'accompagne d'un processus d'évolution spirituelle ou éthique s'adossant à celui de la « technologicisation ».

L'évolution que nous nommons « postmatérialiste », « immatérielle » et « spirituelle » est une voie susceptible d'humaniser les développements techniques afin d'en extraire la finalité utile pour l'homme en fonction de ses besoins et de son épanouissement. Il ne faut pas seulement chercher à projeter nos potentialités techniques ou à extraire celles de notre environnement dans des objets de plus en plus effectifs, il faut aussi extraire et projeter nos propres forces spirituelles et intellectuelles. Ces deux processus sont parallèles, ils associent invariablement l'économie de la connaissance à la société de la connaissance.

Humaniser la technique

L'humanisation des technologies a été identifiée comme un motif du futur social postmoderne[49]. Cependant, les postmodernes ne se situent pas dans une logique dualiste à l'encontre des techniques. La société postmoderne est une société de haute technologie, son futur s'incarne dans cette évolution mais les conséquences sociales, psychologiques et humaines de l'informatisation croissante sont aussi un objet de leurs analyses.

Nous devons en effet faire face à des risques multiples. Cependant, ces risques ne devraient pas faire ombrage au potentiel d'émancipation des technologies lorsqu'elles démontrent leur utilité pour améliorer la communication, établir des liens de plus en plus complexes, ou aider à résoudre les problèmes de la vie quotidienne. La simulation recèle des potentialités positives notamment par son pouvoir virtuel. Si la rationalité technique ne se substitue pas à la rationalité sociale

---

[49] GIDDENS Anthony, *Les conséquences de la modernité*, L'Harmattan, Paris, 1994.

en la transformant en agrégat fonctionnel, elles peuvent au contraire se nourrir réciproquement.

Les postmodernes affirment que la démocratie doit fournir aux individus les moyens de leur émancipation notamment une connaissance pratique et théorique quant aux usages des techniques, une connaissance techno-*logique*. Il s'agit de permettre au citoyen de développer une technique de soi comme rapport à l'objet, ce qui favoriserait une meilleure compréhension de l'environnement technologique. Il est notamment nécessaire de développer des cadres d'analyse qui saisissent les effets télémétapratiques et télémétathéoriques quant aux esthétiques véhiculées par l'image. Les individus des démocraties libérales doivent être capables de former indépendamment leurs volontés afin d'exercer leurs citoyennetés.

La sujétion qui était en jeu dans l'aliénation moderne ne correspond pas au rapport nouveau de l'aliénation dans une économie de la connaissance. L'économie politique du signe est, pour Baudrillard et également pour Foucault, beaucoup plus révélatrice des relations de pouvoir et de domination qu'une simple relation entre le travail et le capital[50]. Dans un système hyperréel où foisonnent les signes, les individus sont soumis à des impositions symboliques qui prennent racine dans leurs imaginaires. La multiplication des signes et des images ainsi que des canaux de diffusion d'une information en direction de l'individu, fragilise la construction d'une subjectivité à laquelle on ne fournit que peu de cadre d'interprétation critique. Dans le régime de l'hyperréalité, cela se traduit par une pénétration de l'imaginaire qui devient un sujet politique tout comme la cristallisation de son contenu dans une forme symbolique.

Les signes se caractérisent par ailleurs de plus en plus par des images. Ces dernières sont le médium privilégié de l'idéologie et des effets de pouvoir autant économiques que politiques. Par les images et leurs codifications en signe, on peut chercher à ce que le spectateur simplement reproduise et imite. L'incompréhension politique de l'image ou la dissimulation du

---

[50] BAUDRILLARD Jean, *Pour une critique de l'économie politique du signe*, Galilée, Paris, 1972.

signifiant derrière un signifié de plus en plus esthétisé – dont la mise en scène est de plus en plus technicisée, et donc difficile d'approche – accentue la disruption de la pensée symbolique. Le signifié est repéré mais le signifiant reste masqué, instrumentalisé. Le chaînon signifiant, opérant derrière l'image signifiée, n'est pas lisible sans une éducation à l'image. Le sémioticien Umberto Eco nous avertit ainsi, par sa célèbre formule, qu'« une civilisation démocratique ne se sauvera que si elle fait du langage de l'image une provocation à la réflexion et non une invitation à l'hypnose »[51].

À partir de Foucault, Stiegler fonde un nouveau système de soin autour de la notion grecque de *gymnasia*, façon de fréquenter un objet. Cette pratique s'entend comme une prise de soin dans la mesure où l'objet nourrit le sujet et produit de la subjectivation, non de la sujétion. Les technologies créatives poursuivent cet objectif émancipatoire. Stiegler préconise de promouvoir des réseaux sociaux actifs sur Internet qui s'enracinent dans les territoires, les mémoires, les savoirs, et tissent le lien social. Dans le système techno-capitaliste tel qu'il se dessine, il faut, selon lui, mettre en œuvre des thérapeutiques, créer des *pharmakon* qui « inventent de nouveaux dispositifs de transindividuation, qui inventent une nouvelle figure du social, qui investissent ces réseaux sociaux, mais pas du tout pour liquider les territoires, liquider les structures mais pour les réinventer, pour faire [...] du *reengineering* des réseaux sociaux, familiaux, territoriaux »[52].

Stiegler voit par conséquent une chance à saisir dans Internet, la possibilité de développer une dimension productive des réseaux. Avec Internet, le destinataire n'est plus uniquement passif, il s'institue comme média et crée sa propre information, un système s'autoproduisant en permanence. Stiegler propose de substituer le système producteur/consommateur dans lequel le producteur délivre quelque chose d'en haut à des individus qui se contentent de l'absorber[53]. Le contraire du consommateur

---

[51] ECO Umberto, « Can Television Teach ? », *Screen education*, n°31, Summer 1979, p. 12.
[52] STIEGLER Bernard, « Du psychopouvoir à la noopolitique 1 », *op.cit.*
[53] STIEGLER Bernard, « Internet, enjeu d'une lutte de société », *Le monde 2*, Entretien, Supplément du Monde, n°104, 11 février 2006.

isolé et passif, c'est une société d'amateurs fondée sur le partage de pratiques créatives et la culture de soi : « L'amateur n'a pas simplement des "usages" des techniques à travers lesquelles il se cultive : il cultive des pratiques à travers des techniques »[54].

La culture libre est un bon exemple de cette fonction d'utilisation des techniques afin de se cultiver. Ce type de culture technique est un vaste champ d'expérience où l'on se partage les fichiers et les logiciels d'application pour fournir à tous le savoir et la créativité qui proviennent des supports technologiques (logiciel libre). Les adeptes de ce courant de pensée défendent la libre diffusion et l'appropriation collective des œuvres de l'esprit par opposition aux limites contractuellement « imposées » par le copyright et les brevets. Ce qui est intéressant dans ce genre de démarche, ce sont les réseaux sociaux que cela peut générer. En effet, la culture libre construit des dynamiques citoyennes et participatives dans l'économie du savoir en ce qui concerne notamment le partage du savoir, le libre accès pour tous à l'information et aux médias ou l'élaboration de modèles économiques basés sur le coopétition (intelligence collective).

Quand Hickman nous indique qu'il faut naturaliser la technique, il signifie qu'il est nécessaire d'adapter la technique aux fins humaines, qu'il est indispensable d'inventer une technique faite pour l'homme et son humanité[55]. Hickman souligne par ailleurs que le questionnement sur la technique nous permet de trouver les sédiments anthropologiques de la nature humaine. Rien n'est plus humain que la technique. Il s'agit de comprendre que la technique elle-même recèle des indications importantes sur l'évolution humaine. En ce sens, elle est une projection de l'esprit de l'homme, elle est signifiante pour lui s'il conçoit qu'il se transpose en elle.

La figure de la technique est la figure de la rationalisation du monde. Or, nous n'avons jamais totalement maîtrisé la

---

[54] STIEGLER Bernard, « Bernard Stiegler : Culture contrôle », *Chronic'art*, Entretien, n°18, février-mars 2005.
Disponible sur : < http://www.chronicart.com/webmag/article.php?id=1275 >
[55] HICKMAN Larry, « Pragmatisme, technologie et éthique », XXIIe Congrès Mondial de la philosophie, Table Ronde, Séoul, 3 aout 2008.

technique. Le problème de fond réside dans l'oubli du fait même que la technique est un signifiant culturel. Les postmodernes s'accordent à dire que la culture projette son propre *hubris* dans la technique[56]. Toute technique est signifiante culturellement en tant qu'elle est une projection de l'agir humain dans son milieu, c'est-à-dire que la relation de l'homme à son environnement par l'intermédiaire des techniques est une donnée anthropologique fondamentale.

L'homme s'est toujours pourvu d'une technique pour s'accommoder le milieu dans lequel il vit. Il doit prendre conscience qu'en développant sa technique, et en modifiant son environnement, c'est sa nature même qu'il modifie. La techno-genèse ou techno-culture que nous vivons et voyons se développer à coup d'excentrations et de dépossessions peut certes correspondre à une décomposition psycho-organique de ce qu'est l'homme et de son milieu. Néanmoins, le composite ainsi obtenu contient l'*humus* d'un nouvel humanisme, en germe une humanité déployant la réflexivité qui constitue sa culture.

La démocratie, sociale, politique, économique, deviendra scientifique et technique dans la mesure où les citoyens pourront débattre des choix scientifiques avec les chercheurs et avec les responsables politiques. Hottois a raison d'observer que la science se situe entre les valeurs modernes et postmodernes, d'une gestion technocratique et élitiste des avancées technologiques à un projet horizontal de partage des savoirs et de diffusion scientifique[57]. L'innovation ne peut être conçue si les aspects culturels ou « de société » ne sont pas pris en compte tout au long du processus de recherche. Il convient, d'après le philosophe belge, de nous prémunir contre un pilotage anticipatif abusif de l'exploration et de l'invention de l'avenir, ce qui suppose de lier science, politique et société.

Une écologie culturelle des techniques pense une adéquation entre le sujet, le milieu et la technique. En formalisant les

---

[56] Synonyme de sentiment violent, passions incontrôlées qui poussent à la violence.
[57] HOTTOIS Gilbert, *La science entre valeurs modernes et postmodernité*, Vrin, Paris, 2008.

relations, nous pouvons étudier les effets et les conséquences des phénomènes interactionnels et, sur cette base, choisir l'avenir technologique. À cet égard, le pragmatisme postmoderne de Hickman consiste à travailler à partir de situations locales en étudiant les interactions et les adaptations réciproques entre le sujet et son milieu via le médium technique[58]. Hickman élabore la notion de durabilité environnementale. À partir des situations locales, il est probable, selon lui, que nous puissions développer graduellement des indicateurs qui définissent une durabilité locale visant l'application des technologies dans des milieux donnés.

Le sentiment d' « insécurité diffuse » de nos sociétés peut provenir en effet d'un manque de pédagogie et d'éducation quant aux enjeux majeurs du développement, particulièrement en ce qui concerne les implications sociales des processus techniques. La société s'est développée et diversifiée en poursuivant le chemin même de la modernité, mais elle n'est plus localisable du fait de son changement conséquent et incessant. C'est pourquoi il s'agit de concevoir une société réflexive qui s'auto-organise. Les postmodernes souhaitent réorganiser l'ordre symbolique de la société pour améliorer la compréhension de la complexité dans le cadre d'une vaste production symbolique. Pour cela, la société civile doit être associée à la compréhension des modifications du monde contemporain, parce qu'il est approprié que celle-ci puisse, à travers toute sa pluralité, marquer son empreinte symbolique sur l'entité qu'elle constitue.

Une telle effervescence nécessite des cadres institutionnels qui donnent tout leur élan à ce dynamisme. Ces cadres doivent prendre en compte les mutations socio-politiques qui sont à l'œuvre dans nos sociétés, sous la forme de nouveaux besoins, mais aussi du point de vue de ces cadres eux-mêmes lorsqu'ils entendent rendre effectives leurs régulations.

---

[58] HICKAMN Larry, « Pragmatisme, technologie et éthique », *op.cit.*

Chapitre 3. Les mutations de la scène politique

Les postmodernes font transparaître la nécessité d'une réappropriation des logiques modernes par le substrat social. C'est une position idéologique qui entre en écho avec un mouvement de réappropriation manifeste dans le corps social que nous décrivons en termes d'existentialisme politique. Il est évident qu'un nouvel ordre postmoderne de la socialité émerge qui a pour base de nouveaux besoins en ce qui concerne l'existence, et des attitudes singulières vis-à-vis de la politique. Ce que certains, à l'image de Touraine, qualifient de « nouveaux mouvements sociaux »[59].

Le besoin de réappropriation n'est pas en lui-même un motif suffisant de refonte des institutions. Face à la crise de la régulation étatique, il est indispensable de développer cette réappropriation car la complexité est un défi qui ne saurait être relevé sans la pluralisation des savoirs. Après la perte de la référence symbolique, la reconstruction s'élabore à partir de la réappropriation sociale. Jameson évoque ainsi l'ouverture de ces espaces narratifs dans lesquels s'articulent une nouvelle politique et une réorganisation symbolique de la narration du monde moderne[60].

Si nous sommes entrés dans la postmodernité, ou la postmodernisation, sur un plan social et culturel, nous sommes néanmoins encore dans la modernité d'un point de vue institutionnel. Nous pourrions ainsi affirmer que dans les sociétés modernes, soutenues par leurs formes institutionnelles, des minorités dites postmodernes tentent de redéfinir le contenu du projet moderne. Pour user d'une image, il est probable que le substrat social devienne postmoderne mais les institutions restent modernes dans leurs structures et leurs fonctionnements.

Les discours postmodernes indiquent qu'une nouvelle configuration des rapports entre la société civile et l'Etat se met

---

[59] TOURAINE Alain, *La voix et le regard : sociologie des nouveaux mouvements sociaux*, Seuil, Paris, 1978.
[60] JAMESON Fredric, *The Political Unconscious. Narrative as a Socially Symbolic Act*, Cornell University Press, Itacha, New-York, 1981.

en place. Ceci délimite de nouveaux rôles pour l'Etat et inscrit la politique, en tant que gouvernance de la société, dans une nouvelle ère de sa légitimité.

L'Existentialisme politique

Dans un contexte de démocratisation de l'information et du savoir, sous l'effet de la volonté de transparence des institutions, la scène politique est témoin, depuis le début des années 1990, d'une recrudescence de la société civile en tant qu'acteur de la communauté politique. Sur les scènes politiques nationales et sous des formes encore embryonnaires, sur un plan international, on constate la multiplication des acteurs qui souhaitent participer à la production des politiques publiques.

Mais le besoin de participation qui s'exprime dans ces mouvements ne peut être réduit à sa dimension politique ou économique, parce qu'elle révèle des aspects notamment psychologiques et existentiels. Ce besoin est aussi l'expression d'un manque d'écoute des politiques, un déficit de reconnaissance des attentes sociales et de réponses à ces attentes.

L'existentialisme politique devient une expression satisfaisante dès lors qu'on considère que les classes sociales, au sens marxiste, ne sont pas les cadres de la réflexion postmoderne.

Dans la société postmoderne, il n'y a plus de « classe sociale » : qu'importe le statut économique ou social, tout le monde est soumis à la marche technique, à la dispersion culturelle, au sentiment de dessaisissement. Les postmodernes ne construisent pas un projet spécifique à une classe : l'identité de classe n'est pas appréhendée d'un point de vue économique parce qu'elle est plutôt une question identitaire.

Les théories modernes définissaient les mouvements sociaux d'après leur action rationnelle et stratégique au sein d'une industrie de la représentation. Cette action constituait souvent une politique catégorielle ou syndicale qui rassemblait des objectifs précis relatifs, le plus souvent, à des revendications matérielles. Or, il n'y a plus seulement, dans ces nouveaux mouvements, une défense stricte d'intérêts, comme ce fut le cas pour les mouvements sociaux modernes. Une multitude de mouvements contemporains n'ont pas pour dynamiques internes des revendications rationnelles et matérialistes. Ils se démarquent par des revendications de l'ordre de l'intime ou du personnel, ils se constituent pour défendre une certaine conception de la dignité de la vie ou la reconnaissance de leurs identités singulières. À cet égard, Habermas note l'émergence de mouvements d'« émancipation » dont les buts politiques collectifs sont à définir principalement en termes culturels bien que les inégalités sociales et économiques, comme la domination politique, participent toujours, selon lui, au mouvement de contestation[61].

L'existentialisme politique incarne donc, pour nous, des postures diverses qui ne ressemblent plus aux idéaux-types de la modernité. Les motifs de l'action et de l'existence de ces mouvements sociaux contemporains se jouent autour de trois thèmes : l'identité et les revendications identitaires ; la vie, son droit et sa dignité ; le symbolique, c'est-à-dire la revendication d'une participation à la définition symbolique de la société, dans une lutte discursive croissante sur les mots et les représentations qui définissent le social.

Pour ce qui est de l'intime, les mouvements féministes des années 1970 ont ouvert la voie à une politique envisagée à partir du « personnel ». La reconnaissance de l'identité féminine suppose la reconnaissance de sa sensibilité propre ainsi qu'un questionnement transversal sur la famille, les rapports de couple ou l'éducation des enfants. Les revendications personnelles des féministes impliquent un déplacement du politique et de sa réflexion sur la domination, patriarcale en l'occurrence, dans la sphère sociale de l'intime[62]. Pour les féministes, le nouveau pacte sexuel doit transformer le pacte social.

L'optique de changement est sans nul doute novatrice, elle souligne une dimension politique étouffée de la modernité qui avait ancré la domination politique, sans l'exprimer

---

[61] HABERMAS Jürgen, CRONIN Ciaran, DE GREIFF Pablo (ed.), *The Inclusion of The Other. Studies in Political Theory*, Massasuchetts Institute of Technology Press, 1996.
[62] Nous aurions pu développer la problématique du genre ou celle de la reconnaissance des communautés ethniques.

explicitement, au sein même du couple – tabou de l'intime que la politique émancipatoire des féministes fait exploser. Ce mouvement ne se circonscrit pas aux féministes ou aux questions sexuelles mais il influence un nombre de plus en plus conséquent de revendications. Les revendications contemporaines se basent sur une dimension micropolitique qui concerne la subjectivité, l'émotionnel, le ressenti ; des aspects de moindre envergure qui ont été délaissés par un ordre moderne lointain alors qu'ils sont pourtant primordiaux dans la vie quotidienne des individus. *La politique postmoderne est une politique de la singularité.*

Pour ce qui est de la vie, les mouvements écologistes souhaitent développer un respect de la vie animale, végétale, humaine, planétaire. Ils s'insurgent contre la détérioration de la vie par une consommation altérée des produits naturels, contre la privatisation de la Nature dans la commercialisation de ses essences. Ils prônent un retour à la vie naturelle par le développement de l'agriculture biologique ou le recours aux énergies renouvelables. Plus théoriquement, Foucault souligne que les forces qui résistent ont pris appui sur la vie comme motif politique. Ce qui est en jeu dans les luttes politiques contemporaines, c'est « la vie et l'homme en tant qu'il est vivant »[63]. Les luttes politiques ne sont plus fondamentalement axées sur le droit, même si elles formulent l'enjeu de la vie en terme de droit, mais par un appel au « droit à la vie, au corps, à la santé, au bonheur » et « par-delà toutes les oppressions ou "aliénations" », un appel au droit de « retrouver ce qu'on est et tout ce qu'on peut être »[64]. Dans ce genre de luttes, explique Foucault, « ce qui est revendiqué et sert d'objectif, c'est la vie, entendue comme besoins fondamentaux, essence concrète de l'homme, accomplissement de ses virtualités, plénitude du possible »[65]. *La politique postmoderne est une politique de la vie.*

---

[63] FOUCAULT Michel, *Histoire de la sexualité, Tome I : La volonté de savoir*, Gallimard, Paris, 1976, p. 190.
[64] *Ibidem*, p. 191.
[65] *Idem*.

Pour ce qui est du symbolique, le mouvement des chômeurs de 1998 est révélateur d'une réappropriation symbolique. Bourdieu a analysé ce fait surprenant : les chômeurs s'organisaient pour la première fois en tant que mouvement, sortant de leur torpeur et de la négation propre au statut d'inactif, ils s'organisaient pour signifier leur existence[66]. Ce mouvement est aussi celui d'une intrusion dans le langage. Le mot même de « chômeur » est en effet utilisé par les hommes politiques ou les journalistes. On utilise ce terme indistinctement sans qu'à aucun moment l'un d'eux ne puisse interagir avec ces discours instrumentaux. C'est bien par la parole, en racontant leur propre histoire, qu'ils se sont érigés en tant qu'acteur de leur propre redéfinition. Ils ont investi le sens symbolique de leur statut. La situation des jeunes des banlieues est similaire à celle des chômeurs. Progressivement, par diverses actions culturelles, économiques ou parfois des manifestations maladroitement violentes, les jeunes des banlieues cherchent à réinvestir le sens des vocables par lesquels on les désigne : « jeunes des banlieues » « sauvageons », « voyous », « racailles ».

De façon croissante, ces mouvements sociaux développent des logiques d'influence sur le symbolique. Dans les sociétés postmodernes, il existe un jeu de légitimité entre acteurs pour partager et réinvestir le sens d'objets aussi pluriels que l'identité des groupes sociaux et culturels ou les mémoires nationales, un dernier thème exemplifié par la thématique du postcolonialisme. Ces enjeux sont traversés par des représentations symboliques, l'action réelle de ces mouvements paraît en définitive toucher le symbolique.

L'investissement symbolique des mouvements sociaux laisse apparaître un besoin d'expression mais, plus politiquement, il est significatif de la volonté d'instaurer un droit de responsivité dans un système où la possibilité de répondre à tout ce que l'on reçoit symboliquement semble rédhibitoire tant l'imposition symbolique est omniprésente car diffusée dans des sphères de plus en plus variées, par un médium de plus en plus sophistiqué.

---

[66] Bourdieu a soutenu ce mouvement social.

Les mouvements anti-pub relèvent de ce droit de réponse à un ordre symbolique si proche en effets, et si loin quand on souhaite participer à sa constitution. Ils s'opposent à l'encerclement et au quadrillage de l'espace par les publicités et les autres moyens de promotion consumériste qui compartimentent leurs désirs, envahissent leurs imaginaires. Les publicitaires imposent leur sens symbolique à la réalité sociale et à un citoyen passif car uniquement consommateur[67]. Les mouvements anti-pub s'insurgent contre la colonisation des esprits et le non-choix d'un sens imposé par une publicité omniprésente. Ils font ainsi partie d'un mouvement plus ample de remise en cause de la société ou civilisation marchandes dans sa stratégie de définition des goûts des consommateurs ; des consommateurs qui, dans l'esprit de ces mouvements contestataires, devraient plutôt être des « consomm'acteurs ».

Ce dernier mot est important car il montre que la revendication symbolique est aussi significative d'une mobilisation collective comme *capacité à agir sur son propre destin*. Dans cette optique, le mouvement altermondialiste est pertinent pour considérer l'engagement postmoderne et les nouvelles formes du mouvement social[68]. En effet, l'altermondialisme représente avant tout un mouvement culturel qui refuse de jouer le rôle du politique, qui refuse d'entrer dans le jeu politique avec les moyens passés du politique. L'action est donc plus culturelle que politique, sans véritable construction stratégique de conquête du pouvoir. C'est une action plus passionnelle et subjective qu'ordonnée autour de buts intangibles ou d'une finalité historique à accomplir. Un des buts recherchés, c'est la diversité, par l'ouverture aux luttes les plus éparses, sans réelle stratégie coordonnée d'agrégation des intérêts entre eux. Il n'y a pas de *leadership* mais un respect de la diversité et une tolérance par rapport aux différents domaines de revendication.

---

[67] DELEUZE Gilles, GUATTARI Félix, *Capitalisme et schizophrénie, Tome I : L'Anti-Œdipe*, Minuit, Paris, 1972.
[68] FARRO Antimo, « Altermondialisme et Mondialisation », Séminaire EHESS, CADIS, 2005-2006. Nous reprenons en grande partie l'analyse d'Antimo Farro bien qu'il ne conclut pas au caractère postmoderne de ce mouvement.

Par ailleurs, les altermondialistes refusent la systématicité idéologique, l'altermondialisme n'est pas une idéologie strictement définie parce qu'elle est en perpétuelle construction par agglomération des luttes entre elles. L'acceptation des cultures différentes est centrale, les altermondialistes dépassent le nationalisme en interprétant les problèmes nationaux dans leur sens global. Ils veulent promouvoir une citoyenneté mondiale par la mutualisation des expériences et des valeurs des différentes cultures de l'humanité. Leur vision culturelle de la mondialisation les conduit à fustiger une globalisation uniquement économique, qui leur semble actuellement antinomique à une « mondialisation des hommes ». Leurs réflexions et leurs pratiques articulent les dimensions globale, le niveau de décision graduellement globalisé, et locale, celui de la vie quotidienne. Ils s'opposent à la logique d'uniformisation culturelle de la mondialisation qui définit tous les aspects de la vie individuelle.

Les altermondialistes inventent par ailleurs de nouvelles modalités de l'action politique. Ils interviennent par la créativité en construisant des circuits alternatifs de production et de distribution. Les mouvements altermondialistes prennent de plus part à la bataille du savoir en réalisant des réseaux épistémiques de contre-expertises qui traitent l'information médiatique ou créent de nouvelles infrastructures informationnelles. Ils mettent au centre de l'économie globale, l'information et la communication, leurs buts étant de saisir et de traiter les flux d'informations.

L'engagement altermondialiste dénote une attitude distincte des modalités modernes. On observe un changement de la position de l'individu dans la vie sociale. L'action ne consiste pas à avoir accès au système institutionnel, elle concerne d'autres formes d'intervention plus pratiques ou locales qui visent les conceptions ou les représentations culturelles. Le niveau d'action est distinct du politique, il se situe sur un niveau existentiel et sur celui de la vie. Les individus qui s'engagent dans l'altermondialisme cherchent à redéfinir les processus qui contrôlent leur vie individuelle, ils désirent redevenir maîtres de leur destinée et de leur propre vie. Leur manière d'agir ensemble se distingue de la position individualiste moderne ou d'une collectivisation unitaire de la lutte. Il n'y a pas une dissolution dans le collectif chez les altermondialistes mais plutôt une volonté d'agir en groupe. Le but de l'action, c'est l'action même, c'est-à-dire se construire dans la participation à l'action collective. Les individus qui s'engagent dans l'altermondialisme donnent sens à leurs actions dans la volonté de s'affirmer eux-mêmes. Ils interviennent sur le plan de la domination parce qu'ils développent une conscience des modèles de conditionnement et par-là cherchent à s'affranchir de ces modèles, en célébrant la différence, contre l'indifférence.

Au fond de ce mouvement social, nous devons lire une expression existentielle de réappropriation des processus qui échappent au contrôle voire à la compréhension des citoyens. Les notions d'« espace de vie » et de construction sont essentielles pour comprendre les motifs d'engagement des individus dans ce mouvement. Les altermondialistes construisent un espace de vie où l'on s'oppose et l'on échappe à la domination en déployant des pratiques culturelles de vie alternatives. L'affirmation subjective individuelle est aussi ici inter-individuelle, elle est une socialisation comme participation à la culture. L'existentialisme culturel est le motif, le point de départ de la contre-expertise et de la critique altermondialiste ; il est l'agent de la réappropriation économique et politique.

L'hypothèse postmatérialiste du politologue américain Inglehart nous semble également éclairer les modalités de l'engagement contemporain. Son étude des mouvements sociaux dans les années 1960 et 1970, et de la révolution silencieuse des valeurs enclenchée à cette époque, caractérise de nouveaux besoins postmatérialistes en rapport notamment à un objet plus large de réalisation personnelle. Les individus postmatérialistes s'intéressent à la politique mais se désinvestissent du jeu politique car ils sont méfiants vis-à-vis de la domination des institutions. Ils remettent en cause le fonctionnement rationnel des institutions modernes, c'est-à-dire la limitation de la gestion étatique à des fonctions exclusivement régaliennes, sécuritaires et matérielles, qui ne prennent pas en compte les nouveaux besoins postmatérialistes. Ces individus renâclent à s'insérer dans les logiques identitaires fermées des grandes organisations partisanes modernes ainsi que dans tout rapport contractuel contraignant. Leurs engagements sont temporaires, attachements momentanés sur des enjeux collectifs. Le commun est toujours une construction dans le substrat postmatérialiste, il ne fait pas partie d'une naturalité identitaire, sociale, politique.

L'hypothèse postmatérialiste recoupe également l'interprétation sociale de Maffesoli, car c'est un type de comportement analogue ou complémentaire, que nous pouvons observer dans les tribus[69]. La notion de « tribalisme » décrit une sorte de repli du « Tout » social, de la complémentarité organique sociale. La tribu utilise son propre langage, des modes vestimentaires particulières, institue un « ensemble » esthétique lié à des cultures passées ou à de mythiques origines. Ce qui est commun avec l'hypothèse postmatérialiste repose sur la quasi-indifférence des tribus à la participation au travail social, économique ou politique – institutionnalisé.

Avec Inglehart et Maffesoli, nous pouvons voir deux tableaux d'une nouvelle manière de « vivre-ensemble », de vivre la solidarité, de construire le lien social et d'établir de nouveaux systèmes de valeurs. Ces deux théories soutiennent l'idée que nous ne sommes plus sous l'égide d'un contrat rationnel et matérialiste entre individus. Les dimensions subjectives et personnelles sont primordiales. Ce n'est pas un « commun » vécu sur le mode de la raison, *le* lien repose sur des dimensions que nous qualifierons d'« esthétique » ou de « sensible ». Il est probable que les nouvelles racines de l'organicité se recomposent en dehors de la sphère productivo-économique et du système politique dominant. Les éléments de solidarité paraissent s'enraciner dans des éléments postmatérialistes qui sont relatifs à l'émergence de nouveaux besoins.

Le contrat social moderne vacille dès lors qu'il semble que les fondements de la socialité ne soient plus les mêmes, dès lors qu'il apparaît que les revendications concernent un ordre culturel. Les contractants établissent des accords sur des bases qui ne sont pas celles de la lutte sociale du XIXe siècle ou celles

---

[69] MAFFESOLI Michel, *Le Temps des tribus. Le déclin de l'individualisme dans les sociétés de masse*, Méridiens-Klincksieck, Paris, 1988.

de la compétition néo-libérale globalisée. Et ceci explique, en partie, la désaffection – affective – vis-à-vis du système et de la représentation politiques, ainsi qu'un manque de confiance dans le contrat social. Ces deux éléments sont centraux dans la crise politique qui est une crise de la citoyenneté.

Nous sommes en face d'un existentialisme politique dans la mesure où les aspects existentiels sont déterminants dans la mobilisation. L'existentialisme politique est symptomatique d'un besoin de reconnaissance et de construction identitaires qui est lié à la déstabilisation du moi et des identités, typique de la postmodernité. L'engagement postmoderne manifeste un besoin de se rapprocher de phénomènes diffus, ceux des pouvoirs pervasifs, ou lointains, ceux de la globalisation, par l'organisation d'une réflexivité sociale au sein de structures coopératives (économiques, politiques, culturelles). La disparition et l'émiettement des canaux de la parole, des lieux de dialogue et de rencontre, dans la société moderne, renforcent un besoin d'expressivité qui ne trouve plus le moyen de son énonciation. La virtualisation accroît en outre la volonté de participation à la définition symbolique d'un social devenu étranger à lui-même, étranger à sa propre narration. En acquérant les connaissances nécessaires et en les mettant en commun, les individus, qui composent les mouvements sociaux, créent des espaces narratifs de réappropriation des phénomènes distants qui définissent la société et leurs vies quotidiennes ; ils se rapprochent ainsi d'une définition propre d'eux-mêmes ainsi que d'une conception symbolique de la société ou de l'histoire.

L'existentialisme politique qui se fait jour est transversal et horizontal. D'une part, il traverse l'ensemble des couches sociales et, d'autre part, il récuse la verticalité moderne, assimilée à la domination et à l'imposition, pour un horizon postmoderne de partage des savoirs. Ces espaces sont des lieux de construction identitaire et, en définitive, ils sont des lieux d'expérimentation démocratique du vivre-ensemble. À la base de cet existentialisme politique, il y a le narcissisme postmoderne si souvent décrié. La posture individualiste narcissique peut mener à un égoïsme néfaste socialement, il peut aussi conduire à une introspection bénéfique quand la connaissance narcissique de soi devient collective ; elle pousse à aller vers d'autres expériences pour comprendre sa propre expérience. On retrouve là l'ambivalence de la condition moderne dépeinte par Bauman, et savoir quelle face de cette condition s'imposera est une question morale en soi, rappelle-t-il[70].

La question de la participation de ces groupes aux formes actuelles de la vie politique reste ouverte. Là, réside l'enjeu de l'anomie, car ces groupes, s'ils sont isolés les uns des autres, n'affectent pas simplement le lien social, en tant qu'échanges et rapports, mais, plus fonctionnellement, ils affectent la possibilité même de l'élaboration de la règle, deuxième sens de l'a-*nomie*. La règle se construit avec les groupes sociaux, dans le fonctionnement de ces groupes, et elle est légitime dans la mesure où elle résulte de cette médiation. Une société est alors complexe, non seulement de par son évolution technique ou structurelle, elle est complexe aussi d'un point de vue sociétal, par la création d'un processus de construction de la règle à partir des différences sociales et culturelles ; un jeu d'ajustement des différences entre elles et avec les institutions.

La matrice des valeurs à laquelle les individus souscrivent, et dans laquelle ils sont socialisés, ne correspond plus à la dichotomie idéologique des sociétés modernes, celle de la droite et de la gauche. Une nouvelle grille de lecture apparaît donc, elle cristallise progressivement les divergences et se révèle, imperceptiblement, sur les sujets les plus variés. Il y a donc un déplacement des anciennes lignes de fracture dont Duverger s'était servi pour baliser la politique moderne[71]. La formation politique d'une disposition postmoderne survient dès lors que les valeurs postmatérialistes deviennent un facteur explicatif aussi prégnant que les valeurs matérialistes. Elles ont en effet tendance à égaler les valeurs matérialistes, et dans l'hypothèse d'Inglehart, elles incarneront à terme les valeurs de notre société[72].

---

[70] BAUMAN Zygmunt, *La vie en miettes. Expérience postmoderne et moralité*, Éditions du Rouergue, Rodez, 2003.
[71] DUVERGER Maurice (1951), *Les partis politiques*, Seuil, Paris, 1992.
[72] INGLEHART Ronald, *Modernization and Postmodernization : Cultural, Economic and Political change in 43 societies*, Princeton University Press,

Dans le schéma d'Inglehart, la transition postmatérialiste s'effectue dans des sociétés prospères économiquement, comme celles des Trente Glorieuses, elle est aussi directement liée à un contexte de paix. Ces valeurs symbolisent le passage à de nouveaux besoins considérant les réquisits matériels comme acquis, les individus souscrivant à ces valeurs refusent la remise en cause de leurs droits sociaux ou de quelconques sacrifices liés à la compétitivité et aux restrictions budgétaires de l'Etat-providence. Les individus postmatérialistes ont tendance à revendiquer les acquis matériels pour l'ensemble de la population. Dans leurs esprits, les préoccupations matérialistes semblent donc un moyen pour atteindre un système de valeurs postmatérialistes, un système qui est porteur de la revendication de nouveaux droits élargissant le champ de la participation politique et la nature de ses décisions.

Les grandes visions de la modernité – Libéralisme et Socialisme – sont fondées sur une vision matérialiste, leurs thématiques restent celles du pouvoir d'achat, du niveau des prix et des salaires, de la croissance essentiellement mesurée par les performances productives et économiques. Or, les valeurs postmatérialistes manifestent l'entrée de la subjectivité dans le champ politique[73]. Il incombe aux pouvoirs de donner les moyens aux individus de se réaliser, de s'accomplir. Le décalage est brutal pour un pouvoir politique enchevêtré dans des problèmes économiques. Par conséquent, la désaffection vis-à-vis des idéologies modernes augmente à mesure que celles-ci se détachent des besoins en répondant, depuis le début de la révolution industrielle, de la même façon, à des problèmes dont la nature a évolué.

Le scepticisme, associé à cette désaffection est un premier élément de la disposition politique postmoderne[74]. Il provoque

---

1997. Même si Inglehart constate des systèmes de valeurs hybrides entre priorités matérialistes et postmatérialistes.
[73] Du matérialisme au postmatérialisme, nous passons d'une vie organisée autour d'un besoin d'existence plutôt que de subsistance, passage de la quantité à la qualité.
[74] THOMAS Martin Lloyd, « Postmodernisation and the formation of a political potmodern disposition », Sheffield University.
Disponible sur : < http://www.shef.ac.uk/content/1/c6/10/39/66/thomas.pdf >

un émiettement de la légitimité des grandes idéologies. On retrouve ici la perte de la fonction narrative des grands récits soulignée par Lyotard, des récits qui étaient légitimés par la pragmatique de leur transmission sans recourir à l'argumentation et à l'administration de la preuve[75]. Découlant du scepticisme vis-à-vis de l'universel, la disposition politique postmoderne met l'accent sur les thèmes de *la contextualité, de la contingence et de la différence*. La politique doit répondre à ces spécificités, elle doit être plus locale et adapter ses réponses à ce niveau. Le troisième et dernier élément correspond à *un attachement au pluralisme* et au *pragmatisme*. Les discours libéraux ou socialistes qui entendent fonder leurs politiques sur une forme de vérité de la raison universelle sont déplacés en faveur du pragmatisme. L'acceptation de la diversité est une condition essentielle pour nourrir une culture plus riche et des réponses mieux élaborées. La stratégie postmoderne se réfère plutôt aux valeurs qu'aux lois, à des suppositions et des hypothèses plutôt qu'à des certitudes, à des objectifs pragmatiques plutôt qu'à une moralité prétendument fondatrice. En abandonnant les discours de clôture historique ou universaliste, elle institue le sol sur lequel envisager une vie politique conçue comme un vaste champ argumentatif.

L'existentialisme politique appelle à un changement de paradigme pour le pouvoir dans sa gestion sociale et politique. Les changements de valeurs et d'attitudes ont en effet des conséquences politiques quant à l'élaboration de la règle et à la légitimité de celle-ci. Il s'agit de reconfigurer, en rapport au nouveau contexte, les axiomes modernes de la société politique, de la délibération dans l'espace public au rôle régulatoire de l'Etat.

L'Etat et la régulation sociale

Dans le contexte postmoderne, la politique, remarque Boisvert, « doit refléter, avec le minimum d'écart, les formes variées d'expression des identités et la diversité des modes de

---

[75] LYOTARD Jean-François, *La condition postmoderne, op.cit.*

socialité »[76]. La distance n'est plus tolérée. L'imaginaire postmoderne représente une mutation politique importante parce qu'il est marqué par une volonté de redéfinition des rapports de pouvoir au profit des individus et de la société civile, et au détriment de l'Etat[77]. La pression devient de plus en plus forte pour que s'opère un déplacement du politique et de l'Etat vers la société civile et ses composantes. Le nouvel imaginaire politique préconise de briser le monopole politique et l'hégémonie du pouvoir de la réglementation étatique. L'ensemble des pôles de décision et de régulation devrait être déplacé vers de nouveaux espaces publics qui sont issus de la société civile et soutenus par les membres de la communauté[78].

Dans l'expérience de la gouvernance des sociétés, nous observons les effets et la mise en pratique de ces discours. D'un côté, les discours libéraux développent une vision de l'Etat sous forme d'agences indépendantes qui composeraient et évalueraient les critères des politiques publiques. De l'autre, les discours sociaux-démocrates revendiquent une démocratisation de ces agences par une représentativité plus grande des acteurs socio-économiques parties prenantes dans ces domaines. À l'extrême gauche, la composante post-marxiste souhaite construire des formes politiques ou économiques autonomes autour d'une organisation communautaire à vocation démocratique, reflétant l'utopie d'une société auto-organisée. Si le courant post-marxiste consiste à fragmenter l'organisation étatique en de petites unités irréconciliables, les courants de pensée libéraux fournissent eux une conception simplement formelle de l'Etat, ils développent en effet l'idée d'un Etat vidé de toute substance politique[79].

Luc Rouban expose en de bons termes les données du problème de la régulation : la transformation du rôle de l'Etat est-il un phénomène positif annonciateur de l'avènement d'une démocratie nouvelle ou symbolise-t-il une crise profonde du

---

[76] BOISVERT Yves, *L'analyse postmoderniste*, *op.cit*, p. 106.
[77] *Ibidem*.
[78] *Ibidem*, p. 107.
[79] ROUBAN Luc, « Les paradoxes de l'Etat postmoderne », *Cités*, n°18, 2004, pp. 11-23.

politique[80] ? Il ne s'agit pas tant d'un dépérissement de l'Etat que d'une évolution de la nature de son rôle et de son intervention dans les processus sociaux.

Sur un plan pratique, la gouvernance des sociétés doit correspondre à l'évolution des attentes citoyennes quant à la légitimité de la règle et à un nouveau rapport à l'autorité. Les règles ne trouvent pas une application effective seulement en fonction de leurs « vertus » verticales supposées plus raisonnables. Pour répondre aux besoins sociaux, l'expert doit s'insérer dans un champ social, politique et culturel qu'il ne peut ignorer. La légitimité ne résulte plus de son seul avis, elle résulte de la pluralisation des savoirs, processus qui expose la nature des besoins et des enjeux sociaux. C'est à l'Etat d'organiser cette pluralisation. On ne peut élaborer une forme politique en dehors de son substrat social, il faut d'abord étudier l'être-au-monde et ses mutations afin de construire un savoir censé l'incarner, et, dans le meilleur des cas, tenter de lier ces deux moments[81].

La légitimité de la gouvernance est satisfaisante quand les acteurs considèrent les règles comme légitimes ; la reconnaissance de la légitimité des règles provient des différents processus de participation et de la construction de l'adhésion au sein de ces processus. Le besoin d'une participation plus grande est, de plus, utile en raison de la complexité de la règle. L'enchevêtrement des instances d'élaboration institutionnelle et des niveaux d'applications locaux, régionaux, nationaux représente une accumulation essentielle à la construction de la règle mais il a rendu difficile la lisibilité de l'action publique. Les acteurs qui contribuent à mettre en place la règle dans la société ont besoin d'une pédagogie supplémentaire, une explication de la règle comme de sa philosophie sous-jacente, sans quoi l'effectivité de son implémentation/application serait hypothéquée. Il leur faut participer aux objectifs pour participer à la lisibilité de l'action publique en tant qu'acteur de son organisation, en tant que

---

[80] *Idem.*
[81] BOISVERT Yves, *L'analyse postmoderniste*, *op.cit.*

vecteur de la règle dans la société, favorisant ainsi sa dissémination.

C'est un système de responsabilités partagées. Les principes d'une gouvernance démocratique sont l'ouverture, la transparence, la responsabilité, la co-production de la règle, la co-évaluation (l'étude d'impact), tout ceci mettant en jeu des intérêts pluriels.

Sur un plan théorique, Boisvert indique qu'il est faux de croire que l'éclatement de la puissance souveraine de l'Etat compromet l'impératif régulatoire de la société[82]. Au contraire, il lui semble que cet éclatement favorise de nouvelles modalités de régulation de la société. La culture postmoderne est certes une culture anti-autoritaire, anti-hiérarchique, anti-dogmatique dans laquelle la nature transcendantale de la normativité a été substantiellement mise en cause. Le sociologue canadien Michel Freitag voit lui, dans cette ouverture, un nouveau continent à explorer qui peut engendrer une nouvelle approche de la normativité[83]. Dans l'âge postmoderne, il est clair qu'on assiste à une ré-articulation des instances de pouvoir et d'élaboration de la règle. Cette tendance se renforcera au fur et à mesure que l'approche verticale aura démontré son improductivité à impliquer les citoyens dans les enjeux de leur société. L'implication est fondamentale parce qu'elle consiste à expliquer aux citoyens les évolutions sociales et politiques, à les inclure et à leur permettre de s'identifier à une communauté de valeurs démocratiques ; elle consiste à fonder le lien social par cette participation.

Le nouveau rôle de l'Etat est de concevoir, qu'après la modernité et sa rationalisation spécifique, nous sommes face à la possibilité de renouveler notre manière de concevoir la production du savoir et de la norme autour de démarches cognitives[84]. L'univers multicentré postmoderne se distingue de

---

[82] *Ibidem*.

[83] FREITAG Michel, « La dissolution post-moderne de la référence transcendantale », *Cahiers de recherche sociologique*, n°33, 1999, pp. 181-217. Disponible sur : < http://dx.doi.org/doi:10.1522/cla.frm.disi >

[84] LENOBLE Jacques, DE MUNCK Jean, « Les mutations de l'art de gouverner » in DE SCHUTTER Olivier, LEBESSIS Notis, PETERSON John, *La Gouvernance dans l'Union européenne*, Les Cahiers de la cellule de

l'univers centralisé moderne, car la définition du Bien dépend désormais de l'idée de « réseau »[85]. Freitag célèbre la fin de la référence transcendantale formelle et abstraite, celle des formes de régulation politique et institutionnelle de la modernité dont l'universalisme renvoyait à une idéalité fondatrice saisie de manière critique sous la forme de « principes »[86]. La mutation postmoderne de la société engendre de nouvelles modalités organisationnelles et systémiques de régulation à caractère « auto-référentiel et pragmatique ». Boisvert reconnaît lui aussi, dans la mutation postmoderne, la possibilité de penser une gouvernance où les modalités de régulation « n'auraient plus l'Etat pour centre mais supposeraient la substitution de la fonction traditionnelle de gouverne politique par une fonction d'arrimage et d'ajustement pragmatique entre des sous-systèmes sociaux autonomes autoréférentiels »[87].

Loin des idées reçues, l'imaginaire politique postmoderne dessine ainsi une figure politique originale à l'opposé des stéréotypes dont l'affublent les conservateurs. Afin de comprendre la nature politique et idéelle de cette constellation, il est opportun d'appliquer à la pensée politique postmoderne les cadres d'analyse traditionnelle de l'utopie ou de l'idéologie.

---

prospective, Commission européenne, Office des publications officielles des Communautés européennes, Luxembourg, 2001, pp 29-51.
[85] BEST Steven, KELLNER Douglas, *Postmodern Theory*, *op.cit.*
[86] FREITAG Michel, « La dissolution post-moderne de la référence transcendantale », *op.cit.*
[87] THUOT Jean-François, « Déclin de l'Etat et formes postmodernes de la démocratie », *Politique*, n°26, automne 1994, pp. 75-102. Cité dans BOISVERT Yves, *L'analyse postmoderniste*, *op.cit*, p. 108.

Partie II

La pensée politique postmoderne

Chapitre 4. L'idéalisme après la modernité

Le postmoderne reste, idéologiquement, une figure à déterminer, un ensemble d'idées qui manifestent et irriguent, presque imperceptiblement, les transformations du champ social et politique. Pour envisager cette figure originale du temps présent, le travail d'interprétation est indispensable à partir des textes fondateurs ainsi que des nouvelles interprétations du social.

La pensée politique postmoderne nous oblige à employer des néologismes. La relecture postmoderne des idéologies de la modernité consiste en une *réécriture* qui entend s'affranchir de la répétition. Il s'agit d'une logique nouvelle de l'idée politique dont la nature entre réalisme et idéalisme, idéologie et utopie, système et ouverture, pose la question même de la formulation politique. En d'autres mots, cette logique pose les conditions de possibilité, comme d'impossibilité, de la politique dans les sociétés postmodernes.

Il est difficile d'appliquer les schémas traditionnels de l'idéologie politique à la pensée postmoderne parce que le courant que nous analysons déploie des aspects inédits qui ne se satisfont pas des définitions actuelles. C'est pourquoi il est indispensable d'inventer une description inédite pour une figure originale de la pensée politique. L'idéologie postmoderne se pense et se construit à partir de l'idéologie traditionnelle au sens moderne mais elle désire transcender les travers de la nature même de l'idéologie.

Ne soyons pas effrayés d'inventer de nouveaux mots pour décrire cette forme originale de la pensée, la spéculation est une forme fertile. Ce qui est dangereux en politique, ce sont certainement les certitudes plus que les expériences qui se pensent comme telles. Le corpus postmoderne opère un déplacement de la notion de politique vers des aspects plus ou moins ignorés des canons de la tradition politique.

Probablement, nous pourrions envisager, dans le champ politique, le travail théorique postmoderne comme une réflexion, entre socialisme et libéralisme, sur la troisième voie.

Les écueils de l'idéologie

Les postmodernes sont avant tout les tenants d'une critique des idéologies modernes comme totalité, volonté de l'Un. Dans sa volonté de ramener la différence dans l'identité de son système, l'idéologie débouche sur l'effacement de la singularité des minorités. L'idéologie a tendance à ramener toutes les évolutions sociales, économiques, techniques ou politiques dans le sillon de son explication du monde, omettant par-là de questionner sa cohérence interne. Invariablement, par ce geste, elle organise la dissimulation des logiques qui pourraient remettre en cause sa vision du monde.

La pensée postmoderne semble allergique à toute forme organisationnelle rigide car elle a pour vocation de déterritorialiser les logiques partisanes, que cela soit dans les partis politiques ou les mouvements sociaux en hybridant les pratiques et les identités de ces groupes. La convergence, dans ce cas, s'avère plus que problématique. Cette disposition résulte probablement de sa vocation à faire constamment évoluer les structures de socialisation politique par la multiplication des alliances et du mouvement des identités, dans des processus cognitifs ouverts aux contingences. La communauté dialogique exige la présence du contradictoire à l'opposé de l'uniformisation sous l'emprise du dogme ; de par sa nature et son fonctionnement, elle requiert que d'autres formes s'agrègent et se désagrègent au gré des problèmes et des processus.

Laclau et Mouffe montrent que l'idéologie traditionnelle a pour but de combler la place de l'universel[88]. Au contraire, le postmoderne met constamment en abyme l'universel, il récuse les stabilisations hégémoniques de son contenu ; il entend développer les ensembles moléculaires, les singularités ou particularités, plutôt que les ensembles molaires et universalistes. Ricœur définit lui l'idéologie par sa vocation à légitimer le pouvoir[89]. Chaque système de domination,

---

[88] LACLAU Ernesto, MOUFFE Chantal, *Hegemony and Socialist Strategies : Towards a Radical Democratic Politics*, Verso, London, 1985.
[89] RICOEUR Paul, *L'idéologie et l'utopie*, Seuil, Paris, 1997.

explique-t-il, désire que son pouvoir de domination ne repose pas sur la seule domination, il veut que son pouvoir soit fondé sur la légitimité de son autorité. C'est à l'idéologie que revient le rôle de légitimer l'autorité. À l'opposé, les postmodernes eux, par leurs analyses critiques, sapent la légitimité du système, ils dévoilent et laissent apparaître la domination en questionnant les fondements du pouvoir, en déconstruisant incessamment la forme pouvoir.

Pourtant, la pensée postmoderne contient l'intention latente ou la naturelle inclinaison de repenser l'alternative. Le postmoderne ne représente pas un abandon de la posture politique traditionnelle qui vise l'émancipation. Nous sommes dans la redéfinition de cette posture dans un nouveau contexte ; la faillite des idéologies modernes et de la figure de la grande alternative n'induit pas un abandon de la chose politique mais sa reformulation par un nouveau prisme, le prisme culturel. La lutte ne prend pas les voies de la politique *stricto sensu*, une lutte pour le pouvoir ou une lutte sociale pour des positions économiques, il s'agit, d'une lutte culturelle pacifique, diffusion d'un esprit civique ou d'une attitude critique.

Plutôt que d'impliquer les individus dans un combat salutaire dont la résolution est reportée à demain, il est préconisé d'agir, comme le préconisaient les situationnistes, « ici et maintenant » dans notre quotidien le plus concret. « La nouvelle internationale », c'est une libération par le savoir et l'information qui a pour but de « libérer le combattant dans sa pensée » et finalement peut-être de le libérer du combat même[90]. Cette tâche suppose d'investir la pensée idéologique pour la purger de sa tendance hégémonique et lui donner les moyens de son ouverture.

Si nous ne concluons pas à l'existence d'une idéologie postmoderne en soi, il serait opportun d'affirmer, par souci

---

[90] Sur la nouvelle Internationale, se reporter à DERRIDA Jacques, *Spectres de Marx : L'Etat de la dette, le travail de deuil ou la nouvelle Internationale*, Galilée, Paris, 1993. Sur la libération du combat, Lyotard écrit ces très belles lignes : « Il faut libérer le combattant dans sa pensée pour qu'il se libère dans sa réalité. C'est le *circulus vitiosus* de tout projet pédagogique et révolutionnaire. Ce qui fait sortir l'enfant de ce cercle, c'est qu'il grandit. » (*Moralités postmodernes, op.cit*, p. 31).

d'inventivité, que la pensée politique postmoderne dessine les contours d'une nouvelle figure de l'idéologie, une idéologie a-idéologique.

Celle-ci serait un système qui poserait continuellement la question de ses frontières. Ce serait une vision du monde qui fait de sa cohérence sémantique un jeu. L'idéologie réfléchit son idéal et renvoie son effectivité à un espacement essentiel dans lequel les acteurs les plus divers viennent participer. Celle-ci n'a pas vocation à l'hégémonie ou l'imposition ni même au pouvoir politique mais elle cible l'éveil culturel. Ce serait une idéologie fondamentalement opposée à une séparation dialectique entre classes sociales, une division entre logiques partisanes. L'idéologie ainsi repensée lierait les individus et les groupes entre eux sans les *lier* au dogme, une idéologie qui aurait pour but l'intelligibilité sociale.

En ce sens si idéologie postmoderne il y a, elle s'entend plutôt, dans son sens le plus simple, comme *logique d'une idée*. Les pensées les plus variées du courant postmoderne indiquent des méthodes, montrent des objets, expliquent des phénomènes, pointent des horizons. La logique d'une idée s'applique à étudier le devenir des idées dans leurs parcours idéologiques, des trajectoires qui sont à la fois pratiques. Les regrets ne servent à rien lorsque nous nous apercevons des méfaits d'une idéologie au fur et à mesure qu'elle se développe, les remords constituent probablement une faute plus douce. Adorno parlait de la nécessité d'étudier les conditions ontologiques fausses d'une dialectique, Morin évoque la tâche d'étudier la viabilité des systèmes que ces idées, de par leurs logiques intrinsèques, érigent ou souhaitent ériger[91]. La déconstruction fonde une fonction idéologique qui est celle de l'interprétation, un rapport critique essentiel à l'idéologie elle-même et quant à ces rapports au corps social ou à la Nature. La disposition postmoderne instaure une idéologie qui pense son auto-immunité, ces travers et ces écueils, entrevoit ses dérives, questionne ses présupposés. Morin constate, dans les idéologies sociales et politiques, « un formidable dispositif de rejet que, par analogie avec celui d'un organisme défendant son intégrité et son identité, [il] appelle

---

[91] ADORNO Theodor, *Dialectique négative*, Payot, Paris, 1978.

immunologique »[92]. Savoir penser, en matière politique ou sociale, implique donc un examen critique de l'immunité idéologique :

« Savoir penser présuppose ne pas clore, ne pas refroidir notre système théorique. Cela signifie maintenir les échanges, le dialogue avec les autres théories, les autres pensées. Cela veut dire sans cesse œuvrer à empêcher la théorie de se dégrader en doctrine, la doctrine de se congeler en dogme. Cela veut dire maintenir la vie. »[93]

La systématicité ouverte renvoie à l'auto-génération d'un système par la porosité de ses frontières à une référence extérieure. La systématicité ouverte est tournée vers la vie, non seulement celle des idées, mais aussi et surtout celle de la vie dans son sens le plus large, par une compréhension constante de ce qui est en jeu dans la société, de ce qui est en jeu dans la vie individuelle. Cet aspect micrologique de l'idéologie contraste avec les projets de société caractéristiques de la modernité, qui voyaient dans la mise en place de grandes réformes la solution aux turpitudes du présent. On ne peut discerner clairement, dans la pensée postmoderne, la projection déterminée d'une société future et idéale. En dépit de la convergence des tendances économiques, sociales ou politiques qui pourraient nous pousser à entériner son aspect, la postmodernité revêt toujours une certaine imprécision. Cette époque en gestation semble être perceptible par un esprit du temps ou une attitude sociale et culturelle plus que par un tableau esthétique exclusif dépeignant *le* monde possible.

C'est peut-être dans le sens que donne le philosophe Althusser à l'idéologie que nous trouvons une définition, la moins inexacte possible, de la disposition politique postmoderne. Jameson reprend cette définition quand il évoque la cartographie mentale propre au postmoderne. L'idéologie est ici la représentation de la relation imaginaire du sujet à ses

---

[92] MORIN Edgar, *Pour entrer dans le XXIe siècle*, Seuil, Paris, 2004, p. 95.
[93] *Ibidem*, p. 109.

conditions *réelles* d'existence[94]. D'après Althusser, l'idéologie n'appartient pas à la « conscience », parce que les représentations sur lesquelles elle repose sont profondément inconscientes : « Elles sont des objets culturels perçus-acceptés-subis, et agissent fonctionnellement sur les hommes par un processus qui leur échappe »[95].

Althusser écrit que le rapport « vécu » des hommes au monde, y compris à l'Histoire, passe par l'idéologie, ce rapport est l'idéologie elle-même, précise-t-il. Cette notion désigne, en quelque sorte, la structure de notre *être au monde*[96]. Idéologiques seraient « nos manières de percevoir, de sentir, nos rêves et nos fantasmes comme nos conduites effectives, nos conflits inconscients ou nos névroses comme nos calculs rationnels »[97]. À travers l'idéologie, les hommes expriment, non pas leurs rapports à leurs conditions d'existence, mais *la façon* dont ils vivent le rapport à leurs conditions d'existence. Ce lien imaginaire au réel, institué par l'idéologie, va influencer les formes de subjectivité par la construction de représentations quant au rapport à soi, au rapport aux autres, aux rapports au monde et au temps, par lesquels l'individualité sera vécue et représentée. Pour Althusser, Marx montre bien que c'est au sein de cette inconscience idéologique que les hommes parviennent à modifier leurs rapports « vécus » au monde, et à acquérir une nouvelle forme d'inconscience spécifique que l'on appelle conscience[98].

Si nous concevons l'idéologie traditionnelle comme une mystification, l'idéologie, au sens d'Althusser et de Jameson, serait peut-être adéquate pour définir la notion d'idéologie « a-idéologique », c'est-à-dire une idéologie luttant contre les

---

[94] JAMESON Fredric, *Postmodernism or The Cultural Logic of Late Capitalism*, op.cit.
[95] ALTHUSSER Louis (1965), *Pour Marx*, La découverte, Paris, 1996, pp. 239-240. C'est lui qui souligne.
[96] LEGRAND Stéphane, SIBERTIN-BLANC Guillaume, « Idéologie I : Dédoublement (pratiques théoriques et existence historique) », *Europhilosophie*, programme Subjectivité et Aliénation, GRM n°6, 1 décembre 2007, pp. 4-5. Disponible sur :
< http://www.europhilosophie.eu/recherche/IMG/pdf/GRM_6_1-12.pdf >
[97] *Idem*.
[98] ALTHUSSER Louis, *Pour Marx*, op.cit.

tendances les plus impures de l'idéologie, à commencer par l'aveuglement du dogme ayant des implications collectives (rejet immunologique) et surtout individuelles (quant au rapport réel à notre vécu). L'idéologie postmoderne est a-idéologique car elle s'attache à dévoiler les représentations dissimulées, à les porter à la conscience et à souligner ainsi leurs rapports imaginaires à notre vécu. Cette disposition politique touche à ce que nous avons appelé un « éveil culturel ». Selon notre interprétation, elle est au cœur du projet politique postmoderne comme du projet sous-jacent socio-constructiviste : porter à la conscience les mécanismes mêmes de création et d'institution du monde, comme de nous-mêmes.

En essayant d'appliquer les grilles de lecture traditionnelles, nous comprenons la dimension paradoxale de la disposition postmoderne qui ne contient pas explicitement de système dont l'identité nous permettrait de conclure à une dimension idéologique. La difficulté de nommer cette figure de la pensée est d'autant plus grande lorsque nous nous apercevons qu'elle remplit quelques motifs de la mentalité utopique sans néanmoins encore s'y conformer.

La mentalité utopique

Il serait extrêmement périlleux de repérer les motifs utopiques pour chacune des pensées postmodernes telles que celles de Lyotard, Deleuze ou Derrida. Ce dernier reflète peut-être, dans sa réflexion sur des figures inconditionnelles de l'éthique (pardon, don, hospitalité), une mentalité plus distinctement utopique[99].

Évacuons tout d'abord, la plus évidente dimension de l'utopie : la clôture. L'utopie est une figuration esthétique d'un ailleurs imaginaire tel que More a pu l'imaginer[100]. Ce monde de nulle part relève de la clôture dès lors que l'utopie, nous

---

[99] DERRIDA Jacques, « Non pas l'utopie, l'im-possible » in *Papier machine. Le ruban de machine à écrire et autres réponses*, Galilée, Paris, 2001, pp. 349-366.
[100] MORE Thomas (1516), *L'utopie ou le traité de la meilleure forme de gouvernement*. Classiques des sciences sociales, UQAC. Disponible sur : < http://dx.doi.org/doi:10.1522/cla.mor.uto >

explique Jameson, est devenue une représentation « aussi autonome et autoréférentielle que possible »[101]. Elle institue une illusion sociale, chimère organisationnelle qui, le plus souvent, « mène à une société bureaucratique et close »[102]. Opérant à partir d'une négativité critique qui a pour but de démystifier ses opposés, elle est tributaire d'un « sécessionnisme constitutif, retrait ou déconnexion vis-à-vis du monde empirique et historique »[103]. Un tel critère ne s'applique pas à la pensée postmoderne dès lors qu'elle est au contraire tournée vers le monde empirique, historique et social. Par ailleurs, comme le précise Jameson, dans la postmodernité, la représentation est une impossibilité, elle laisse la place à une multiplicité d'images, parmi lesquelles aucune ne correspond totalement à la vérité[104].

Les postmodernes font néanmoins preuve d'une négativité critique vis-à-vis de leurs opposés : la modernité occidentale et ses travers. C'est probablement à partir d'un mal que le remède utopique se déploie, et cet élément de contagion/ guérison est présent dans la pensée postmoderne. Il n'existe pas, à proprement parler, d'utopie postmoderne « claire et précise » sur la société envisagée, le postmoderne assume toutefois la fonction critique d'opposition au sein du système. À l'instar de la structure utopique, il s'agit d'altérer le même et l'identique, mais la différence ne semble pas être une différence « radicale » au sens où elle imagine un nouveau système et remplace *radicalement* ce qui était insatisfaisant. Il est significatif pour Jameson que les utopistes « sautent le moment de la révolution lui-même pour poser une société post-révolutionnaire radicalement différente »[105]. Lyotard pense qu'il est possible « que la différence insensée soit vouée à faire sens, en tant

---

[101] JAMESON Fredric, *Archéologies du futur, Tome I : Le désir nommé utopie*, Max Milo, Paris, 2007, p. 85.
[102] TACUSSEL Patrick, *L'imaginaire radical. Les mondes possibles et l'esprit utopique selon Charles Fourier*, Les presses du réel, Dijon, 2007, p. 19.
[103] JAMESON Fredric, *Archéologies du future, op.cit*, p. 59.
[104] *Ibidem*, p. 359.
[105] *Ibidem*, p. 55.

qu'opposition dans un système, pour parler structuraliste, [...] une autre est qu'elle soit *promise* au devenir-système »[106].

Il n'y a dès lors pas de réflexion soutenue sur la révolution postmoderne, au moins celle-ci prend-elle les formes d'une lente conversion des valeurs, une révolution « silencieuse » des mentalités et probablement encore plus lente des structures. Dans les différentes aires du savoir, nous observons un patient travail de perlaboration sur les conditions d'une société future à partir de la déconstruction des sédiments modernes et d'un travail affirmé sur les racines historiques. Toutefois, la promotion modeste de nouvelles perspectives n'est jamais réellement une clôture systémique, l'aspect propositionnel est assumé sous la forme de pistes de recherches inachevées et en devenir.

Pour apprécier les intentions utopiques de cette pensée, il faut, à nos yeux, valoriser la fonction de l'utopie comme *dispositif d'enregistrement de la réalité sociale*. Jameson montre que l'utopie est principalement élaborée dans des périodes de transition marquant le passage d'une étape historique à l'autre, elle est un moment de la représentation qui nous offre une autre visibilité sur les contradictions et dilemmes d'une époque ou d'un dogme[107]. Elle réalise ce geste en agrégeant des formes diverses non seulement épistémologiques mais aussi esthétiques ou politiques. Cette faculté d'agrégation ou d'agglomération des espaces ou enclaves utopiques manifestant la transition est omniprésente dans le courant postmoderne. Concentrant en son sein les élans utopiques, le postmoderne devient ainsi un modèle réduit pour lire une totalité sociale irreprésentable où l'on peut cependant lire des tendances de fond.

C'est un enjeu déterminant de l'étude du postmoderne ; même dans sa forme imparfaite, que cela soit en philosophie ou en politique, il peut représenter, par ses lignes de forces, des notions essentielles contribuant à comprendre le temps présent.

En tant que phénomène global, le postmodernisme s'attache à investir les nouvelles enclaves utopiques de la modernité,

---

[106] LYOTARD Jean-François, *L'inhumain*, op.cit, p. 12.
[107] JAMESON Fredric, *Archéologies du futur*, op.cit, pp. 42-46.

notamment le champ de la subjectivité et sa révolution culturelle mais aussi le thème de l'espace et de l'urbanisme. Mais Ricœur nous rappelle que l'utopie ne fonctionne pas seulement comme une alternative à l'ordre existant mais elle expose au grand jour le fossé entre les revendications de l'autorité et les croyances des citoyens en un système de légitimité[108]. En analysant les prétentions à la validité et à la légitimité de la modernité, la théorie postmoderne entreprend de cerner ce décalage. L'utopie a, par conséquent, la fonction de rappeler les illusions déchues, les promesses non tenues en rapport à leur réalisation historique ; réanimer les espoirs déchus et le futur du passé. C'est un réaménagement, nous dit Ricœur, de ce qui a été rêvé dans le passé qui établit une conjonction entre utopie et mémoire[109]. À l'image de son versant esthétique, il nous semble que le postmoderne reprend des éléments substantiels de l'utopie moderne, ou, plus précisément, de certains courants utopiques de la modernité, tout en essayant de distinguer sa propre singularité[110].

Il nous paraît important d'envisager le postmoderne dans sa relation complémentaire à la modernité, dans sa relation utopique à un contenu idéologique moderne figé. Si l'utopie sape l'autorité, elle contient les germes de sa possible régénérescence. Une des fonctions les plus positives de l'utopie est de constituer un formidable réservoir d'inventivité et d'imagination qui permet l'exploration du possible. Ricœur note en effet qu'elle « nous met à distance de la réalité présente, elle nous donne l'aptitude à éviter de percevoir ladite réalité comme naturelle, nécessaire ou inéluctable »[111]. Sa fonction positive est donc de nous proposer de nouvelles réalités possibles. L'utopie permet des variations imaginaires

---

[108] RICOEUR Paul, *L'idéologie et l'utopie*, *op.cit*.
[109] *Idem*.
[110] Dans *Archéologies du futur* (p. 68), Jameson écrit à cet égard : « [...] on saisira mieux ce que le texte utopique possède de productif si on le tient pour un dispositif d'enregistrement permettant de détecter les signaux positifs, si faibles soient-ils, émis par le passé et le futur, de les bricoler et de les combiner pour produire ce qui donc s'apparente à une image représentationnelle ».
[111] RICOEUR Paul, *L'idéologie et l'utopie*, *op.cit*, p. 11.

primordiales autour de questions comme la société, le pouvoir, le gouvernement, la famille, la religion. C'est grâce à la notion de « nulle part » que l'utopie déploie sa fonction imaginative mais aussi intégratrice.

L'extra-territorialité est bénéfique dès lors qu'elle accompagne une philosophie de l'imagination qui libérera le pouvoir heuristique de la fiction. Ricœur caractérise ici la « double valence » de la fiction qui « se dirige ailleurs, voire nulle part : mais parce qu'elle désigne le non-lieu par rapport à toute réalité, elle peut viser indirectement cette réalité, selon [...] un nouvel "effet de référence" »[112]. Cet effet, qui est en un effet de sens, constitue le pouvoir de la fiction de redécrire la réalité. L'imagination n'est pas seulement théorique, elle se trouve à la charnière du théorique et du pratique, elle est une fonction du possible pratique. Ricœur suppose que cette notion de « nulle part » est peut-être une « structure fondamentale de la réflexivité par laquelle nous pouvons saisir nos rôles sociaux [...] concevoir ainsi une place vide d'où nous pouvons réfléchir sur nous-mêmes »[113]. Comment ne pas envisager cette notion de « nulle part » dans la postmodernité elle-même ? Est-ce un mythe, une attitude culturelle déjà présente dans les mentalités et les comportements collectifs, une postmodernisation en marche dans l'évolution sociale, politique et économique, l'incarnation d'une nouvelle métaphysique et d'un nouvel *être-au-monde* ?

Comme le stipule Jameson, qu'est ce que la postmodernité sinon cette destination future, dans laquelle se muent les volontés de changements, les représentations politiques les plus diverses, les descriptions du temps présent les plus inédites. Le « nulle part » du mythe de la postmodernité procède comme un appel à la figuration, la création d'un espace où toute représentation de la postmodernité est une représentation postmoderne en soi, et, certainement, un objet d'analyse. Au récit clos de la modernité, se substitue une notion, celle de la postmodernité, qui ouvre le champ des possibles et intègre, dans une transition aléatoire et incertaine, les intentions les plus

---

[112] *Ibidem*, p. 14.
[113] *Ibidem*, p. 35.

imaginatives en réanimant le passé, en projetant la société dans son vécu, ou en inventant la prospective du futur. Tacussel évoque ainsi les caractéristiques de cette ouverture narrative, elle se comprend comme « une ouverture référentielle du récit, dans laquelle l'arrière de sa production n'a de force que vers l'avant de sa projection de sens, c'est-à-dire "comme dimensions symboliques possibles de notre être-au-monde", le non-lieu du texte – son utopie – débute avec l'interprétation, avec ce "possible" qu'est l'appropriation d'un monde dans l'écrit »[114]. La fonction de nulle part est donc intégratrice car elle nous apparaît ici dans sa dimension constitutive de l'action sociale. Alors que l'idéologie abandonne le travail du symbolique et de l'imaginaire pour figer la réalité symbolique du système, l'utopie fonctionne comme une contrepartie à cette idéologie réificatrice. Ce qui fait dire à Ricœur qu' « il n'y a pas d'intégration sociale sans subversion sociale » à partir du moment où « la réflexivité du processus d'intégration s'effectue à travers un processus de subversion »[115].

De ce non-lieu, nous mettons à distance le système culturel pour l'interroger et le projeter dans « un champ des possibles [qui] s'ouvre largement au-delà de l'existant »[116]. Fait non dénué d'intérêt, la perspective ou la projection ainsi tirées de cet effort constitue une appropriation, elle lie, en définitive, une sensibilité et un vécu particuliers, issus de la mentalité utopique, aux conditions actuelles de la société. La mentalité utopique, confrontée à la rigidité du système, s'accommode la réalité par la projection. L'écriture devient par-là écriture de soi, appropriation comme recomposition.

Le thème de l'écriture imprègne fortement les conceptualisations postmodernes, notamment chez Derrida et Lyotard. La capacité d'inscription et d'appropriation d'un état vécu social par l'écrit contient semble-t-il, dans leurs philosophies, les germes d'un projet sur soi-même. La construction du récit de la société s'apparente, chez Jameson, à un *récit de soi* dans la société, ce qui le rapproche de Rorty et sa

---

[114] TACUSSEL Patrick, *L'imaginaire radical*, op.cit, p. 68.
[115] RICOEUR Paul, *L'idéologie et l'utopie*, op.cit, p. 36.
[116] *Idem.*

figure du poète, créateur de langage et de nouvelles descriptions de la réalité mais, plus directement, « créateur de soi ». L'utopie est un dispositif d'enregistrement de la réalité sociale mais aussi un *dispositif de création* à partir duquel nous construisons les dimensions symboliques de notre être-au-monde.

L'utopie postmoderne ne se situe pas tant dans les formes de la société future idéalisée que dans celles de la communauté. Lyotard imagine ainsi une certaine culture, articulée autour d'un *sensus communis* fondé par le sentiment du sublime[117]. Maffesoli entrevoit ce lien dans une socialité postmoderne composée d'affects mis en commun autour de moments partagés, faculté de l'*aisthesis* comme forme de l'agrégation sociale[118]. La notion de « sentiment » paraît traverser les projets des différents auteurs postmodernes. Derrida évoque, par exemple, une communauté portée par la promesse de l'à-venir ou embrassant une justice, qui est tout sauf l'indifférence[119]. Deleuze et Guattari fondent également le devenir du peuple sur ce désir d'immanence qui est un sentiment de liberté et une disposition tout à la fois affective, émotionnelle et critique au monde[120]. Une place similaire est accordée au sentiment dans la pensée de Rorty qui fait de l'éducation sentimentale un motif essentiel de connaissance et de sympathie vis-à-vis de l'Autre, condition première de la culture libérale démocratique[121]. Le projet de Foucault n'est-il pas cette « herméneutique du corps et des plaisirs », une vigilance de ses propres affects qui relève, selon lui, de la citoyenneté et du rapport à l'autre[122].

Les formes immatérielles de la société postmoderne ne sont pas relatives à des intérêts matériels, elles sont la matérialisation d'un esprit, la manifestation sentimentale d'un

---

[117] LYOTARD Jean-François, *L'enthousiasme, op.cit.*
[118] MAFFESOLI Michel (1990), *Au creux des apparences. Pour une éthique de l'esthétique*, La Table Ronde, Paris, 2007.
[119] DERRIDA Jacques, *Spectres de Marx, op.cit.*
[120] DELEUZE Gilles, GUATTARI Félix, *Capitalisme et schizophrénie, Tome II : Mille plateaux*, Minuit, Paris, 1980.
[121] RORTY Richard, *Contingence, ironie et solidarité*, Armand Colin, Paris, 1993.
[122] FOUCAULT Michel, *L'Herméneutique du sujet : Cours au collège de France 1981-1982*, Gallimard, Paris, 2001

commun. Jameson formule ainsi l'idée d'une communion utopique qui prend racine dans son désir d'imagination, « l'utopique ne serait pas l'attachement à une machine ou un modèle particulier, mais plutôt l'attachement à l'imagination d'utopies, sous toutes les formes possibles »[123].

Il est vrai que la modernité a accouché d'une vision uniforme particulièrement stérile quant à la pensée d'une alternative. La mondialisation néo-libérale et les mécanismes du marché, sous couvert de leurs strictes correspondances à la notion de « progrès », ont, selon Jameson, « colonisé le futur », « enfermer l'imprévisible dans des réalités tangibles [...] dans lesquels on peut investir, on peut tabler, dans un esprit qui rappelle les "futurs" propres aux marchés financiers »[124]. D'un point de vue plus culturel, Jameson cite Walter Benjamin qui, en son temps, polémiqua sur « la dégénérescence de la conscience moderne du temps, ouverte sur l'avenir, qu'il vise »[125]. Une grande partie du travail philosophique de Derrida a consisté à distinguer le *futur*, et son cortège de planification et de programmes (un futur presque déjà réalisé), de l'*à venir*, espace laissé à l'imagination et à la venue imprévisible de l'Autre. Cette place de l'à-venir, les élans utopiques y installent leur puissance imaginaire pour composer et prévoir « des possibilités politiques et empiriques », ce qui est d'autant plus nécessaire après la supposée fin de l'histoire et celle plus vraisemblable de la figure de l'alternative[126].

Ici et là, dans les interstices de ce futur déjà prévu, peuvent trouver lieu, pour s'exprimer, ces utopies du temps présent. Si nous cherchons en vain l'*Utopie* de la postmodernité symbolisant un modèle alternatif, c'est parce que le centre de gravité s'est déplacé vers la question des différences. La postmodernité est féconde de ces multiples communautés utopiques, dispersées à travers le monde, chacune poursuivant son Absolu. Jameson décrit toutes ces « utopies autonomes, et non communicantes – utopies qui peuvent prendre la forme de

---

[123] JAMESON Fredric, *Archéologies du future*, *op.cit*, p. 366.
[124] *Ibidem*, p. 384.
[125] *Idem*.
[126] *Ibidem*, p. 383.

tribus nomades, de villages, de grandes cités-Etats, ou d'écologies régionales », elles sont autant d' « archipels » ou d' « îles » utopiques en réseau, « constellation de centres discontinus, eux-mêmes décentrés »[127]. Les postmodernes sont en quête de la *relationalité structurale* de ces utopies, modélisation et pratique de ces utopies en réseau, et pour Jameson, c'est une « perspective métaphorique [qui] suggère d'emblée tout un éventail d'analogies, combinant l'isolement avec la relation »[128]. L'existence même de cette possibilité constitue l'utopie la plus prégnante dans l'imaginaire postmoderne, elle traverse le contenu de l'idée et les formes sociales qui la composent.

Au fond, la forme utopique a principalement pour but de déconstruire le « principe de réalité », ce discours d'inaltérabilité qu'est l'idéologie, immobilisant des agents politiques ne sachant plus dresser un pont entre la réalité et l'utopie[129]. La forme utopique institue une coupure et une discontinuité formelle, elle perturbe le futur déjà établi, pose sa différence radicale, et dissout l'idée qu'il n'y a plus d'alternative au système, que la réalité ne peut se comprendre que dans la « cohérence » de l'idéologie.

Deleuze avait indiqué cette stratégie dans la structure des nouveaux mouvements sociaux, ceux-ci créent, à ses yeux, des cassures et des interruptions dans les sociétés de contrôle, en instituant ainsi leurs propres espace/ temps, loin du contrôle étatique ou idéologique de l'espace et du temps[130]. Les mouvements sociaux, comme la mentalité utopique, fonctionnent comme des *disruptions* du moment historique, ils sont bien ces *césures dans le temps historique* qui créent des enclaves d'espace et de temps. En ce sens, ces mouvements spatialisent le temps, manifestent l'époque et leurs états vécus *propres* dans un lieu, ils matérialisent la transition ou le moment historique, ils investissent subjectivement le temps colonisé en modifiant les termes de sa définition idéologique.

---

[127] *Ibidem*, p. 373.
[128] *Idem*.
[129] BENHABIB Seyla, BONSS Wolfgang, MC CARTHY Thomas, MC COLE John (ed.), *On Max Horkheimer : New Perspectives*, MIT Press, 1995.
[130] DELEUZE Gilles, *Pourparlers, op.cit.*

Par là, ils travaillent ainsi les contours de la réalité. Le postmoderne représente un travail sur l'« à venir de la modernité », une césure dans une fin de l'histoire trop rapidement proclamée, un investissement subjectif et utopique qui projette un nouvel être-au-monde et de nouveaux lieux possibles.

Mais la pensée postmoderne est trop directement impliquée dans l'analyse des changements contemporains pour asseoir l'idéal type de la société idéale. Les postmodernes ne nous parlent pas seulement d'un monde imaginaire, d'une fiction ou d'un futur lointain : il ne s'agit pas d'un monde *sui generis*. Les théories postmodernes se situent dans des trajectoires issues du champ social et politique, en prolongeant, complétant ou poursuivant les problématiques mises à jour par différents types de mouvements sociaux ou culturels.

La constitution même du projet utopique d'une société meilleure contrarierait par ailleurs l'herméneutique inscrite dans cette pensée. En déclarant ce que devrait être la société, la morale s'institue et évide une éthique où le jugement n'est pas donné, ne peut pas être donné[131]. Il existe cependant outre-Atlantique des courants pragmatistes qui sont plus enclins à édifier une vision du monde, un système de valeurs, un projet de société typiquement postmoderne. Ces objectifs se rapportent à la construction d'une métaphysique postmoderne, l'élaboration d'une philosophie constructive qui, après la fragmentation, se démarque de l'approche déconstructive de la philosophie continentale (dont l'herméneutique semble parfois à l'opposé du pragmatisme). Bien qu'il existe des tentatives pour infléchir l'horizon symbolique de la postmodernité, l'inclinaison naturelle du postmodernisme dénote une réticence à toute conclusion, à toute fermeture, à ce coup de force rêvé par certains théoriciens. Lyotard nous enjoint même de résister à écrire cette postmodernité[132].

Sous son angle politique, la pensée postmoderne, sans incarnation propre, semble être un phénomène diffus. C'est une

---

[131] Dans ce cadre un des enjeux reste celui de l'aspect purement contestataire ou déconstructif du postmoderne.
[132] LYOTARD Jean-François, *Moralités postmodernes*, *op.cit.*

influence culturelle qui irrigue les mentalités, une boîte à outils que les acteurs sociaux et politiques utilisent sur des enjeux particuliers et des bases non contraignantes. On peut supposer qu'une cristallisation surviendra un jour de façon plus ou moins stratégique ou instrumentale, mais cette cristallisation, si elle survient, restera précaire car les forces de la déterritorialisation, le mouvement culturel du postmoderne, attaquera très probablement les fondations de ce qui sera devenu un trop sûr édifice.

Entre Socialisme et Libéralisme

Ceux qui souhaitent reconstruire, et ils sont nombreux, ne devraient pas oublier le contexte de la genèse de l'idée. Car nous connaissons, après la modernité, la grandeur des méfaits que peut causer l'idéologie, et même l'utopie. C'est là que se situe, d'après nous, toute l'originalité de ce mode de pensée lorsqu'on le considère politiquement. Le postmoderne est plein de cette méditation politique sur sa propre effectivité, parce qu'il ne souhaite pas réitérer les erreurs des idéologies modernes tout au long du XXe siècle.

L'intention la plus idéaliste, le travail utopique le plus prégnant consiste donc à inventer les formes de ce qui ne peut s'énoncer selon les schèmes dont nous avons hérité : réfléchir aux contours d'une nouvelle figure de l'alternative. Ce présupposé nous donne accès à la configuration politique du postmoderne en tant que tel, il traverse les mouvements qui sont parties prenantes de la construction de l'alternative. Foucault nous rend attentif à cette configuration en expliquant que « le problème n'est pas tellement de définir une position politique (ce qui nous ramène à un choix sur un échiquier déjà constitué), mais d'imaginer et de faire exister de *nouveaux schèmes de politisation* »[133].

Le postmodernisme paraît utopique dans sa forme, l'intention propre, mais aussi dans la définition de son contenu idéologique

---

[133] FOUCAULT Michel, « Les rapports de pouvoir passent à l'intérieur des corps », Entretien avec L. Finas, *La quinzaine littéraire*, n°274, 1-15 janvier 1977 in *Dits et écrits, Vol. III*, Gallimard, Paris, 1994, pp. 228-236. C'est nous qui soulignons.

parce qu'il a trait à la troisième voie. Le contenu politique de cette pensée se place dans un entre-deux, entre socialisme et libéralisme. Les postmodernes entreprennent de relire ces deux idéologies de la modernité. Ils examinent les structures de ces systèmes et tracent leurs généalogies. La relecture s'accompagne d'une réécriture, elle favorise l'inventivité et l'actualisation de préceptes idéologiques dans un monde qui n'est plus celui du XIXe siècle, contexte d'émergence de ces doctrines. Schématiquement, nous pourrions dire, d'après la perspective sociologique du politique, qu'il est envisageable de produire une nouvelle perspective sur la troisième voie quant à la forme politique postmoderne, si nous considérons, sur un plan philosophique, le socialisme comme un *réalisme* et le libéralisme comme un *idéalisme*.

Les postmodernes déconstruisent ce dualisme de la pensée politique moderne en montrant que ces idéologies apparemment contradictoires sont en fait complémentaires. Seuls divergent les moyens d'atteindre un objectif semblable d'émancipation sociale ou individuelle. L'entreprise politique postmoderne correspond, dans notre optique, à une sorte de réconciliation de ces deux méthodes. Une telle approche connectant ces deux grands pans de la pensée politique est exemplifiée dans les réflexions contemporaines sur la troisième voie. La conviction est forte, chez les postmodernes, qu'il est nécessaire de reformuler les objectifs de ces deux approches. Dans notre optique, les théories libérales et socialistes sont deux modes de perception *métaphysique*, deux philosophies de *vie*, deux modes d'action *politique*.

Premièrement, la rupture entre Libéralisme et Socialisme est en substance une rupture philosophique relative à la question de *la conscience et du sujet*.

D'une part, nous délimitons une branche idéaliste de la tradition philosophique, représentée par Descartes, qui entend démontrer que le sujet, de façon autonome, peut connaître le monde en formant son esprit par une méthode individuelle appropriée à cette connaissance. L'identité à soi est produite par un travail avant tout intérieur, ce travail érige la pensée du doute : le solipsisme étant une expérience intérieure, ou plutôt individuelle, de remise en cause du monde en tant que phénomène réel. Le chemin de l'esprit vers sa liberté, vers son identité, se réalise par un processus autonome, qui en vient à concevoir le monde en dehors de lui-même. La conscience crée sa propre unité à partir d'elle-même, son identité première n'est pas liée au monde, les impressions sensibles sont extérieures à la création de son soi. Dans cette optique, c'est par la *pure* raison, détachée des sensations et des fausses impressions du monde sensible, que le sujet atteint son autonomie. L'acquisition de la liberté de conscience s'acquiert individuellement.

D'autre part, nous observons une seconde branche de la philosophie qui est dite « empiriciste ». Elle s'entend comme une critique de la méthode cartésienne car celle-ci, si l'on considère la nature de sa position individualiste, récuse un monde où se trouve précisément la connaissance, où se révèle fondamentalement l'identité du sujet. Non pas en niant le monde et ses phénomènes, mais en embrassant leurs connaissances de façon exponentielle et variée.

Pour la tradition empiriciste, il ne s'agit pas tant de douter du monde, de l'éliminer comme force contraignante de l'identité (*tabula rasa*), mais il convient plutôt de l'analyser dans ses moindres recoins afin de comprendre que nous constituons le monde autant qu'il nous constitue. Par conséquent, c'est toute la richesse du monde sensible qui acquiert une importance déterminante dans le chemin de l'esprit, dans l'acquisition de la liberté de conscience et de la construction de l'identité. Cette position soutient que la différence du monde fonde notre identité, le sujet est considéré à partir de la différence du monde, un monde qui devient un champ d'interactions constamment en évolution. L'identité du sujet ne peut se comprendre que dans la mesure où elle est prise dans ce processus ouvert d'interaction avec le monde sensible. La liberté de conscience ne s'acquiert pas individuellement, elle résulte d'un travail pluriel et collectif qui inclut la différence du monde ; la différence est envisagée successivement, dans la tradition empiriciste, par le prisme de l'inconscient, des sensations, du désir, du langage, de l'expérience sociale et historique.

Deuxièmement, cette distinction philosophique se retrouve dans la distinction *politique et idéologique* entre le libéralisme, position idéaliste, et le socialisme, position empiriciste. Habituellement, une ligne de fracture est établie entre la droite et la gauche par rapport à une vision déterministe de gauche et une vision de droite soulignant la prépondérance de la responsabilité individuelle. Dans le premier cas, la vision politique socialiste analyse l'influence des structures sociales ou du groupe social sur la destinée individuelle, et dans le second cas, les libéraux développent la vision d'un individu libre de construire son propre parcours, sa propre destinée, par son action individuelle, en se créant lui-même[134]. Stoczkowski, anthropologue des savoirs occidentaux, identifie à cet égard le pessimisme cognitif du socialisme et l'optimisme cognitif du libéralisme, ce qui nous aide dans notre propos[135].

Nous pouvons par ailleurs explorer cette approche identitaire de la liberté à travers un dualisme central de la pensée politique, celui de la liberté négative et de la liberté positive, qui conditionne d'ailleurs l'*organisation de l'action politique*.

Associée à la conception libérale, la liberté négative est la possibilité offerte à l'individu d'agir sans être gêné par les autres. C'est un espace de « non-interférence », une absence de coercition[136]. La liberté négative est donc l'absence d'obstacles, de barrières et de contraintes, elle est ainsi généralement attribuée aux agents individuels. Une personne est d'autant plus libre qu'elle peut se distancer des institutions sociales qui lui laissent ainsi la possibilité de développer « librement » ses affaires privées.

Associée à la conception socialiste, la liberté positive concerne, elle, la possibilité pour l'individu d'atteindre le but

---

[134] Dans *La Condition postmoderne* (p. 62), Lyotard décrit ainsi le projet socialiste : « Le socialisme n'est rien d'autre que la constitution du sujet autonome et que toute justification des sciences est de donner au sujet empirique (le prolétariat) les moyens de son émancipation par rapport à l'aliénation et à la répression : ce fut sommairement la position de l'École de Francfort ».
[135] STOCZKOWSKI Wiktor, « Cosmogonie des Sciences sociales », Séminaire EHESS, Paris, 2005-2006.
[136] BERLIN Isaiah, *Two concepts of Liberty*, Clarendon Press, Oxford, 1958.

qu'il poursuit, d'aller jusqu'à la limite de ses satisfactions. Cette conception proclame la possibilité d'agir pour l'individu dans le contrôle de sa propre vie pour réaliser ses buts fondamentaux. Mais la liberté positive est attribuée ici aux collectivités ou aux individus considérés premièrement comme membres d'une collectivité donnée.

Le problème relatif à cette dichotomie touche ici à la nature de l'autonomie individuelle. Sommes-nous en effet des sujets autonomes, c'est-à-dire qu'il ne faut pas prendre en compte le déterminisme social, et limiter le rôle d'intervention de l'Etat, pour accroître la liberté individuelle (l'individu est pensé comme individu libre, autonome, en dehors de toute emprise structurelle) ? Ou alors, sommes-nous dans un régime d'hétéronomie dans lequel il est nécessaire de prendre en compte le déterminisme, pour que le sujet atteigne l'autonomie, ce qui induit un rôle pour l'Etat (l'individu est ici pensé comme résultant d'une histoire sociale et comme membre d'une collectivité) ?

Le libéralisme politique présuppose une conception négative de la liberté : pour favoriser la liberté individuelle, il est indispensable de placer de fortes limitations sur les activités de l'Etat. Les critiques du libéralisme, enracinées dans la pensée socialiste, vont contester cette implication, elles s'opposent à la vision négative de la liberté en affirmant que la poursuite de la liberté comme réalisation personnelle ou auto-détermination doit ou peut requérir un type d'intervention de l'Etat. Ces deux visions de la liberté sont deux définitions du même idéal politique qui semble incompatible. Pourtant, Derrida pense que la frontière entre le public et le privé n'est pas fixe et inchangeable, elle est à géométrie variable, condition de l'auto-délimitation de la démocratie, c'est-à-dire la possibilité de délimiter ce qui doit être laissé à la responsabilité des individus et ce qui nécessite l'intervention de l'Etat dans la poursuite de l'auto-détermination du sujet (et de la collectivité). Derrida montre bien que « la différence entre le public et le non-public reste une limite indécidable »[137]. Cet entre-deux, de la théorie

---

[137] DERRIDA Jacques, *Voyous. Deux essais sur la raison*, Galilée, Paris, 2003, p. 22.

idéaliste à la pratique empiriciste, nous indique ce que recouvre la disposition politique postmoderne.

Il est intéressant de noter les liens qui peuvent s'établir entre le débat philosophique, le débat politique et le débat scientifique. Le champ scientifique fut en effet animé, dans les années 70, par un débat touchant à la nature même des structures, et discutant notamment de l'action des agents sur cette structure. Le structuralisme posa le caractère surdéterminant primordial des structures dans l'explication des interactions sociales et de la destinée individuelle. Cette position est symptomatique du déterminisme car les structures sont contraignantes pour l'ensemble des individus et leur imposent la marche à suivre. Les premiers postmodernes, issus du post-structuralisme, conduisirent également une analyse des structures mais, dans le même temps, ils mirent l'accent sur la capacité des agents à infléchir ces structures soit en s'affranchissant d'elles, soit en changeant ou subvertissant le sens même de ces structures.

Les postmodernes semblent donc établir une jonction : ils analysent les structures sociales en tant que déterminant l'individu, dans un cadre analytique provenant du socialisme et du marxisme, mais, dans le même mouvement, l'ensemble de leur projet politique s'axe sur une requalification du sujet, en tant que sujet connaissant, en tant que sujet se donnant une fin pour soi, au-delà ou par-delà le déterminisme des structures. En définitive, sur un plan strictement politique, la conviction postmoderne repose sur le fait que le socialisme n'a pas laissé assez de place à la créativité des agents, vision trop pessimiste de l'évolution sociale. Le libéralisme a en outre surestimé le choix individuel et sous-évalué les conditions d'effectuation de la liberté de conscience dans les sociétés complexes – vision trop idéaliste.

Sur ce dernier point, le philosophe américain Bridges évoque la crise de la culture civique moderne[138]. Le libéralisme moderne attribue comme base de la citoyenneté une autonomie en matière de moralité politique analogue à celle de l'autonomie

---

[138] BRIDGES Thomas, *The Culture of Citizenship : Inventing Postmodern Civic Culture*, SUNY Press, New-York, 1994.

de la raison en matière de vérité. Les théories politiques libérales ont toutes partagé cette doctrine épistémologique de l'autonomie de la raison. Or, la crise des fondations scientifiques et des fondations métaphysiques ont ébranlé l'analogie entre raison et vérité. De plus, l'analogie entre raison et liberté ne semble plus asseoir l'autonomie dans les sociétés complexes. Pour user des notions de Deleuze et Guattari, le sujet est « produit et traversé par le flux des machines désirantes », la doctrine de l'autonomie de la raison qui fonde la citoyenneté et le schéma pluraliste libéral, paraît, aujourd'hui, obsolète et insuffisant[139]. Conditionné par les techniques, le sujet voit ses normes de vie redéfinit par l'économie, sa réalité est transformée par la technique ; l'individu des sociétés libérales est de surcroît vulnérable face à l'imposition médiatique et à la domination politique des institutions. La théorie postmoderne française, affublée du qualificatif de *French theory*, peut être interprétée comme une formulation scientifique qui repose la question du sujet et de son autonomie dans un monde marqué par la logique cybernétique[140].

Bridges se demande si les démocraties libérales, comme forme d'association politique, survivront à l'effacement de la culture des Lumières[141]. Il nous propose de réfléchir sur la création d'une nouvelle forme de culture civique dans laquelle redéployer et réinterroger cette tradition. Selon lui, une culture démocratique libérale doit fournir les ressources culturelles capables de rendre intelligible les principes normatifs de la citoyenneté aux citoyens. Il nous faut inventer cette nouvelle forme postmoderne de culture civique capable de refonder une citoyenneté critique nécessaire aux systèmes démocratiques. Cela suppose de penser de nouveaux modes de gouvernance politique qui reformulent les objectifs du libéralisme et du socialisme tels que Mills nous y invite :

---

[139] DELEUZE Gilles, GUATTARI Félix, *Mille plateaux, op.cit.*
[140] LAFONTAINE Céline, « Les racines américaines de la *French theory* », *Esprit*, janvier 2005, pp. 94-104.
[141] BRIDGES Thomas, *The Culture of Citizenship, op.cit.*

« Si l'on désire reformuler pour notre temps, dans la sphère politique, les objectifs du libéralisme et du socialisme, il faut penser comme condition sine qua non, une société où tous les hommes deviendraient des hommes de solide raison, dont le libre raisonnement aurait des conséquences structurelles sur leur société, sur son histoire et partant, sur leurs destinées individuelles. »[142]

Mills développe la vision d'une société réflexive où les agents seraient à même de réfléchir sur les structures et sur leurs vies afin de contribuer collectivement au devenir de la société. Les deux niveaux individuels et collectifs ne sont pas éloignés, l'erreur consisterait à surévaluer un des éléments de la paire, soit la promotion de la liberté individuelle isolée du collectif, soit l'intervention collective au détriment de la liberté individuelle. Ni la liberté individuelle seule ou l'intervention et la régulation collective seule ne sauraient appuyer le projet d'émancipation social de l'individu et de la collectivité. Le pessimisme de la connaissance n'empêche pas l'optimiste de la volonté ; avoir conscience des difficultés, comme le soutient Foucault, ne dispose pas au pessimisme le plus total, il faut en effet avoir beaucoup d'optimisme pour recommencer l'analyse et penser que c'est encore possible[143].

L'imaginaire politique postmoderne représente un savant mélange du pessimisme cognitif de la tradition socialiste et de l'optimisme cognitif de la tradition libérale. Ces auteurs adoptent sans aucun doute la grille analytique du marxisme avec la problématique de l'aliénation dès lors qu'ils analysent les structures et entendent créer une boîte à outils pour penser la liberté individuelle et la domination. Ils souscrivent également à la vision libérale car ils optent pour une conception de la souveraineté et de la liberté individuelles, en dehors de toute emprise collective comme celles des idéologies ou des institutions.

---

[142] MILLS Charles Wright, *L'imagination sociologique*, *op.cit*, p. 178.
[143] FOUCAULT Michel, « La torture c'est la raison », *Literaturmagazin*, n°8, décembre 1977, pp.60-68 in *Dits et écrits, Vol. III*, *op.cit*, pp. 390-398.

Cette pensée ne relève donc pas du néo-libéralisme, ni du néo-conservatisme, ni même du socialisme révolutionnaire moderne. Elle pourrait s'apparenter à la forme sociale et libérale telle qu'elle semble devenir le consensus « ultime » des démocraties occidentales. Nous sommes face à une configuration hybride, une pensée mutante que nous préférons nommer « uto-réalisme ». L'uto-réalisme viserait tout d'abord à réconcilier l'aspect déterministe et pessimiste du socialisme avec la croyance utopique du libéralisme en une liberté totale et responsable, au-delà de tout déterminisme.

Le va-et-vient entre le réalisme et l'idéalisme est le passage continuel entre une lucidité critique, pragmatique laborieuse, à l'idéalité positive du futur, la confiance en la capacité des hommes à s'affirmer par eux-mêmes. Derrida conçoit une telle relation symbiotique des deux termes inscrite dans la même dialectique : questionner à la fois l'adéquation entre le réel et l'idéal mais aussi en évaluant l'idéal lui-même au fur et à mesure du parcours[144].

De nos jours, l'idéalisme contemporain, face à la complexité de nos sociétés, ne peut se fonder que sur une analyse réaliste et pragmatique. Confronté au défi de la complexité, il lui faut tenter de cerner, de façon réaliste, l'enchevêtrement de la réalité sociale et agir, pragmatiquement, aux points de contact, à la frontière avec les pouvoirs, pour pouvoir prétendre agir sur elle. L'idéalisme contemporain est, dans le même temps, la promotion d'une vision idéalisée de l'homme et de la société. Non pas un idéal fixe et déterminé à jamais mais un mobile/motif pour se projeter positivement, dans un futur dont l'ouverture idéalistique est l'horizon de tous. Ce dessein caractérise, selon nous, le projet derridien de la démocratie à venir, « une certaine expérience de la promesse émancipatoire » ou « l'ouverture de cet écart entre une promesse infinie […] et les formes déterminées, nécessaires mais aussi nécessairement inadéquates de ce qui doit se mesurer à cette promesse »[145]. L'imaginaire politique postmoderne se mesure à cette vision exponentielle et hyperbolique de la promesse démocratique ; à

---

[144] DERRIDA Jacques, *Spectres de Marx*, op.cit.
[145] *Ibidem*, p. 111.

l'image de l'émancipation, un idéal à jamais inatteignable mais vers lequel il faut tendre.

Approfondir le credo ontologique du *socio*-constructivisme suppose de promouvoir un postmodernisme pragmatique où l'effort humain est directement lié à la vision d'une nature malléable. La « plasticité » n'est plus seulement envisagée dans sa dimension déconstructive, elle est aussi matière à construction. Il est nécessaire de montrer que « déconstruction et reconstruction » sont imbriquées dans le même mouvement. Approfondir le credo ontologique du socio-constructivisme, ce n'est pas seulement affirmer que *la réalité est socialement construite*, que l'homme est déterminé par la société mais que *le social peut construire la réalité*, que l'homme peut se construire lui-même en construisant la société dans laquelle il vit[146]. C'est en terme de *socio-genèse* ou de généalogie que nous envisageons la construction du contemporain. Le déterminisme social n'est pas contraire à la liberté du *projet* et c'est l'objet de la déconstruction que de déconstruire en vue d'une reconstruction progressivement de plus en plus consciente d'elle-même[147].

Poursuivre la logique de l'idée postmoderne implique dorénavant de penser *les conditions à partir desquelles le social peut construire la réalité*. Dans quelles conditions les agents peuvent influencer les structures et dans quelle mesure les institutions peuvent favoriser la création d'individus autonomes doués d'une raison tout en étant elles aussi parties prenantes du même apprentissage ? Pour être effectif et compréhensible, ceci nécessite probablement un déplacement de la notion de politique.

---

[146] Sur la question du déterminisme, il existe un parallélisme évident avec la théorie de Bourdieu sur l'habitus. Mais la notion d'habitus comporte bien un espace où la liberté individuelle peut se déployer et modifier les schèmes de l'habitus.

[147] Le terme même de généalogie évoque la déconstruction du caractère historique et socialement construit des structures et de l'identité (passé). La socio-genèse correspond à la reconstruction collective de ces mêmes figures (présent, futur). Nous parlons de contemporanéiété à la fois pour le niveau individuel (contemporanéité à soi) et collectif (historio-genèse).

Chapitre 5. Le déplacement de la notion de politique

L'originalité de la pensée politique postmoderne mérite une explication à la mesure de sa complexité. L'entreprise théorique postmoderne consacre notamment la prise en compte plus approfondie de la culture dans l'analyse politique. Elle s'attache à concevoir de nouveaux pans dans les sciences politiques traditionnelles : penser par exemple toutes ces rationalités encore impensées ou inconscientes à l'œuvre dans la chose sociale et politique. Ces zones grises sont le ferment d'une « hyperrationalité » qui sait englober des cercles de plus en plus larges de phénomènes et comprendre la nature de leurs interactions multiples.

La nouvelle nature de cette politique remplit une fonction imaginaire, au sens de la construction d'un récit sur la société. La politique, en tant qu'activité, semble être aujourd'hui, avant tout, l'écriture et la réalisation d'un récit, en plaçant les citoyens dans le flux d'un temps qu'elle définit, entre *ce qui a lieu* et *ce qui advient*, voire *ce qui a eu lieu*.

Nous distinguons, à partir du paradigme politique postmoderne, trois niveaux de la chose politique qui fonctionnent comme des grilles de lectures sur le diagramme de la pensée politique, soit *l'infrapolitique, le politique et l'hyperpolitique*.

Fonction imaginaire du récit social

Après le déclin des grands récits qui fondaient la cohésion moderne, l'un des traits principaux de la condition postmoderne est la multiplication des micro-récits. La perte de cette cohésion narrative a engendré la multiplication des appartenances identitaires. Par ailleurs, l'interpénétration des cultures entre elles et l'élargissement des frontières ont ouvert, plus que jamais, le strict cadre de la culture nationale. Ces deux phénomènes ont déplacé les formes de la communauté politique, ils ont suscité de profonds bouleversements en ravivant la question identitaire de l'appartenance.

Dans le même temps, la modernité a déraciné les sociétés de leurs passés. Le temps historique de notre époque semble se dissoudre dans un présent continuel et une succession d'instants sans continuité. Cet effacement de l'historicité peut aussi s'expliquer par le fait que la complexité a modifié la temporalité même de l'évolution sociale. Nous vivons dans un monde où la rapidité des évolutions est sans précédent. Les perspectives d'avenir sont d'autant plus floues, les changements semblent parfois imprévisibles et nos actions paraissent alors toujours être en retard. Dans ce cadre, les besoins de cohésion, de compréhension, d'identité ou d'appartenance sont les faces d'un même problème.

Le politique, qui répondait traditionnellement à ces besoins, s'avère être démuni devant ces besoins grandissants. Tout agit comme si la réalité symbolique de la société était illisible aussi bien dans son passé que dans son futur. L'image dialectique d'une société, constituée par son passé (mémoriel), son présent (tout fonctionnel et identitaire) ou par le prisme de son projet (projection dans un futur positif), disparaît dans l'horizon postmoderne.

Simultanément, le principe de réalité se déplace vers celui de l'hyperréalité. L'identité de la société, celle de la communauté politique, éclate et se parsème dans une multiplicité d'images médiatiques ou de séquences communicationnelles. À l'image de ce que les individus vivent compte tenu de la multi-appartenance si typique des individus contemporains, l'identité du Tout social est fragmentée. L'instabilité identitaire est à la fois individuelle et collective. Mais la fragmentation est aussi bien un risque qu'une chance pour la cohérence sociale au fur et à mesure que les différentes interprétations de la chose sociale, de l'avenir et du passé, tous ces micro-récits, enrichissent notre point de vue sur le réel.

Schultz utilise une métaphore adéquate lorsqu'elle travaille sur les organisations postmodernes. Elle nous informe que l'« entreprise postmoderne doit élaborer et maintenir sa personnalité, qui est la clé de son succès »[148]. L'organisation se doit de définir et d'objectiver en permanence le soi dans le temps et l'espace. Ni l'entreprise postmoderne ni le politique dans le contexte postmoderne n'ont de mainmise sur la réalité symbolique de leurs organisations. Il convient donc pour l'entreprise ou le politique de créer cette image, d'influer sur la réalité symbolique et de s'instituer perpétuellement comme entité reflétant le Tout.

Le politique endosse alors la fonction narrative, il lui faut éviter la dispersion et ramener la cohérence dans son récit de la société. Le problème du politique est de donner un sens au développement, d'incarner l'ordre de la narration d'un monde qui a perdu ses locuteurs. Une telle image, le politique l'a créée jadis grâce au schéma fonctionnaliste, complémentarité des tâches dans la participation à l'harmonie collective sociale, il l'a créée par sa conviction dans la linéarité de l'évolution et du progrès ou par son affirmation morale quant à un système de valeurs unifiant la communauté politique, quant à une civilisation commune garante d'une identité archaïque ou d'une prétendue origine.

La démarche typiquement moderne que nous venons de décrire ne fonctionne plus, ce qui explique la difficulté croissante du politique à relever le défi identitaire. Il ne parvient pas à trouver l'unité au sein de la pluralité, c'est-à-dire sa capacité à renouveler une image dialectique de la société et à faire ainsi en sorte qu'elle reflète les identités particulières. On

---

[148] SCHULTZ Pamela, « The Morally Accountable Corporation : A Postmodern Approach to Organizational Responsibility », *Journal of Business Communication*, Vol. 33, n°2, p. 180. Cité dans KEOUGH Trent, TOBIN Brian, « Le leadership postmoderne et le vocabulaire des politiques : théorie, instrumentalité et pratique », *op.cit*, p. 5.

envisage ici la cohésion sociale sous un angle figural ou imaginal. Le politique cherche à *représenter* ce qu'il ne peut plus seulement *présenter*. Il tente de réduire l'écart qui s'est creusé entre la réalité sociale et la simulation sociale, entre une réalité complexe et son schéma simplifiant. La personnification et la spectacularisation de la politique sont symptomatiques de son échec à remplir sa fonction imaginaire autrement que par des moyens a-politiques.

Si comme le pensaient Deleuze et Guattari, le social, par définition, fuit de toute part, si les micro-récits foisonnent et ne se reflètent plus dans l'image dialectique du politique, il ne faudrait pas considérer les imaginaires pluriels sous le seul angle de l'implosion sociale[149]. Il serait opportun de révéler en quoi ils sont moteurs dans le processus de recomposition symbolique de la société qui s'opère, selon nous, au creux de notre situation contemporaine. Libérer la force de ces imaginaires dans leur participation narrative à l'image dialectique sociale, c'est un moyen évident de recomposer une intelligibilité perdue ; c'est un moyen de révéler ce que sont les parties et de collecter, parmi ces différences, ce qui mène à l'organicité.

L'explosion des grands récits ouvre un champ où l'imagination sociale peut irriguer l'imagination politique, où le récit de la société sur elle-même peut ouvrir ses énoncés afin que chacun puisse intervenir sur l'hyperréalité sociale. En un sens, sous le régime de l'hyperréalité, nous sommes dans une écriture à plusieurs mains, et la réalité du récit est une négociation imaginaire, une cristallisation symbolique d'intentions partagées et de situations vécues. Autrement dit, le réel est un consensus, il est prégnant dans la mesure où les acteurs se reflètent en lui, et s'accordent à y reconnaître une vraisemblance. Sans ce type d'approche, la question identitaire dans les sociétés postmodernes sera une question bien plus sombre qu'il n'y paraît de prime abord.

---

[149] DELEUZE Gilles, GUATTARI Félix, *Mille Plateaux*, *op.cit.*

Les trois niveaux de la chose politique

Le politique, comme instance, et la politique, comme activité, sont habités par des forces multiples. Pour user d'une métaphore naturaliste, le champ politique est une terre irriguée par des nappes phréatiques diverses, et notre tâche est de distinguer la nature de ces différentes épaisseurs. Maffesoli nous rappelle justement que le champ du politique qui est celui de la structuration sociétale n'est pas réductible seulement au pouvoir[150].

Le premier champ correspond au niveau infra-politique. La dimension infra-politique développe une relation particulière au passé car la vie politique présente est conditionnée par le passé, par les spectres qui hantent la pensée politique, par les visions du monde créées par ceux qui nous précèdent. Tout projet politique est enraciné dans une métaphysique qui s'apparente à une noosphère de schèmes structurant la vision du monde dans laquelle le politique va puiser pour construire une figuration des relations en son sein, pour adopter une méthode d'organisation de la réalité sociale. Le niveau infra-politique concerne la déconstruction des sédiments de la pensée politique.

C'est un niveau quasi anthropologique car il va falloir déterminer l'enracinement historique d'une pensée ou d'une méthode politique dans un contexte situé socialement et culturellement. L'anthropologie de la pensée politique propose de dévoiler les conceptions du monde, les systèmes comportementaux, les manières de voir et de sentir, de se situer par rapport à un extérieur et un intérieur, par rapport à la nature et l'animalité de l'homme, par exemple. La métaphysique est tributaire d'une époque, elle regarde le monde avec les yeux de son époque, la politique elle aussi répond aux coordonnées d'un tel diagramme.

La dimension infra-politique est liée au passé car la vie de nos sociétés, le « vivre-ensemble », est déterminé par des événements passés, qui vont ressurgir soudainement alors qu'on les croyait morts, enfouis dans la conscience du présent ou la

---

[150] MAFFESOLI Michel, *La violence totalitaire. Essai d'anthropologie politique*, PUF, Paris, 1979.

projection vers l'avenir. Ce sont donc tous ces événements de l'histoire, les silences des opprimés, les traumatismes accumulés, ces non-dits et ces souffrances qui se fraient un chemin dans le présent de nos sociétés et dans leur futur. La dimension infra-politique est liée au passé parce qu'il y est question de l'inconscient, ce qui souterrainement diffuse en nous les fondements de notre agir et de nos connaissances, ce qui laisse des « traces » que nous essayons de rassembler pour nous comprendre.

Ces « traces », ce peut être des constantes résiduelles anthropologiques telles que Maffesoli les interprète. Il constate une recrudescence d'éléments archaïques en décelant, dans la structure anthropologique de l'être, et de l'être-ensemble, la part imaginale ou le symbolisme de la composante sociale *et* politique. Les mythes sont l'incarnation de ce « symbolisme » qui s'exprime dans l'ensemble social, ce « symbolisme » existe, explique Maffesoli, « avant et après le politique, il l'irrigue en profondeur »[151]. Son travail nous donne un prisme par lequel lire la postmodernité à chaque fois que nous observons que l' « archaïque [est] réinvesti par le moderne, ou [que] le moderne [entre] en synergie avec les éléments les plus archaïques, c'est-à-dire les éléments premiers, primordiaux de toute l'humanité »[152].

L'analyse sociale de Maffesoli s'emploie à souligner l'irruption de « ce que le rationalisme avait cru évacuer »[153]. Dans les rituels quotidiens, il discerne une solidarité primitive, celle de l'être préindividuel, *humus* de l'humanité qui précède les philosophies modernes du sujet et de la subjectivité. La fondation de la collectivité comporte une donnée anthropologique fondamentale. La collectivité se construit en effet à partir d'un mythe fondateur qui est la part du « divin social » analysé par Durkheim. Envisagée par Marx, la politique devient par exemple une forme profane de la religion. Le présupposé du politique, note Maffesoli, représente bien une

---

[151] MAFFESOLI Michel, *La transfiguration du politique* : *La tribalisation du monde*, LGF, Paris, 1995, p. 101.
[152] *Ibidem*, p. 244.
[153] *Ibidem*, p. 221.

fraternité, plus ou moins mythique[154]. Il existe un besoin de reliance de la communauté, la nécessité d'une organisation autour d'une image commune ; le chef charismatique capte l'effervescence et détourne vers lui toutes ces expressions de la vitalité sociale. Le besoin d'enracinement dans une communauté, dans un chef ou une terre, peut se comprendre par rapport à l'origine écologique du pouvoir où le détenteur du pouvoir établissait un lien entre le lieu, la terre et le ciel. La réciprocité entre mystique et politique est constante, elle a été pourtant évidée de l'analyse politique durant la modernité. Il distingue justement au sein des manifestations les plus diverses du corps social une « mystérieuse attraction, autour de ce (ceux) que l'on éprouve en commun, et qui fait sociétés », une « sympathie symbolique, étrange pulsion qui me pousse à me perdre dans l'autre »[155]. Citant Durkheim, il montre que c'est dans les réunions, les assemblées et les congrégations que la société éprouve le besoin d'entretenir, à intervalles réguliers, les sentiments collectifs et les idées collectives qui font son unité et sa personnalité[156].

Il est probable que nous enrichissons l'approche politique lorsque nous étudions toutes ces entités encore obscures, mais parties prenantes dans les interactions entre le politique et la société. Tout ce qui a rapport au non-logique, à une indistincte rationalité inconsciente, à une dimension archétypale ou aux constantes résiduelles et affectuelles, tout cela fait partie de la réflexion politique dans la mesure où celle-ci est une activité réflexive sur l'humanité. Si la réflexion politique doit s'entendre comme une activité d'élucidation du mal inhérent à la chose politique[157], elle doit s'intéresser à l'anthropologie politique. Et le mythe représente cette figure radicale que la politique rationnelle de la modernité a dissimulée derrière l'objectivité de ces démarches. Morin reconnaît aussi l'importance du mythe dans les communautés. Il conçoit la notion même de réel par rapport à cette composante imaginaire

---

[154] *Ibidem*, p. 252.
[155] *Ibidem*, p. 214.
[156] *Ibidem*, p. 246.
[157] RICOEUR Paul, *Idéologie et utopie*, op.cit.

dans le sens où la réalité de l'homme est semi-imaginaire, le réel étant une réification. Le mythe fait partie d'une réalité humaine et politique qu'il est préférable de comprendre plutôt que de subir :

« [...] le problème n'est pas de vivre dans un pur réel débarrassé de mythes, car alors le réel s'effondrerait. Le problème est de reconnaître et élucider la réalité de l'imaginaire et du mythe, de vivre avec une nouvelle génération de mythes, *les mythes reconnus comme mythes*, d'entretenir un nouveau commerce, non plus dément, non plus sanglant avec nos mythes, de les posséder autant qu'ils nous possèdent. »[158]

Peut-être est-ce le rôle de la réflexion politique que d'imaginer les mécanismes d'appropriation de ce substrat anthropologique et mythique ? La perspective de la relecture/réécriture se dépose sur une couche beaucoup plus profonde que le simple récit moderne, elle implique aussi la mise en mouvement des mythes dans un futur où ils seraient recomposés. Nous n'enfermons pas la dimension infra-politique dans le passé, car elle conditionne le présent et revêt une part active et féconde dans la construction du futur.

Après la dimension infra-politique, le deuxième niveau de la chose politique ne pose pas de difficultés, à partir du moment où il constitue le domaine le plus traité, celui de la politique comme nous la connaissons. La définition de Freund est suffisante pour cerner cette « instance par excellence du déploiement, de la gestion et du dénouement des conflits »[159].

L'hyperpolitique est, elle, le troisième niveau, un champ beaucoup moins évident. Ce terme est le plus propice pour définir l'approche spécifique de Derrida sur le politique. Au-delà de ses formes déterminées, telles qu'elles se manifestent dans les institutions, les droits et les valeurs, le philosophe cherche à retirer quelque chose du politique pour accéder à un espace qui ne serait pas enfermé dans le politique. Au-delà du

---

[158] MORIN Edgar, *Pour entrer dans le XXIe siècle*, *op.cit*, p. 79.
[159] FREUND Julien, *Sociologie du conflit*, PUF, Paris, 1983. Cité dans MAFFESOLI Michel, *La transfiguration du politique*, *op.cit*, p. 11.

pragmatisme et de la *realpolitik*, nous assimilerons cet espace, de façon métaphorique, à une hyperbolisation de l'éthique, proche de ce que serait une « esthétisation de la modernité ».

L'hyperpolitique, c'est accorder une place à la promesse émancipatoire. Elle constitue la projection subjective d'une vision idéalisée de l'humanité et de son cadre politique. C'est un lieu utopique car il permet le déploiement d'une imagination encore contrainte dans le fatalisme. C'est une place pour les espérances et le jugement où on ne se contente pas de dire ce qui est, non pas ce qui devrait être, mais ce que nous souhaiterions que soient la nature, les institutions, les valeurs humaines. C'est ainsi que nous incluons au sein de cette dimension hyperpolitique : l'utopie, l'imagination, la spiritualité, l'esthétique. Cette dimension hyperpolitique nous semble liée au futur, car elle cherche à imaginer les formes futures des institutions ou de l'humanité, parce qu'elle se projette dans cet « à venir », distinct du futur prévisible et préprogrammé. Elle inscrit et pose la question de l'avenir et de sa destination, du *telos* comme visée, et de l'être comme projet. Moins volontairement, elle est une méthode déconstructive pour signifier les contradictions de l'appareil et de la pensée démocratiques en montrant comment ce qui les fonde – leur idéalité – entre parfois en opposition avec ce qu'ils font.

Une telle distinction entre infra-politique, politique et hyperpolitique, ne représente pas un exercice artificiel de création. Ces trois dimensions structurent, selon nous, l'imaginaire politique postmoderne. Dans notre réflexion sur la différence en politique, il s'agit pour nous de prendre en compte ces trois aspects. L'approche politique postmoderne se situe dans ces trois lieux, elle marque la transversalité de ces trois niveaux que la chose politique implique.

D'ailleurs, dans tout projet politique, les théories de la connaissance (*infra*), du politique et de la vie (*hyper*), se révèlent irrémédiablement liées. La théorie de la connaissance fonde la vision du monde, elle procure un prisme épistémologique et métaphysique par lequel on peut saisir la place de l'individu dans la réalité, la nature même de cette réalité et des interactions en son sein ainsi que des mécanismes de sa construction. La théorie politique déploie cette vision du monde dans une philosophie politique en investissant les objets propres au fonctionnement politique des sociétés, c'est-à-dire l'économie, la culture, les institutions. La théorie de vie constitue elle la manière dont les individus mènent leur vie, c'est-à-dire à partir de quelles représentations vont-ils agir dans le monde, pour s'associer, pour échanger, pour se conformer ou se confronter ; cela implique une vision de ce qu'ils cherchent à accomplir ou comment ils peuvent atteindre de légitimes aspirations telles que l'émancipation et la liberté, dans la même expérience du monde que décrivent les théories métaphysique et politique.

Le projet postmoderne déplace la politique, car il la situe dans le dépassement des philosophies de la modernité qui ont, à terme, engendré une société ne favorisant peut-être pas assez le projet de l'être. Le pouvoir s'enracine dans les relations sociales et humaines, il n'est pas une entité distincte de ces relations, il provient d'elles. L'individu devient le vecteur du pouvoir, ce qui nous pousse à envisager non pas tant le politique d'après une relation abstraite qui a trait aux droits ou à un discours sur la justice mais bel et bien du côté des déterminants culturels qui sont contenus dans la praxis des relations sociales.

La constitution micropolitique du sujet

Quant à l'approche du pouvoir, il nous faut expliquer en quoi consiste la « révolution copernicienne » de Foucault. Traditionnellement explique ce dernier, le pouvoir était analysé comme un processus qui s'exerce du haut jusqu'en bas, du centre à la circonférence, de l'important à l'infime, disons pour schématiser, du macropolitique au micropolitique. La figure du Léviathan symbolise cette unification du corps social par le haut, Foucault décrit cette opération cognitive et pratique comme la « coagulation d'un certain nombre d'individualités séparées, qui se trouvent réunies par un certain nombre d'éléments constitutifs de l'Etat »[160]. La souveraineté représentera ainsi l'âme de l'Etat, et, à partir de ce socle, la

---

[160] FOUCAULT Michel, *Il faut défendre la société : Cours au collège de France 1975-1976*, Gallimard, Paris, 1997, p. 26.

réflexion politique s'interroge sur le problème de l'âme centrale, en délaissant l'existence propre des sujets qui prennent corps seulement par rapport à l'âme centrale.

Foucault va déplacer la lecture du pouvoir dans un cadre « hors du champ délimité par la souveraineté juridique et l'institution de l'Etat »[161]. C'est pourquoi sa lecture anthropologique et historique s'intéressera à tous ces « corps périphériques et multiples, ces corps constitués par les effets de pouvoir, comme sujets »[162]. Le pouvoir ne constitue pas un bloc monolithique, constitué par des institutions uniques, il ne peut fonctionner sans les individus qui sont les vecteurs de ce pouvoir :

« Le pouvoir, je crois, doit être analysé comme quelque chose qui circule, ou plutôt comme quelque chose qui ne fonctionne qu'en chaîne. Le pouvoir s'exerce en réseau et, sur ce réseau, non seulement les individus circulent, mais ils sont toujours en position de subir et aussi d'exercer le pouvoir. Ils ne sont jamais la cible inerte ou consentante du pouvoir, ils en sont toujours les relais. Autrement dit, le pouvoir transite par les individus, il ne s'applique pas à eux. »[163]

À partir de ces postulats, Foucault va suivre plusieurs pistes de recherche. Il étudiera les conditions historiques et sociales de la constitution micropolitique des sujets. D'une part, il est évident que la *libido dominandi* peut se diluer dans les plus petits corps sociaux, tel que l'évoque Maffesoli, conformément à l'approche du pouvoir de haut en bas[164]. C'est une sorte de diffusion ou de dissémination du pouvoir qu'on peut étudier à partir des discours et des règles élaborés par le pouvoir central[165]. Si le pouvoir transite par l'individu qu'il a constitué, Foucault se penche sur une analyse ascendante du pouvoir en partant des mécanismes infinitésimaux, ces mécanismes micropolitiques possèdent « leur propre histoire, leur propre

---

[161] *Ibidem*, p. 30.
[162] *Ibidem*, p. 26.
[163] *Idem*.
[164] MAFFESOLI Michel, *Logique des la domination*, PUF, Paris, 1976.
[165] MAFFESOLI Michel, *La transfiguration du politique*, op.cit, p. 31.

trajet, leur propre technique et tactique »[166]. D'un autre côté, ils sont révélateurs de « mécanismes plus généraux de domination globale » car on peut déceler comment « ces mécanismes de pouvoir [infinitésimaux] ont été et sont encore investis, colonisés, infléchis, transformés, déplacés, étendus » par les mécanismes plus globaux[167].

C'est à partir de cette « micromécanique du pouvoir » qu'il est possible d'envisager la nature circulaire d'une entité trop abstraite quand on la considère par exemple sous l'angle du juridique. C'est à partir d'elle que l'on peut envisager la nature globale des techniques de domination. C'est à partir de ce niveau micropolitique que l'on peut également envisager les stratégies des acteurs afin de parer à cette diffusion de l'ombre du pouvoir. Foucault montrera dans *L'Herméneutique du sujet* ce qu'il avait déjà posé dans ses ouvrages précédents : pour qu'il y ait mouvement de haut en bas, de l'Etat vers la société, il faut qu'il y ait *capillarité* de bas en haut[168]. Autrement dit, le pouvoir politique ne s'enracine pas sur une matière inerte, les sujets sont les relais du pouvoir et sont constitués comme effets du pouvoir, c'est-à-dire qu'ils instituent dans la société le rapport de pouvoir et de domination dont ils sont les vecteurs. Cela signifie, également, que le pouvoir politique central s'enracine sur des rapports de pouvoir *préexistants* dans les rapports sociaux.

En dehors du projet « machiavélique » des institutions, Foucault souligne qu'il existe déjà des rapports de pouvoir au sein du social sur lesquels la domination politique s'enracinera. Son dernier opus se concentre sur cette question éthique. L'ensemble des postmodernes accorde une importance significative dans cette dimension micropolitique. Le projet politique se situe dans un travail culturel de l'individu sur lui-même et sur ses rapports sociaux, par rapport certes à la domination globale – des récits et des pratiques pervasifs – mais aussi par rapport à la domination qu'il institue de par la méconnaissance de son fonctionnement. C'est le champ de la

---

[166] FOUCAULT Michel, *Il faut défendre la société*, *op.cit*, p. 27.
[167] *Idem*.
[168] FOUCAULT Michel, *L'Herméneutique du sujet*, *op.cit*.

pacification du pouvoir, tâche, semble-t-il, trop large quant à l'émancipation des institutions mais si immédiate et proche quand cela concerne notre être-même, nos relations professionnelles ou de voisinage.

Le déplacement le plus conséquent touche au fait que la réflexion politique est désormais inscrite dans la vie et les relations humaines, ce qui fait dire à Morin que « tout ce qui est non politique comporte au moins une dimension politique [...] à l'inverse tout ce qui est politique comporte aussi, toujours, une dimension non politique »[169]. Si la politique se déplace vers la vie, c'est à la vie sociale de se déplacer vers la politique. Il faut donc imaginer une ouverture institutionnelle où les contre-pouvoirs seraient attentifs à la direction de cette politique de la vie en gestation. Sa définition contient tout autant la chance d'un élargissement de la chose politique, une politique qui se met au service de la vie, qu'un risque, le développement extrême du contrôle politique sur tous les aspects de la vie sociale. Il ne s'agit pas d'opter soit pour l'analyse du pouvoir central, soit pour l'analyse micropolitique des sujets. Il ne saurait y avoir d'ossification entre les frontières de la sphère individuelle et sociétale, d'une part, et celles de la sphère systémique et politique, d'autre part.

Dans les pages qui suivent, nous analysons le fonctionnement du pouvoir quant aux rapports qu'il entretient avec la société, la politique entendue comme organisation de la société et comme modulation des rapports sociaux. Toute proportion gardée, nous procédons à notre analyse en suivant la distinction entre les niveaux infra-politique, politique et hyperpolitique. La déconstruction des sédiments de la pensée et du pouvoir modernes (parties III et IV) envisage le sol sur lequel construire une approche politique postmoderne (parties IV et V). Si nous comparons ces perspectives avec ce que contient l'actuelle politique, il s'agit bien d'ouvrir un espace au-delà des formes spécifiques de la politique contemporaine.

---

[169] MORIN Edgar, *Pour Entrer dans le XXIe siècle*, op.cit, p. 11.

Partie III

Critique de la raison politique moderne

« La justice exige [...] qu'on rende hommage à certains de ceux qui y œuvrent dans le sens de la perfectibilité et en vue d'émanciper des institutions auxquelles il ne faudra jamais renoncer. »

Jacques Derrida[170].

---

[170] *Spectres de Marx*, *op.cit*, p. 141.

L'homogénéisation comme négation

D'un point de vue sociologique, il ne faudrait pas sous-estimer l'Etat comme force d'organisation sociale ; il induit en effet une certaine « métronomie » des relations sociales. Par sa fonction de médiateur, il reproduit ou conserve certains schèmes dans la vie la plus quotidienne de ses sujets.

La forme étatique moderne correspond à une forme spéciale de socialisation en tant qu'elle prétend instituer les rapports sociaux, en tant qu'elle représente une expression particulière du *Logos* philosophique en manifestant les mentalités collectives d'une époque. La logique du pouvoir est aussi un produit de la société des hommes, un signifiant anthropologique. Cette perspective permet de poser la question de la signification culturelle de nos modes d'organisation, elle souligne le caractère particulier de la politique telle que nous la connaissons.

La déconstruction de la politique moderne est le tableau d'institutions rigides et insensibles à la pluralité des contextes et des hommes. Elle souligne le fossé qui s'établit entre l'image dialectique de la société et ce qui meut la socialité de base. La déconstruction de la politique moderne explore la nature de ce que certains ont appelé la « théologie politique moderne » (Derrida), d'autres la « politique unidimensionnelle » ou les « politiques mutilantes » (Morin).

Qu'importe comment cela se nomme, normalisation, homogénéisation, unidimensionnalité, se trouvent incarnées dans les figures politiques de la pensée moderne. À l'image de la métaphysique hégélienne, le politique supprimera la différence qui ne correspond pas à sa synthèse. Dans le récit qu'élaborent les postmodernes sur l'Etat, il y a une éviction de l'essence même du politique, une organisation sociale et politique basée sur le principe d'exclusion/inclusion ; une violence qui habite la politique moderne.

Chapitre 6. De la violence physique à la violence symbolique

Dans notre étude du politique, il s'agit d'associer le champ des idées, le champ des structures dans lesquels ces idées se réalisent et l'association de ce « tout » avec les groupes sociaux. La sociologie comme science particulière, expose Simmel, entreprend l'étude des forces, formes et développements de l'association, juxtaposition, collaboration ou subordination des individus[171]. La sociologie, ajoute-t-il, a vocation à étudier les déterminations que prend la forme de l'association, elle le fait de façon microsociologique dans l'appréhension des groupes et des formes singulières de la vie sociale. Néanmoins, tout un pan macrosociologique ne doit pas être sous-estimé car, si nous devons étudier le niveau infinitésimal des perceptions, de la structure du groupe, de son univers symbolique car ils sont signifiants par rapport au Tout, l'analyse des systèmes est tout aussi signifiante.

Étudier la forme de l'association en cernant la matière particulière dans laquelle elle se réalise, c'est prendre en compte le niveau microsociologique *et* macrosociologique. À la fois contribuer à l'étude des systèmes tout en s'attachant aux groupes sociaux, aux individus qui les composent, à la forme particulière de leur association. Or, cette forme particulière d'association est soumise à des influences et des déterminations de la part du système politique, économique, technique, mais pas seulement.

Nous nous sommes attachés à cerner la violence qui habite la politique moderne. Si la modernité a été le lieu historique privilégié du processus de monopolisation de la violence physique dans la société (acte fondateur de l'Etat moderne), il est possible que subsistent certaines formes de violence. La

---

[171] SIMMEL Georges, « How is Society Possible ? », *American Journal of Sociology*, Vol. 16, 1910-1911, p. 4. Disponible sur :
< http://socserv.mcmaster.ca/econ/ugcm/3ll3/simmel/society >

violence ne provient pas seulement de manifestations physiques, elle est aussi de nature symbolique.

C'est probablement dans la violence symbolique des schèmes politiques de pensée *abstraits* que nous pouvons cerner la violence concrète qui s'immisce dans l'organisation *pratique* de la société. Il existe en effet un lien manifeste entre la manière dont nous *concevons* politiquement la société et la manière dont nous l'*organisons* concrètement.

Totalité et hégémonie

La totalité et l'hégémonie se lisent dans la structure de la pensée politique moderne et s'illustrent dans le cours historique de la modernité elle-même.

La culture et l'imaginaire modernes ont été centrés sur la volonté « de rendre la cité transparente à elle-même ». En vue de cette fin, il s'agit d'« homogénéiser les citoyens en gommant les différences, créer des individus atomisés et réunis dans l'abstraction politique »[172]. Il n'est pas étonnant de trouver, dans les racines grecques de la tradition occidentale, une même inclinaison. Aristote supposait ainsi qu'existait, au sein des cités-Etats grecques, une conception partagée et commune de la raison, du bien et de la justice. Une telle supposition est, aujourd'hui, beaucoup plus problématique, dans la mesure où, subsiste une pluralité de conceptions du bien et des critères du juste, qui sont fréquemment des matières à disputes. Étant donné la régularité des valeurs et la constante identitaire des communautés grecques, l'homme politique idéal, dans la pensée d'Aristote, s'apparentait à un philosophe-roi qui devait exercer un pouvoir hégémonique sur les autres classes. Le législateur est, en effet, « celui qui sait, celui qui institue la communauté et reconnaît ce qu'elle représente essentiellement », le législateur « identifie le juste avec ce qui est utile à la communauté »[173]. On pourrait définir cette approche comme transcendantale : le

---

[172] MIRANDA Michel, *La Société incertaine*, Librairie des Méridiens, Paris, 1986, préface de Pierre Ansart, (ii). Cité dans BOISVERT Yves, *L'analyse postmoderniste*, *op.cit*, p. 106.
[173] COLAS Dominique, « Hégémonie », *Dictionnaire de la pensée politique*, Larousse, Paris, 1997, pp. 193-194.

législateur est le détenteur de la vérité, il définit les règles de fonctionnement permettant à la société de se procurer ce qui est utile à la vie.

Par ce geste, la tradition politique a éliminé la politique en tant que questionnement sur les structures de la communauté[174]. Laclau montre que les formes classiques de réflexion sur la nature des interactions politiques ont été dominées par la volonté de rendre ces interactions inutiles, ou, au moins, de les réduire à une position subordonnée, à l'intérieur de laquelle il serait possible de délimiter leurs frontières et de contrôler leur excès éventuel. Résoudre la question de la politique a largement consisté, explique-t-il, à trouver les conditions du fonctionnement social à partir duquel tous les éléments indéterminés ou ambigus sur la structuration de la communauté (particulièrement les effets disruptifs des antagonismes et de la division sociale) seraient soit éliminés soit strictement régulés. En d'autres mots, ce que la réflexion a essayé d'accomplir était de trouver les moyens d'éliminer la politique, si nous entendons par ce vocable un type de pratique qui questionne le sens des structures sociales et des institutions.

Les postmodernes identifient l'approche verticale du pouvoir comme une forme transcendantale du pouvoir, ils nomment « essentialiste » les approches qui ont tendance à naturaliser ou à « essentialiser » les frontières et les identités des sociétés démocratiques. La conception essentialiste de la démocratie tend à fonder les valeurs éthiques dans une essence extra-discursive qui clôt prématurément la délibération *commune* sur le bien et le mal, le vrai et le faux, en évidant toute substance éthique ou active à la citoyenneté.

En réalité, de la totalité résulte l'hégémonie, car le philosophe-roi, qu'il prenne la figure divine, politique ou scientiste, incarne l'universel. Laclau et Mouffe définissent l'hégémonie d'après la capacité d'une force politique à remplir ce lieu vide qu'est l'universel[175]. Or, l'universel émerge de la

---

[174] LACLAU Ernesto, « Deconstruction, Pragmatism and Hegemony » in MOUFFE Chantal (ed.), *Deconstruction and Pragmatism*, Routledge, London, p. 66.
[175] LACLAU Ernesto, MOUFFE Chantal, *Hegemony and Socialist Strategies*, *op.cit.*

négation des identités particulières, son contenu est stabilisé par des luttes politiques visant la conquête du pouvoir, mais cette stabilisation engendre un arbitrage entre les demandes particulières qui seront marginalisées et celles qui seront universalisées. La construction de la volonté générale est donc déterminée par des luttes partisanes ; en aucune manière, la volonté générale ne préexiste à ces luttes.

Au fur et à mesure que l'hégémonie installe sa prédominance, il lui est nécessaire d'éliminer les différences et les perturbations afin de conserver son statut, il lui faut graduellement infléchir la communauté et construire la volonté générale conformément à sa définition de l'universel. Le pouvoir hégémonique ne remettra jamais en cause sa définition intrinsèque de l'universel, il ne considérera jamais complètement ce que les volontés particulières peuvent lui apporter. Cette négation hégémonique des particularismes est typique de la politique moderne, elle représente une lutte entre légitimités qui n'est pas uniquement dommageable pour la cohésion sociale. Cette fermeture du sens stabilise et clôt toute discussion possible entre groupes sur la mesure et la nature de la politique.

La réflexion politique issue des préceptes modernes engendre la légitimation de l'ordre et de l'hégémonie. Elle manque d'une certaine profondeur analytique qui ne dissimulerait pas les mécanismes de monopolisation socio-politique cloisonnant les horizons démocratiques. La conception verticale du pouvoir provoque par ailleurs un décalage entre l'évolution des valeurs et le politique, l'hégémonie ne peut en effet satisfaire l'ensemble des demandes créant un irrémédiable fossé entre ses prétentions à remplir le lieu de l'universel et la nature même d'un universel dispersé, par définition, dans l'ensemble des demandes particulières.

Le nom, la personnification ou la matérialisation de l'hégémonie peuvent changer. L'imposition politique moderne est désormais substituée à une autre logique hégémonique qui prédéfinit les décisions politiques. Le nouveau philosophe-roi est une instance anonyme, alliance solide entre *la rationalité économique* comme pensée de la gouvernance de la société, *le capitalisme* comme mode de relation sociale et d'organisation économique, et *la technique* à la fois critère de performativité et de légitimité, mais aussi modalité d'application du projet de ce système.

À l'image de Spinoza, les postmodernes cherchent à éliminer toute forme de transcendance dans la réflexion politique pour ouvrir les horizons de la démocratie vers une expérience dialogique[176]. De plus, il s'agit pour eux de construire une politique non-hégémonique, car l'hégémonie est une position contre-productive, certitude de soi et oubli du monde. Negri résume assez précisément la nouvelle grammaire politique postmoderne au sujet de la forme sociale du pouvoir :

« Nous sommes peut-être capables de mener à présent une révision radicale du pouvoir : non plus saisi comme une réalité monolithique mais conçu comme une force partiale et partielle aussi incapable de se réaliser à travers l'ensemble de ses propres tensions que paralysée par sa nostalgie du caractère monarchique de l'archè – dont son expression a toujours porté la marque. »[177]

Notre objectif est de réfléchir au dépassement des formes actuelles du pouvoir, en explorant la façon dont fonctionne cette « réalité monolithique ». Il convient de s'intéresser au concept et à la pratique du pouvoir moderne, déceler les résidus transcendantaux dans sa structure, ainsi déconstruire les sédiments de la théorie politique et déterminer les causes de la violence inhérente à l'histoire politique moderne.

La colonisation des pratiques quotidiennes

Les technocrates symbolisent la croyance en la perfectibilité du système, la sur-confiance en l'omnipotence de la volonté régulatrice. Pour Lyotard, c'est l'orgueil technocratique qui est en cause, un orgueil qui ne survient pas soudainement au sein d'une classe sociale unifiée mais qui est bien le produit de

---

[176] MENGUE Philippe, *Deleuze et la question de la démocratie*, L'Harmattan, Paris, 2003.
[177] NEGRI Antonio, *Fabrique de porcelaine : Pour une nouvelle grammaire du politique*, Stock, Paris, 2006, p. 233.

l'histoire moderne de la science, des philosophies de la subjectivité occidentale ; un orgueil qui prend ses racines dans cette culture. Les technocrates, affirme-t-il, s'identifient au système social conçu comme une totalité à la recherche de son unité la plus performative. Il note par exemple que « les technocrates déclarent ne pas pouvoir faire confiance à ce que la société désigne comme ses besoins »[178]. Par conséquent, le sous-système administratif et politique va s'évertuer à restructurer les aspirations de la société alors qu'il n'est lui-même qu'un « sous-système ». Pour l'entité technocratique, il s'avère primordial de diriger les aspirations individuelles pour obtenir, au moins théoriquement, ce sentiment de perfectibilité, de maîtrise et de contrôle qui n'est autre que la puissance.

L'unité performative qui est l'effet escompté des politiques technocratiques n'est jamais atteinte. La complémentarité n'existe que dans les discours technocratiques et ceux de leurs prévôts. En réalité, le décalage ne cesse de s'accroître. L'anticipation technocratique des besoins n'est pas seulement une intention déguisée pour avancer l'agenda du système, elle est plus simplement erronée. La position technocratique, surplombante et faussée, de l'organisation sociale présuppose les besoins ; elle s'éloigne d'une prise en compte adéquate de la force sociétale, de ses formes subjectives et singulières, de leurs interactions avec les décisions globales, rationnelles, techniques et politiques. Ici se lit la crise du politique, la crise de la régulation et la crise de confiance vis-à-vis des élites politiques et des experts.

La physionomie de cette crise prend les contours suivants. D'une part, nous avons une vision fantasmée de l'unité sociale, du contrôle parfait, de la vie enfin domptée et facilitée, et, d'autre part, nous avons le sentiment tragique d'une incompréhension des effets des transformations rapides de l'environnement du corps social ; une vie instable et précaire, un sentiment répandu, à la fois au niveau collectif et individuel, d'un non-contrôle total. La violence symbolique se dessine dans ces interstices car elle est une « méconnaissance fondée sur l'ajustement inconscient des structures subjectives aux

---

[178] LYOTARD Jean-François, *La condition postmoderne*, *op.cit*, p. 102.

structures objectives »[179]. Il existe une méconnaissance des effets du système sur son substrat subjectif car le pouvoir s'enferme dans son objectivité présumée, il poursuit son programme rationnel d'organisation et de modification de la société, sans prendre gare à l'adaptation des structures subjectives aux structures objectives. La conviction postmoderne repose sur l'hypothèse selon laquelle il faut rendre les structures objectives plus attentives aux structures subjectives, en déployant la subjectivité et en envisageant les modalités d'une accommodation réciproque, voilà qui nous semble être un attribut essentiel du projet politique postmoderne.

La rhétorique postmoderne s'insurge continuellement contre l'inertie bureaucratique qui bloque les capacités créatives de la société, particulièrement ses facultés d'adaptation et d'auto-organisation. Dans leurs esprits, l'attitude technocratique augmente la fragmentation qu'elle pensait résorber, elle rigidifie un système où la singularité ne trouve plus place du fait de l'étouffement réglementaire. Dès lors, c'est l'intégration dans le système qui devient problématique. Et c'est souvent aux marges de celui-ci ou en essayant de contrecarrer cette hypertrophie législative ou réglementaire que les acteurs trouvent les moyens de développer leur créativité.

Schématiquement, nous pourrions dire que les administrations, en voulant lutter contre l'entropie propre à tout système, c'est-à-dire la perte d'énergie par dispersion (perte de la cohérence du système), accroissent la totalité comme mode de compréhension du monde fragmenté. La totalité empêche pourtant de saisir la pluralité, et renforce une volonté d'homogénéisation qui nivelle cette pluralité et enchevêtre les différences dans d'inextricables et illisibles cadres réglementaires. La condition postmoderne s'exprime dès lors dans un paradoxe. D'une part, elle est marquée par la fragmentation due à des phénomènes multiples, la pluralité paraît se disséminer dans l'ensemble de la société. Alors que la pluralité s'installe dans le paysage social et culturel, un

---

[179] BOURDIEU Pierre, WACQUANT Loïc, *Réponses. Pour une anthropologie réflexive*, Seuil, Paris, 1992, p. 142.

processus d'homogénéisation se distingue et nivelle toutes ces différences. Les individus seraient socialement et culturellement de plus en plus différenciés, les institutions seraient trop voire plus centralisées.

La modernité est animée par un mouvement paradoxal qui répond à la constante individualisation par une augmentation, tout aussi constante, de sa totalisation comme moyen de comprendre un monde global fragmenté. Si le versant positif de la condition postmoderne se déploie dans une dissémination et une multiplication des pouvoirs locaux, son versant négatif se définirait, pour Mills, par un phénomène de « centralisation de tous les moyens de pouvoir et de décision, économie, politique et violence »[180].

Il y a divers facteurs explicatifs de cette tendance d'homogénéisation, mais le premier d'entre eux est la croyance en la perfectibilité des systèmes, invariablement soutenue par les notions, inspirées par la physique, de déterminisme et de performativité[181]. Lyotard constate la faiblesse des bureaucraties étatiques et socio-économiques portées par cette croyance. Elles étouffent les systèmes et les sous-systèmes qu'elles contrôlent, et s'asphyxient en même temps qu'eux : « l'Idée (ou l'idéologie) du contrôle parfait d'un système, qui doit permettre d'améliorer ses performances, apparaît comme inconsistante par rapport à la contradiction : elle abaisse la performativité qu'elle déclare élever […] »[182]. Les cybernéticiens parlent de *feedback* négatif ou de néguentropie parce que l'information qu'elle suscite coûte elle-même de l'énergie, et engendre de l'entropie.

Accroître la complexité n'est pas forcément un mal pour l'organisation sociale, cela le devient si cet accroissement ne se comprend pas en termes de complexité, si cela opacifie l'action publique, un enjeu que posent régulièrement les problèmes de lisibilité du droit et des politiques publiques. Dans ce cas précis, l'Etat et ses administrations deviennent des facteurs d'opacité,

---

[180] MILLS Charles Wright, *L'imagination sociologique, op.cit*, p. 187.
[181] Lyotard note que « la véritable finalité du système, ce pour quoi il se programme lui-même comme une machine intelligente, c'est l'optimisation du rapport global de ses input avec ses output, c'est-à-dire sa performativité. » (*La condition postmoderne, op.cit*, p. 25).
[182] *Ibidem*, p. 91.

Lyotard note en effet que progressivement l'Etat se trouvera périmé « à mesure que se renforcera le principe inverse selon lequel la société n'existe et ne progresse que si les messages qui y circulent sont riches en informations et faciles à décoder »[183].

L'unification transcendantale s'apparente, comme nous l'explique Negri, à une détermination *contradictoire* des rapports sociaux[184]. Les administrations découpent le monde à leur manière, alors qu'elles devraient s'attacher à tenter de découper le monde à travers l'ensemble des prismes de tous les groupes sociaux qu'elles entendent administrer. Tout se déroule comme si le politique régulait les structures objectives techniques ou économiques mais ne régulait pas, ou peu, la société. La puissance se prive des moyens pour penser la cohésion sociale, elle se prive des potentielles réorientations que seraient des *feedback* positifs. Car, en se coupant de ce qui l'institue, le politique ne favorise pas sa propre compréhension des interactions entre les changements des structures et des infrastructures ; les interactions entre les structures objectives que les institutions dirigent/orientent, d'une part, et les aspects micropolitiques de l'adaptation des structures subjectives à ces changements globaux/ systémiques, d'autre part.

D'après Maffesoli, la force sociétale est capable de résister à la violence technocratique[185]. En s'organisant à la marge des influences délétères du système technocratique, la socialité désigne la capacité des groupes sociaux à recomposer la solidarité, à inventer de nouvelles modalités d'organisation qui passent à travers les maillages de la contrainte technocratique. La socialité indique leur capacité d'être les garants d'un lien social sans cesse attaqué par les intrusions négatives d'une puissance aveugle. Il est probable que la puissance sociale puisse également faire progresser le système, elle peut l'ouvrir et le rendre attentif à ses manquements et à ses dysfonctionnements.

La violence symbolique est l'apanage d'un ensemble différencié de pouvoirs dont les méthodes peuvent varier.

---

[183] *Ibidem*, p. 15.
[184] NEGRI Antonio, *La fabrique de porcelaine*, *op.cit*, p. 190.
[185] MAFFESOLI Michel, *La violence totalitaire*, *op.cit*.

Néanmoins, comme le remarque Maffesoli, « le fantasme totalitaire a tendance à se capillariser dans l'ensemble du monde social »[186]. Car le pouvoir n'est plus simplement une réalité distinguable matériellement, il est diffus et pervasif pour Foucault[187] ; il constitue une idéologie qui s'insinue dans la trame du corps social. Il est d'autant plus difficile de le cerner ou d'envisager ses effets. La notion foucaldienne de « dispositif » rend bien compte de la complexité du pouvoir contemporain ; c'est « un ensemble résolument hétérogène, comportant des discours, des institutions, des aménagements architecturaux, des décisions réglementaires, des lois, des mesures administratives, des énoncés scientifiques, des propositions philosophiques, morales, philanthropiques, bref : du dit comme du non-dit, voilà les éléments du dispositif : le dispositif lui-même, c'est le réseau qu'on peut établir entre ces éléments »[188].

Pour définir les ressorts de ces pouvoirs et leurs stratégies, il faudrait penser les pouvoirs non seulement d'après leurs contenus mais aussi d'après les formes qu'ils réalisent lorsque ceux-ci se matérialisent dans les psychologies individuelles ou collectives des groupes.

Un des aspects de la violence symbolique concerne l'imposition des points de vue et la restructuration des besoins. L'approche technocratique essaiera de plier le regard social, elle peut le réaliser en développant une violence qui « extorque des soumissions qui ne sont même pas perçues comme telles en s'appuyant sur des "attentes collectives", des croyances socialement inculquées »[189]. Elle peut le faire de même en élaborant une théorie de la production de la croyance, en concevant la « socialisation nécessaire pour produire des agents dotés des schèmes de perception et d'appréciation qui leur permettront de percevoir les injonctions inscrites dans une

---

[186] *Ibidem*, p. 28.
[187] FOUCAULT Michel, *Naissance de la biopolitique, op.cit.*
[188] FOUCAULT Michel, « Le jeu de Michel Foucault », *Revue Ornicar*, Entretien avec Alain Grosrichard, n°10, juillet 1977 in *Dits et écrits, Vol. III, op.cit*, p. 299.
[189] BOURDIEU Pierre, *Raisons pratiques*, Seuil, Paris, 1996, p. 188.

situation ou dans un discours et de leur obéir »[190]. Il s'agit bien d'un pouvoir de locution, pouvoir de la fonction narrative dans les grands récits, lutte discursive sur la construction symbolique de la réalité en politique :

« Le pouvoir symbolique, pouvoir de constituer le donné en l'énonçant, d'agir sur le monde en agissant sur la représentation du monde, [...] s'accomplit dans et par une relation définie qui crée la croyance dans la légitimité des mots et des personnes qui les prononcent et il n'opère que dans la mesure où ceux qui le subissent reconnaissent ceux qui l'exercent. »[191]

Foucault a défini les sociétés disciplinaires modernes fonctionnant comme administratrices de la normalité. La modulation des subjectivités s'effectue désormais par les canaux de communication, il y a une certaine tolérance par rapport à une norme plus floue mais il s'agit toujours d'encercler les choix subjectifs de la construction individuelle. Dans les sociétés de contrôle, il convient de faire en sorte que tout projet subjectif, qu'importe la sous-culture, soit l'objet d'un « recodage » ou d'un « câblage » vers la machine désirante du capitalisme[192]. Le contrôle est réalisé ici par la virtualisation informationnelle de l'existence et la construction de la croyance technologique.

Si la norme paraît moins évidente, elle n'en est pas moins présente. Cela implique une norme qui, insidieusement, place notre existence notamment dans le projet souverain du biopouvoir : ne plus tuer pour exercer son pouvoir, mais laisser vivre, c'est-à-dire contrôler la vie et ces processus, aussi bien psychologiques que biologiques, dans ses moindres recoins[193]. Les individus intègrent la rhétorique biopolitique car elle les incite à « aller mieux », car, comme une mère attentive – ce n'est plus le patriarche dans ce cas – elle « prend soin » d'eux. Le biopouvoir les protège contre eux-mêmes, mais ce qu'il fait

---

[190] *Idem.*
[191] BOURDIEU Pierre, WACQUANT Loïc, *Réponses, op.cit*, p. 123.
[192] DELEUZE Gilles, *Pourparlers, op.cit.*
[193] FOUCAULT Michel, *Naissance de la biopolitique, op.cit.*

d'une main, de manière bienveillante, est plus obscur quand on s'aperçoit que la seconde main est plus souveraine, capte et plie ce que nous sommes, pour asseoir son projet politique.

Pour Maffesoli, c'est bien « par le biais […] de la sécurisation de l'existence ou du bonheur planifié » que se mettent en place certains dispositifs de pouvoir[194]. Le fantasme totalitaire est un fantasme de perfectibilité qui s'applique à tous les domaines : l'économie en but existentiel. Tous les aspects de la vie, et ses imprévus, sont envisagés par le prisme d'une calculabilité totale qui correspond à une aseptisation de l'existence. Cette pernicieuse doctrine s'installe d'autant mieux qu'elle est soutenue par une expertise multiple qui assiège la société comme le constate Bauman[195]. Freitag décrit le même phénomène. Dans les sociétés postmodernes, le politique est entré de plain-pied dans le domaine de la vie : « le monde de la vie, à caractère résiduel, est de plus en plus "colonisé" par le monde du système, et cela jusque dans l'intime retrait de la "vie personnelle" […] »[196].

Ceci n'est pas sans incidence sur la nature du débat et l'enrichissement des finalités du politique dans un espace public axé sur une authentique délibération. Tel que nous le concevons, le politique est une activité ayant pour spécificité philosophique la possibilité d'extension quant à la connaissance de la nature humaine et de ses modes d'organisation. La réflexion démocratique ne concerne pas tant l'administration d'une population dans la cité, que l'institution d'un vivre-ensemble donnant potentiellement direction à la société ainsi constituée. L'efficacité ne se calcule pas uniquement selon le critère systémique et quantitatif mais par un biais micrologique et qualitatif, le dépassement d'un certain seuil de conscience individuelle et collective.

Aucun système ne peut formaliser ce que représente le progrès social mais c'est justement un facteur déterminant dans l'évaluation de ce progrès. Plus il s'agira d'améliorer la

---

[194] MAFFESOLI Michel, *La violence totalitaire*, *op.cit*, p. 28.
[195] BAUMAN Zygmunt (2002), *La société assiégée*, Hachette Littératures, Paris, 2007.
[196] FREITAG Michel, « La dissolution post-moderne de la référence transcendantale », *op.cit*, p. 31.

capacité des systèmes à se transformer, à moduler leurs évaluations ou à inventer de nouvelles grilles de lecture pour appréhender le progrès, plus nous progresserons dans la connaissance de l'homme car nous augmenterons les chances de nous comprendre. La finalité est donc l'absence de fin à ces processus, ce qui permet de « multiplier les foncteurs » et, ainsi, d'améliorer les équations sociales ; équations à jamais irrésolues. Toutes les tentatives de résoudre ces équations, par une méthode unilatérale ou transcendantale, sont un facteur d'obstruction de la finalité mentionnée.

Le fantasme totalitaire qui s'exprime dans ces tendances représente un oubli de multiples rationalités sous-jacentes à l'existence humaine, la rationalité politique de la technostructure est par exemple incapable de prendre en compte les aspects irrationnels de la vie humaine, elle est incapable de sortir de son mode d'appréhension de la réalité sociale pour entrevoir ce qui fait de l'homme un *homo demens*, un *homo ludens*, un *homo creans*. Et, c'est dans cette occlusion, que l'angoisse se développe ; « l'angoisse dont je parle », nous dit Lyotard, « est d'une autre trempe que le souci de civisme. Elle résiste à la république et au système, elle est plus archaïque qu'eux, elle protège et elle fuit, à la fois, l'étranger inhumain qui est en nous […] »[197]. Baudrillard diagnostique lui le « syndrome collectif de toute une culture, à cette fascination, à ce vertige de dénégation de l'altérité, de toute étrangeté, de toute négativité, à cette forclusion du mal […]»[198]. Ces remarques obligent l'humanisme et les idéologies progressistes à incorporer ce qu'elles voulaient faire disparaître, par le sens qu'elles donnaient à la civilisation : « Le fossé entre notre culture de l'universel et ce qui reste de singularités se durcit et se creuse »[199].

À la lecture des postmodernes, l'impression est vive qu'une violence symbolique s'étend, inscrite dans la structure de la pensée occidentale, dans la structure de la pensée du progrès.

---

[197] LYOTARD Jean-François, *Moralités Postmodernes*, *op.cit*, p. 183.
[198] BAUDRILLARD Jean (1979), *Le crime parfait*, Galilée, Paris, 1995, p. 180.
[199] *Ibidem*, pp. 201-202.

Cette violence symbolique se décline différemment, selon les auteurs, à l'encontre des désirs, de l'imagination, de l'inconscient, chez Deleuze et Guattari ; à l'encontre des populations comme corps et esprit dans l'hypothèse du biopouvoir, chez Foucault ; violence faite au sens, à l'héritage et au futur, chez Derrida ; violence symbolique du système vis-à-vis de l'individu et de sa conscience, de son histoire par les grands récits, pour Lyotard, violence faite aussi au savoir par le pouvoir, violence de la puissance performative dans la gouvernance de la société ; violence de la technique et des médias pour Baudrillard, violence intrinsèque et pathologique de la pensée occidentale pour ce dernier.

Le projet politique correspond au désir de révéler l'homme à lui-même mais les postmodernes font en sorte que celui-ci se révèle à lui-même en développant ses propres cadres, en comprenant la nature de la violence symbolique et celles des diverses impositions qui ont déterminé et jalonnent son existence. Cette orientation nécessite de relire et de réécrire le projet moderne par le biais existentiel, elle constitue, simultanément, un questionnement sur le système politique dans toutes ses figures totalisantes – Peuple, Etat, Contrat social, Représentation – pour libérer la différence, et faire de la différence un projet politique.

L'homogénéisation du social, le pilotage par le haut, caractéristiques de la politique moderne, ne nous permettent pas de promouvoir le pluralisme politique et de comprendre la complexité de la société. En incorporant d'autres critères dans ses rapports à la société et à l'évolution sociale, la politique postmoderne n'est pas relative à la puissance performative de la politique moderne, sinon, peut-être, à une autre modalité de la puissance.

La réalisation des techniques de domination, des dispositifs de pouvoir, malgré la variété de leurs formes et de leurs effets, s'enracine, dans les fondements du pouvoir moderne. La domination, la normalisation et la rationalisation sont les faits du pouvoir avant d'être ceux d'un ensemble politico-économique disparate.

Chapitre 7. L'imprésentable souveraineté

Si nous caractérisons la politique moderne par sa tendance à l'homogénéisation des différences, il serait vain et peu original de dépeindre les institutions comme l'incarnation irrémédiable du mal. Le parcours du projet de Michel Foucault est révélateur à plus d'un égard. Au lieu de stigmatiser le pouvoir, et de le renvoyer ainsi à son irrévocable nocivité, il nous a semblé primordial de concevoir, avec Foucault, *l'inséparabilité de la société, de l'Etat et de l'individu*. Il a pris le parti d'entrevoir une herméneutique individuelle qui est un projet de citoyenneté et de société. Ces trois sphères forment un réseau dont il est impossible d'échapper. Dans ce jeu de miroir, chaque côté reflète l'autre, et c'est dans la proportion ou la nature des influences que réside le débat.

L'Etat est, après tout, constitué par des hommes, ainsi en est-il de la société politique, souligne Ricœur[200]. Notre réflexion sur l'Etat s'entend ainsi, l'analyse du politique comme rationalité en marche de l'homme. La forme étatique n'est pas arrivée de manière mythologique, toute seule, d'un seul coup, « *Urstaat* originel » disent Deleuze et Guattari[201]. Elle est une lente construction dont on peut cerner l'origine, dont on peut saisir la structuration. Les postmodernes perçoivent une dissimulation de l'origine, un oubli de la genèse et des rapports de force instituants. Ici la violence symbolique prend les contours suivants : « tout pouvoir qui parvient à imposer des significations et à les imposer comme légitimes en dissimulant les rapports de force qui sont au fondement de sa force »[202]. Or, l'oubli, sans travail analytique, entraîne la répétition et empêche de progresser dans l'émancipation des institutions.

Nous nous demandons ce qui pousse l'Etat à nier la différence, en étudiant les représentations sur lesquelles il

---

[200] RICOEUR Paul, *L'idéologie et l'utopie, op.cit.*
[201] DELEUZE Gilles, GUATTARI Félix, *Mille Plateaux, op.cit.*
[202] BARBIER René, « La violence symbolique », Centre de Recherche sur l'Imaginaire Social et l'Éducation, Site Personnel.
Disponible sur : < http://www.barbier-rd.nom.fr/violencesymbolique.html >

repose pour fonder son organisation. Ces schèmes de connaissance sont, encore une fois, des schèmes pratiques qui déterminent les rapports sociaux. La déconstruction invite à travailler sur ces significations en tant que socles de la pensée politique, socles de l'organisation politique du social et de la vie.

Les axiomes de la société politique

Imaginons une déconstruction, elle s'attacherait à souligner les fondements négatifs de la constitution de la société. Pourquoi avons-nous retenu les traits les plus abjects de cette nature dans l'édification du social et particulièrement en théorie politique ?

De telles interrogations mettent en lumière la désaffection de la politique contemporaine, une désaffection engendrée par une réduction de la politique à une gestion du mal, à une rétraction de tous les travers d'un égoïsme supposé, d'une incivilité dénoncée, d'une barbarie toujours présente. Si la politique est la rationalité en marche de l'homme, pourquoi cette rationalisation a-t-elle été uniquement dirigée vers une vision négative où la société devient un problème, où les différences sont des contradictions à supprimer, où la solidarité semble se raffermir seulement lorsqu'elle se confronte à l'Etat ?

La théorie postmoderne soutient que la politique moderne, telle qu'elle a été construite, telle qu'elle fonctionne, doit aujourd'hui faire l'objet d'un bilan, qui a pour but de plonger dans ses racines, épurer la violence, et en sortir, espérons-le, ce qui peut nous aider pour établir une autre politique.

Il s'agit de comprendre que, dans les périodes de paix, si la violence physique n'est pas présente ou infime, même dans ses irruptions momentanées, bien qu'elle soit souvent significative, c'est une violence symbolique sourde qui crée progressivement les conditions de la violence physique. Le processus de civilisation de Norbert Elias présuppose la graduelle maîtrise de la violence physique par une connaissance accrue des mécanismes de cette violence, il serait possible ainsi de situer notre réflexion dans cette optique : mettre à jour les mécanismes de la violence symbolique. Et cette tâche fait probablement partie d'une politique qui prend conscience des conflits inhérents et paradoxaux de son évolution.

Conflits et antagonismes : la lutte identitaire

La lutte identitaire se révèle d'abord dans le champ métaphysique et philosophique mais cette figure imprègne d'autant plus le champ social et politique. Elle correspond à la lutte du sujet pour se connaître, être reconnu à partir et d'après le monde environnant. C'est d'abord une lutte contre l'objet et sa radicalité, lutte contre cette vie instable qu'on doit saisir une fois pour toutes, lutte des consciences désirantes, lutte contre les autres, qui est une lutte à mort. L'identité moderne du sujet se construit dans la réduction, voire la négation, de toutes ces figures de l'autre, la conscience qui nous fait face, le désir qui s'oppose aux nôtres, la réalité qui nous échappe, le temps qui s'enfuit, l'étrangeté en notre propre intérieur.

Il nous est apparu que la lutte est inscrite dans la structure de la pensée moderne : la modernité a consisté à *dompter* la vie, à *domestiquer* les hommes, à *maîtriser* la nature et l'histoire. Remarquons d'emblée la violence de ces termes mêmes. Mais, ce que nous percevons aujourd'hui, c'est l'échec de ce projet scientifique et politique, identitaire, échec à célébrer la vie, échec à émanciper les hommes des aspects jugés « incivils », échec à maîtriser la nature, perte substantielle *dans* et *par* l'Histoire. La modernité sanctifiait pourtant sa propre histoire comme source lumineuse de la vérité, elle portait en elle la croyance en sa perfectibilité, la volonté de son impérialité ; la modernité symbolisait l'hégémonie, la postmodernité souligne son hétérotélie[203].

Imperceptible, parvient jusqu'à nous, un murmure, celui d'un axiome central de la société politique moderne qui a influencé toutes les luttes, celles pour la libération et celles qui s'y opposaient, un fait qui paraît indubitable et qu'il s'agit de déconstruire : « la vie est un combat ». Selon nous, cette phrase illustre encore l'histoire politique moderne, et il est surprenant

---

[203] L'hétérotélie symbolise, pour le sociologue Jules Monnerot, un décalage insoupçonné entre les objectifs et les résultats.

de constater son actualité dans la « guerre économique » alors qu'elle fut le « mantra » de l'horreur moderne, la barbarie nazie. Nous sommes donc confrontés à un système qui ne comprend qu'un seul jeu de langage politique : l'hégémonie et la lutte sont bien caractéristiques de la politique moderne.

Les sociétés contemporaines sont le théâtre de tous ces combats, de toutes ces luttes : luttes entre les légitimités, lutte dans le dialogue social et dans la vie politique et professionnelle, lutte pour la représentativité, lutte entre les discours des camps adverses et les solutions qu'ils proposent, lutte économique et technologique des nations et des continents entre eux. Alors que la complexité traverse nos sociétés, alors que le besoin d'intelligibilité est de plus en plus sensible pour dessiner les perspectives de demain, c'est encore la même lutte, cette fois symbolique, sur les contours de la réalité, en dépit de toute considération ou scrupule sur sa profondeur référentielle et sa nature intrinsèque.

Pour sortir de cette lutte, et notre travail est bien dérisoire par rapport à la tâche, il faudrait une entreprise monumentale et pluridisciplinaire, qui représente ce que certains érudits, comme Morin, nomme une *politique de civilisation*[204]. Un des pans de ce projet consiste à distinguer les modalités de changement par une politique postmoderne qui soit connaissance mutualisée, ouverture et coresponsabilité, non pas ce spectacle malheureux de l'inconscience et de la manipulation. C'est à la racine des représentations de la société et de sa composante politique que nous trouvons les déterminants des actions, que nous trouvons la structure de fonctionnement ; c'est à partir de cette dernière, de sa relecture et de sa réécriture, que nous pouvons fonder, par tâtonnement théorique et pratique, la représentation que nous souhaitons de nous-mêmes, dans une figure encore imparfaite de la transition qu'est la postmodernité[205]. En ce sens, la postmodernité est une construction identitaire qui s'affranchit de la lutte moderne, une construction qui n'a pas pour objectif

---

[204] MORIN Edgar, *Pour une politique de civilisation*, Arléa, Paris, 2002.
[205] La postmodernité implique la sortie historique de la crise de la modernité, la pensée postmoderne elle décrit cette sortie et balise le chemin de la transition vers une nouvelle ère.

l'opposition frontale et la stigmatisation des différences, mais, au contraire, qui a vocation à favoriser la célébration des singularités et leurs entrecroisements.

Les sociétés pourraient bénéficier de cet affranchissement de la lutte, en reconnaissant les différences non pas comme des contradictions à supprimer pour conserver l'intégrité identitaire (de l'idéologie, du projet politique ou du Tout social), mais comme des conflits à reconnaître et à questionner. Au lieu de cela, nous observons des mécanismes de violence qui placent toutes les évolutions dans la contradiction qu'elles soient des transitions économiques, politiques ou culturelles. Ceci nous éclaire sur les phénomènes de transgression et l'incapacité de nos sociétés à comprendre ce que ces conflits recèlent, celles-ci se privent ainsi des moyens de les inclure dans une dynamique culturelle positive.

Depuis l'apparition des valeurs postmatérialistes dans les années 1960 et 1970, on remarque que les transitions ne paraissent pouvoir s'exprimer que par le mode de la transgression de l'ordre. La société moderne est de plus en plus en proie à la multiplication de minorités qui caractérisent l'effervescence postmoderne. Les structures modernes ne répondent pas à ces injonctions de changements, elles subsistent néanmoins, donnant l'illusion de la continuité d'un type de société et d'un système de valeurs qui ne sont déjà plus ceux de la contemporanéité. Le statut de la jeunesse dans les sociétés occidentales, mais au-delà également, constitue un excellent révélateur de cet enjeu : la possibilité de penser les transitions au-delà des formes de la lutte moderne.

En effet, les générations de la crise, celles des années 1970 et celles qui naissent aujourd'hui, sont dans une situation où il leur faut entreprendre une transition pour sortir de la société issue des « Trente glorieuses ». Les jeunes générations qui sont celles de la transition culturelle postmatérialiste sont confrontées à une société qui ne leur ressemble pas, où ils ne peuvent pas projeter leurs systèmes de valeurs, ni même construire l'avenir.

À l'instar des révoltes de la jeunesse occidentale notamment en Mai 1968, il semble que tout est fait pour qu'ils s'opposent pour exister, la physionomie sociale et politique ne laisse pas d'autre choix qu'*une lutte des fils contre les pères*. Il aurait été plausible que les enseignements de l'opposition générationnelle de Mai 1968 eussent permis une compréhension plus grande des mécanismes de l'évolution culturelle. Cependant, nous sommes face à la répétition du conflit générationnel, l'impossibilité du dialogue devient un fait social qui ne peut plus être ignoré. Par conséquent, la configuration du conflit générationnel ne fournit pas d'autres options à ces minorités jeunes que l'obligation de la lutte. Ce sont en effet de véritables luttes qui se glissent dans les transitions culturelles, politiques et économiques, le système n'étant pas ouvert à la discussion ou à une refonte en vue d'une redistribution ; ce sont des luttes qui appellent la violence, qui semblent nécessiter la violence pour se faire entendre.

Tel est l'enjeu de la politique postmoderne. Il s'agit de tenter d'élaborer une transition entre la substitution d'une société à une autre, endiguer les phénomènes d'exclusion et d'incommunicabilité. Il s'agit surtout de ne pas répéter la politique moderne, c'est-à-dire que les minorités postmodernes qui souhaitent redéfinir le développement ne soient pas prises et enfermées dans les mécanismes de la politique moderne, en l'occurrence, la violence du combat politique. La politique postmoderne, c'est la création d'une ouverture fondamentale, car elle facilite les transitions politiques, économiques et culturelles.

Il est surprenant que nous n'ayons pas plus progressé dans la connaissance des conflits qui agitent nos sociétés. Éclairé par la mythologie, Freud avait construit une vision psychanalytique de la constitution de la société des hommes. Dans la mythologie grecque, Cronos était en effet le premier des Dieux. Ce Dieu originel dévora tous ses enfants de peur qu'ils ne lui prennent sa place. Freud dressa alors le portrait de la famille primitive : les frères s'allient entre eux contre l'arbitraire du chef et du père. Par leur victoire sur le père, ceux-ci firent l'expérience qu'une fédération était plus forte que l'individu isolé. Mais l'agressivité contre le père peut se rallumer au sein des générations suivantes. L'origine de la société se trouve dans le meurtre du père par ses fils. L'institution de la société des hommes, la fondation de la communauté reposerait sur cette alliance des frères pour *tuer* le père. La famille primitive est un combat, la fraternité des frères s'expérimente dans une alliance *meurtrière* qui n'apaise pas le combat mais l'attise dans la future lutte pour la succession du père et la répétition du même conflit.

Nous pouvons nous demander si cette vision de la lutte des fils contre les pères est une construction moderne qui influence la physionomie de la politique moderne et les conflits générationnels, ou est-ce l'éternel retour du même conflit, une structure anthropologique.

Ces détours sur la situation sociale et l'exemple mythologique servent en fait à illustrer la conviction de l'éthicien Christian Arnsperger pour qui les affrontements dépendent des soubassements anthropologiques de la pensée politique. Selon lui, si la praxis moderne est appréhendée comme essentiellement et nécessairement lutte ou combat, cela provient du fait que « les philosophies politiques qui la sous-tendent considèrent que ce qui fonde l'être politique ne peut être que lutte ou combat par exemple parce que le but de toute existence humaine serait d'exercer une activité ou d'occuper un lieu symbolique qui donne pouvoir ou puissance sur autrui, ou parce que le Dasein humain ne se comprendrait lui-même que dans cette contradiction [...] »[206]. Pour Arnsperger, une partie de la lutte caractérisant la politique moderne a été de constituer un certain ordre, de fixer les relations sociales autour de points nodaux, autant de formes d'identification en vue de façonner les forces politiques et d'établir une hégémonie particulière sur le sens de la communauté ou des notions universelles « progrès », « homme », « émancipation ».

La politique postmoderne doit s'attacher à apaiser ces formes violentes dans l'ouverture d'un sens construit au-delà de toute hégémonie ou de combat entre les groupes sociaux. Il lui incombe de déconstruire les points nodaux qui fixent les forces sociales et les dressent les unes contre les autres, en multipliant les formes d'identification, sans les circonscrire aux seules forces politiques.

Si nous le concevons, l'horizon de cette multitude procure une socialisation mutuelle qui se vit sur le mode du conflit

---

[206] ARNSPERGER Christian, « La philosophie politique et l'irréductibilité des antagonismes », *Le Banquet*, n°17, 2002/1. Disponible sur :
< http://www.revue-lebanquet.com/reposoir/pdfs/a_0000294.pdf >

apaisé et non sur le combat, cet horizon définit les processus par lesquels l'hybridation des identités et l'apprentissage collectif rapprochent les communautés au lieu de les éloigner les unes des autres.

Le crime du consensus

Nos démocraties sont fondées sur le principe de la majorité. Dès que les élections permettent de dégager une légitimité politique, une seule des perspectives présentées lors de ces élections leur survivra. En aucune manière, pendant la durée du mandat, ne sera remise en cause la constitution, déjà antérieure, de cette majorité, un substrat qui peut pourtant évoluer. Une fois que le travail de la délibération a été effectué à travers les instances représentatives, le consensus entérine ce que doit être la société, excluant ainsi les minorités du travail politique. C'est à partir de la confiance majoritaire que les représentants élaborent leurs politiques et légitiment leurs projets, c'est à partir du consensus qu'ils instituent l'universel de la communauté mais aussi marginalisent les demandes particulières n'entrant pas dans le cadre de ce consensus.

La critique de la majorité est une critique récurrente dans la théorie politique. Les théoriciens libéraux de la tradition politique anglo-saxonne y voient la tyrannie de la majorité, sable mouvant sur lequel on fonde l'oppression de la liberté et de la volonté individuelles. La majorité représenterait la répression des particularismes et des intérêts privés au nom d'une entité anonyme. La tradition politique française récuse cette interprétation car elle conçoit la majorité comme le socle de la légitimité démocratique, puisque la majorité garantit l'intérêt général par l'édification d'une volonté générale, seule à même de refléter les volontés particulières dans les institutions représentatives. Pour cette branche française de la tradition politique, le modèle anglo-saxon ne permet pas de garantir l'intérêt général tel que l'exprime la majorité, les intérêts privés sont une jungle dans laquelle prédominent les intérêts les plus puissants.

Ces deux modèles représentent une grille de lecture intéressante pour étudier la théorie politique postmoderne. Le modèle universaliste français s'oriente vers une définition de la majorité, et le modèle anglo-saxon est plus porté sur la place à donner aux intérêts privés et aux minorités. Pour les postmodernes, le modèle universaliste pêche car il généralise nécessairement une perspective sur les autres, il universalise un récit sur l'état des choses au lieu de s'intéresser à la pluralité de ces récits[207]. Dès lors, ceux qui sont exclus de la performativité politique, telle qu'elle est construite dans le modèle majoritaire, sont autant de victimes d'un système universaliste qui ne leur offrira plus de moyens de s'exprimer en son sein, c'est-à-dire qu'il ne leur permettra plus de déstabiliser le consensus ainsi établi.

Chaque consensus apparaît ainsi comme le résultat temporaire d'une hégémonie provisoire, une stabilisation de pouvoir qui contient toujours certaines formes d'exclusion. Chaque consensus est une stabilisation de quelque chose d'essentiellement chaotique et instable, l'indécidabilité constitutive du politique qui reflète une similaire indécidabilité des formes du social. La stabilité continuelle, que nous expérimentons par exemple durant un mandat, signifie, pour Derrida, la fin du politique comme telle et de l'éthique[208]. En effet, nous observons aisément comment les systèmes démocratiques annihilent toute forme de débat entre deux échéances électorales, la majorité constituée et instituée, le peuple n'est là que pour sélectionner les élites au cours de campagnes politiques rapides et extrêmement cadenassées par les stratégies communicationnelles qui déforment souvent les débats, et instrumentalisent les enjeux. Entre les échéances électorales, la puissance instituante de la société est laissée pour compte, la décision semble avoir déjà été prise lors de l'élection, la majorité poursuit son programme sans retenue forte d'une légitimité qu'elle n'a plus à construire, puisqu'elle s'en croit la dépositaire. Dans les interstices des échéances électorales, c'est l'anémie du débat politique.

---

[207] ROJEK Chris, TURNER Brian, *The Politics of Jean-François Lyotard. Justice and Political Theory*, Routledge, London, 1998, p. 59.
[208] DERRIDA Jacques, « Remarks on Deconstruction and Pragmatism » in *Deconstruction and Pragmatism, op.cit*, pp. 77-88.

D'après Mouffe, la déconstruction révèle l'impossibilité d'établir un consensus sans exclusion, elle nous met en garde contre l'illusion selon laquelle la justice pourrait être un jour symbolisée dans les institutions de n'importe quelle société[209]. La déconstruction fournit le terrain sur lequel formuler une politique pluraliste, inclusiviste et démocratique. Car, ce qui est un crime, un crime contre l'humanité pour Lyotard, c'est d'imposer le silence à l'autre : « Politique, social ou culturel, tel est l'exercice de la terreur : priver l'autre du pouvoir de répliquer à cette privation »[210]. Cette injustice s'enracine plus profondément quand le consensus institue un idiome, ce qui est son but en soi, crée un langage spécifique sur le réel, définit ce dernier nommément, en vue d'agir unilatéralement sur lui. L'injustice est criante quand tous les partenaires d'une communauté, ne partagent pas, de part en part, le même idiome : « La violence de cette injustice qui consiste à juger ceux qui n'entendent pas l'idiome dans lequel on prétend, comme on dit en français, que justice soit faite »[211]. Comme le stipule Lyotard, la politique doit s'efforcer de « discerner et considérer l'abîme qu'il y a entre les phrases, leur incommensurabilité, qu'il doit reconnaître et faire respecter »[212]. La question de la réalité du référent ne peut et n'est jamais résolue par une seule phrase ; or, cette phrase qui résout cette complexité, c'est celle du consensus, de la majorité et de l'universel.

La question fondamentale consiste à se demander si la fin visée par le projet moderne est bien la constitution d'une unité socio-culturelle au sein de laquelle tous les éléments de la vie quotidienne et de la pensée viendraient trouver place comme en un tout organique[213]. À trop vouloir satisfaire au fantasme de

---

[209] MOUFFE Chantal, « Deconstruction, Pragmatism and the Politics of Democracy » in *Deconstruction and Pragmatism, op.cit*, pp. 1-12
[210] LYOTARD Jean-François, *Moralités Postmodernes, op.cit*, p. 179.
[211] DERRIDA Jacques, *Force de Loi. Le fondement mystique de l'autorité*, Galilée, Paris, 1993, p. 41.
[212] LYOTARD Jean-François, « Judicieux dans le différend » in *La faculté de juger, op.cit*, p. 222.
[213] LYOTARD Jean-François, *Le Postmoderne expliqué aux enfants. Correspondance 1982-1985*, Galilée, Paris, 1988.

l'Un, nous ne développons pas l'unité sociale mais nous organisons la désintégration sociale, dans la mesure où une multitude de groupes ne trouveront pas les moyens de s'intégrer à une unité qui, dans sa constitution même, les a déjà exclus. Dans cette optique particulière, nous sommes, pour Mouffe, dans la clôture de l'espace démocratique, l'inclusion fait défaut et l'unité est de surface ; au creux du social, des forces vives ne cherchent qu'à renverser cette image dialectique qui ne leur correspond pas, dans laquelle elles ne se reflètent pas. Au lieu de cela, si la question des structures et du politique était restée ouverte, ces forces auraient pu participer et impliquer leur créativité dans une dynamique positive, à la place d'une opposition qui fera d'eux, à terme, une contradiction à supprimer, une erreur dans l'équation sociale. Il est vital, en conclut Mouffe, d'abandonner la référence à la possibilité d'un consensus qui ne pourrait pas être déstabilisé parce qu'il serait fondé par une idée supérieure de justice ou de rationalité.

Le projet de démocratie radicale, théorisé par Laclau et Mouffe, entend, selon leurs termes, « dé-sédimenter » le social[214]. Ce processus de dé-sédimentation du social est un processus de dé-totalisation du social car on ne peut plus concevoir la société d'après une logique essentialiste et endogène, il n'existe plus de lieu à partir duquel s'énonce une position souveraine[215]. Une telle démarche ne provoque pas une fragmentation du social, elle lui donne consistance en soulignant sa richesse. Elle permet de comprendre qu'une conception majoritaire trop stricte enferme les horizons démocratiques à la fois dans leurs formes, élargissement de la communauté démocratique, et dans leur contenu, enrichissement des solutions.

Un des apports de cette théorie est d'approfondir la réflexion sur les modes d'institution politique du social, un moment qui ne peut découler d'une construction abstraite autour d'une figure désincarnée du peuple ou autour d'une majorité réifiée,

---

[214] LACLAU Ernesto, MOUFFE Chantal, *Hegemony and Socialist Strategies*, op.cit.
[215] LACLAU Ernesto, « Deconstruction, Pragmatism and Hegemony» in *Deconstruction and pragmatism, op.cit*, p 47.

une institution qui ne se décrète pas ; l'institution politique du social résulte d'une construction perpétuelle de la volonté générale par l'attention aux particularismes et à la contingence des mouvements réels de la société. L'image dialectique du social se construit ainsi à partir de ses mouvements propres, construction continue du commun qui repère, par une sorte de cinétique sociale, les forces, les moyens et les instruments qui structurent la cohésion sociale ; une image dialectique qui s'inspire de la vitalité sociale pour construire les perspectives politiques de la société et faire participer les acteurs à ces perspectives. En d'autres termes, former le peuple pour qu'il se donne corps, plutôt que supposer son existence, en vue de légitimer l'hégémonie.

Le peuple ou le *demos* introuvable

La figure moderne du peuple correspond à l'exemple idéal-typique de la totalisation du social. C'est au nom du peuple que le projet politique moderne a fondé sa légitimité. Les postmodernes interrogent la notion de « peuple » sur laquelle toutes les théories politiques se sont penchées pour asseoir, par délégation, le pouvoir souverain. La Constitution consacre la volonté du « peuple », elle institue le statut du « nous », celui de la communauté politique. Mais, sous l'apparence de la volonté générale, c'est une unité *présumée* qui perdure.

La vue abstraite et figée du « nous » représente une aliénation totale des volontés individuelles d'où surgit la volonté générale, constitutive d'un moi commun reflété par toutes les consciences individuelles. À la place du peuple, Lyotard s'intéresse à la pluralité des groupes et à leurs différences, à leur possibilité d'expression au sein du système politique, Deleuze et Guattari donnent eux une importance aux devenirs-minoritaires.

La remise en cause de cette notion essentielle de la théorie politique comporte plusieurs implications. Dans la pensée postmoderne, cette figure unitaire qui inscrit toutes les spécificités anthropologiques dans une catégorie civique synthétique est dissoute dans une sorte d'éclatement de la différence par rapport à l'émergence de revendications identitaires. L'unité de la catégorie du citoyen laisse la place à la reconnaissance de la spécificité des droits eut égard à toutes ces différences anthropologiques : orientations sexuelles, revendications différenciées par rapport aux classes d'âge ou à l'appartenance à un sexe, reconnaissance de la spécificité d'une discrimination due à la couleur ou à la dénomination de la personne[216]. Si les citoyens sont tous libres et égaux en droit, ils sont, en pratique, ancrés dans des différences sociales, culturelles, ethniques qui vont conditionner ces droits.

Une deuxième question survient à partir de cette déconstruction de la notion de peuple. Jusqu'où étendre, la démocratie et le *peuple* de cette démocratie ? Derrida nous enjoint par exemple à penser la démocratie, et sa citoyenneté, comme un mouvement inaltérable d'extension de ses propres frontières ethnocentriques et géographiques. Il est probable que la démocratie et la citoyenneté qu'il invoque sont « universelles » telle que la lettre de la Déclaration des Droits de l'Homme et du Citoyen l'inscrivait dans une vision humaniste idéalisée. L'enjeu est relatif aux frontières qui délimitent le « nous », des frontières qui ne peuvent être rapportées à aucune communauté déterminée ou à aucun horizon ontologique, anthropologique et théologique[217].

Derrida nous place devant une tâche philosophique et politique qui consiste à considérer le « nous » du peuple comme un indécidable, et ainsi, élargir les formes de la communauté démocratique. Il dessine les contours d'une philosophie civique où le relâchement des oppositions et des identités suppose un rapport éthique à soi et à l'étranger. Derrière cette conception utopiste du projet démocratique, il y a une critique de la fermeture identitaire du peuple et de ses frontières telle que le nationalisme la préconise, par l'exclusion des membres étrangers qui vivent dans la communauté. Il y a également une critique de l'oubli de la genèse du peuple, de ce qui a constitué

---

[216] Les débats qui concernent la discrimination raciale ou les mesures de discrimination positive sont des exemples de l'éclatement de la figure unitaire du citoyen.
[217] MUMMERY Jane, « Rethinking the Democratic Project : Rorty, Mouffe, Derrida and Democracy to Come », *borderlands.e-journal*, Sydney, Vol. 4, n°1, 2005. Disponible sur : < http://www.borderlands.net.au/ >

le peuple, notamment en France, où, Lyotard nous le rappelle, « il n'est pas interdit d'éprouver quelque trouble au sujet de ce qui a fondé, et fonde peut-être toujours, la communauté républicaine elle-même », c'est-à-dire la période de la Terreur, le régicide et le sang[218]. La formation des Etats-Nations montre historiquement comment le peuple a été consacré à partir d'un conglomérat de différentes ethnies rassemblées par la volonté politique ou militaire, unifiées par un principe spirituel, sans qu'elles ne constituent auparavant la moindre unité.

Dans l'esprit postmoderne, la notion moderne de peuple reste trop abstraite et totalisante, elle empêche de penser la différence réelle et son expression contingente. Le peuple n'est pas un et indivisible, il résulte d'une construction historique et sociale. Cette notion moderne du « peuple » a pour but de légitimer l'Etat, d'effacer l'histoire des minorités, leurs régionalismes, dans une citoyenneté normalisatrice qui institue une prétendue égalité des droits et une approche indifférenciée du pouvoir par rapport à ces contextes particuliers[219]. Deleuze et Guattari évoquent, suivant cette idée, un phénomène de « dépopulation moderne du peuple », une élution des singularités en son sein, nous pourrions dire nivellement *des* peuples qui se verront uniformisés dans les projets culturels et éducatifs visant *le* peuple[220]. Baudrillard énonce une critique identique si nous concevons que ce processus de dépopulation moderne du peuple s'incarne aujourd'hui dans les masses, indistinct mastodonte à la merci de la propagande commerciale et de la démagogie politicienne[221]. Les masses représentent la fin de la subjectivité à travers l'homogénéisation totale des idées et des expériences, les masses inertes ne constituent plus un peuple ou une société, elles sont une simulation du social, un simple reflet d'un contenu beaucoup plus vaste. Ces masses

---

[218] LYOTARD Jean-François, *Moralités Postmodernes*, op.cit, p. 180.
[219] C'est dans ce cadre que les revendications régionales reviennent en force, cela peut être la langue, la culture et l'histoire régionales. Cela concerne notamment la critique d'une République unitaire et totale qui a toujours voulu s'instituer comme seule médiatrice des rapports des individus entre eux.
[220] DELEUZE Gilles, GUATTARI Félix, *Mille plateaux*, op.cit, p. 425.
[221] BAUDRILLARD Jean, *A l'ombre des majorités silencieuses ou la fin du social*, Denoël, Paris, 1982.

sont le moyen et la fin de la simulation, c'est à partir de toutes ces majorités *silencieuses* que la chimère politique, commerciale, télévisuelle donne forme à ce substrat sans nom, qui n'a pas les moyens de répliquer.

La démocratie porte en elle le projet d'un gouvernement du peuple, pour le peuple et par le peuple, mais où est le peuple après ces constats ? La dé-sédimentation du social évite de figurer la société d'après une totalité inadéquate pour reconnaître, activer et célébrer les différences comme autant de singularités politiques.

Ce qui transparaît en effet dans la notion de peuple, c'est, en premier lieu, le paradoxe constitutif de la démocratie et de l'Etat. Le pouvoir est obligé de s'extraire d'une base qui l'institue et il est ensuite contraint d'en être le représentant, de symboliser l'universel, exprimé dans l'identité partagée de la communauté. Maffesoli identifie ce paradoxe comme le drame du politique « tout à la fois tributaire d'une base qui lui sert de support et immanquablement amené à s'en abstraire »[222]. Ainsi, l'Etat s'extrait de la base qui l'a institué, il s'autonomise de la puissance instituante, acte de force dans lequel il crée le droit sans avoir besoin d'être dans le droit comme l'énonçait Schmitt[223]. La violence fondatrice signifie que la loi est basée sur une violence dans la mesure où il n'existe pas de loi originelle[224].

Toutes les lois sont instituées à un certain moment historique ; la loi présuppose la légitimité de son origine, elle se réfère donc à un acte *extra-légal*, un acte originaire de violence. Cette violence constitutive fonde l'autorité de la loi quand bien même la loi en appelle à la légitimité de sa propre institution. La dimension historique et équivoque de l'établissement de la loi est l'obscur secret fondationnel, acte performatif du discours légal que Derrida qualifie, avec Montaigne, de fondement *mystique* de l'autorité[225]. Lyotard établit un constat

---

[222] MAFFESOLI Michel, *La transfiguration du politique*, *op.cit*, p. 30.
[223] SCHMITT Carl (1922), *Théologie politique*, Gallimard, Paris, 1988.
[224] GHERING Petra, « Force and the mystical foundation of Law : How Jacques Derrida addresses legal discourse», *German Law journal*, Vol. 6, n°1, January 2005. Disponible sur : < http://germanlawjournal.com/ >
[225] DERRIDA Jacques, *Force de loi, op.cit.*

comparable : « Tel est le paradoxe de la démocratie, que l'instance suprême, le "fondement" des décisions touchant la communauté s'institue d'une décision de la communauté »[226]. La transcendance qui sera ensuite rattachée à l'idée de loi est supposée rester immanente à l'Identité de la communauté. Derrida montre que la légitimité de l'État découle d'un ordre « légal » plus que de l'ordre du « juste » ou de la justice :

« À la place du "juste", on peut dire légal ou légitime, en conformité avec un droit, des règles et des conventions autorisant un calcul mais avec un droit dont l'origine fondatrice ne fait que reculer le problème de la justice. Car au fondement ou à l'institution de ce droit, le même problème de la justice aura été posé violemment résolu, c'est-à-dire enterré, dissimulé, refoulé. Le meilleur paradigme est ici la fondation des Etats-nations ou l'acte instituant d'une Constitution qui instaure ce qu'on appelle en français l'état de droit. »[227]

Le droit pour Derrida n'est pas la justice, la loi dépend de la force, non pas uniquement par les sanctions qu'elle implique mais plutôt parce qu'elle est basée sur la possibilité et la continuité d'une certaine forme de violence pour la rendre obligatoire : applicabilité. La loi comme règle, contient la généralité d'un acte qui ne s'adresse pas à la singularité, et cet aspect comporte une forme de violence inconsistante avec l'idée de Justice. Elle est fondamentalement suspendue dans le jugement car les actes légaux ne sont pas simplement l'application de normes, ils en sont l'établissement quasi irrévocable. L'idée selon laquelle le processus de délibération juridique est complet et terminé ne saurait correspondre à l'exigence de justice et à la pluralité intrinsèque des cas.

Mais, plus encore, c'est au nom du peuple que la Loi est instituée, au nom d'une communauté hypothétique, préalablement instaurée dans l'extra-territorialité juridique. Cette violence fondatrice sera consacrée ensuite dans un ordre juridique rigide où la communauté elle-même n'intervient

---

[226] LYOTARD Jean-François, *Moralités Postmodernes*, op.cit, p. 73.
[227] DERRIDA Jacques, *Force de Loi*, op.cit, p. 52.

conséquemment que peu. La violence fondatrice sera même prolongée dans les modalités de la représentation politique au sein des institutions, fondées par le peuple et pour le peuple. Or, dans la fondation mythique de l'Etat, comme de son ordre juridique et représentatif, il semble que le peuple n'est plus qu'une entité théorique – une sorte de motif transcendantal – auquel on prête serment, dont on n'a finalement plus besoin, instituant un ordre politique du peuple « souverain », sans même qu'il n'intervienne.

L'idée des Représentants, nous dit Rousseau, est moderne. Et, pour Derrida, il est évident que Rousseau s'oppose à cette mort du corps politique que suppose l'idée même des Représentants. Derrida établit une analogie intéressante entre la pensée linguistique et institutionnelle du philosophe des Lumières, dans la mesure où la relation entre les représentants et les représentés peut se comprendre comme une métaphore du signe mettant en jeu la relation signifié/signifiant.

En effet, les Représentants ont pour rôle de représenter un substrat signifiant qui est le peuple, ils le signifient en l'incarnant. Or, à l'instant où le peuple se donne des Représentants, il n'est plus libre, écrit Rousseau, il n'est plus[228]. Le mal est toujours ici l'aliénation représentative, la perversité consiste à sacraliser le représentant, jouissance de la présence. Cependant, pour Rousseau, explique Derrida, la liberté politique n'est pleine qu'au moment où la puissance du représentant est suspendue et rendue au représenté : « A l'instant [où] le Peuple est légitimement assemblé en corps souverain, toute juridiction du Gouvernement cesse [...] Parce qu'où se trouve le Représenté, il n'y a plus de Représentants »[229]. Ainsi, Rousseau n'est pas le penseur de l'institué ou des institutions, il est le penseur du peuple assemblé, de l'instituant.

---

[228] DERRIDA Jacques, *De la grammatologie*, Minuit, Paris, 1967, p. 431. Je renvoie au chapitre 4 de ce livre « Du supplément à la source, théorie de l'écriture » qui est, à cet égard, très éclairant. Derrida y interprète plusieurs textes de Rousseau notamment *Du Contrat Social*, *Discours sur l'économie politique* ou *Lettre à D'Alembert*.
[229] ROUSSEAU Jean-Jacques (1762), *Du Contrat Social, ou les principes du droit en politique*, Flammarion, Paris, 2001, pp. 427-428. Cité dans *De la grammatologie*, p. 419.

La représentation est la perte de la présence qu'il faut se réapproprier. Le corps politique est obligé de recourir à la représentation, c'est pourquoi, comme le corps de l'homme, il commence à mourir dès sa naissance, et porte en lui les causes de sa destruction, écrit Derrida. La volonté générale est la souveraineté du peuple, elle est ce moment où les citoyens se rassemblent pour « se signifier », où ils construisent, par le débat, leurs volontés. D'une certaine manière le Représentant ne peut contenir le signifiant du peuple, il lui est impossible d'en être le signifié total ; il ne représente ni l'origine ni la fin, il n'est qu'un supplément de la présence, un résidu ou une trace de ce moment souverain où la liberté fut. La volonté générale est, dès lors, la source et le supplément de toutes les lois, elle doit toujours être consultée à leur défaut, dès que possible[230].

Dans un très beau passage, Derrida poétise l'impossible représentation de la société, par la volonté générale. Il existe une inadéquation perpétuelle, sur laquelle reposent tous nos systèmes politiques, entre, d'un côté, le représentant, et, d'un autre côté, ce que pensent, veulent ou croient les représentés. Derrida montre que le mouvement de la représentation est inlassable, car, à la manière du signe, la série des interprétants et des interprétés ne s'arrêtent jamais. Le signe est infini, ce qui permet de l'enrichir. C'est une image forte de la promesse démocratique, progressivité de la représentation du peuple dans ses institutions. Ce mouvement de retour à la source est nécessaire et invariablement requis. Le *telos* de l'image – son identité intrinsèque – demeure sa propre imperceptibilité, dès que cette image cesse de représenter la chose, elle en reviendra à la chose et restituera invariablement sa présence originaire[231]. La représentation ne peut être pleine, et intemporelle ou éternelle, elle est fondamentalement dynamique et quelque peu précaire.

Sous le calme ordre de la représentation adéquate et triomphante, derrière les fausses apparences de la légitimité, c'est la volonté générale qui est muette, ce sont des voix

---

[230] ROUSSEAU Jean-Jacques (1755), *Discours sur l'économie politique*, Flammarion, Paris, 1993, p. 250. Cité dans *De la grammatologie*, p. 421.
[231] *Ibidem*, pp. 420-421.

sourdes qui proclament l'exigence de justice. La légitimité est un processus, et il est certain que nous progresserons pour rendre le système politique plus réceptif, la légitimité plus grande des Représentants, la participation plus récurrente des Représentés. Nous n'atteindrons néanmoins jamais l'unité de l'image parfaite, le *telos* de la société, sa direction inaltérable, ou sa volonté fixe et constante.

À travers ces figures, nous décelons des stratégies ; l'oubli de l'origine subjective des actes fondateurs, c'est le gel de la justice, le discours mythique perdure sous des formes plus pernicieuses pour conserver le statu quo, production de la croyance vis-à-vis des assujettis. À partir de là ou avec cela, le politique présume du peuple et de la nature « humaine ». À la base de l'organisation politique, il y a toujours une vision de la nature humaine qu'elle soit prédéfinie tantôt comme positive par Rousseau, tantôt comme négative et anarchique par Hobbes. Ces définitions ont des visées idéologiques et constituent des conceptions construites selon les intérêts propres à une époque. On sait bien historiquement que la construction de la théorie du Léviathan de Hobbes avait pour but de légitimer les intérêts commerciaux de la classe dominante et de pacifier la situation du pays après une guerre civile. La théorie du Léviathan est avant tout une justification du régime lui-même, d'un pouvoir pour lui-même.

C'est une chose banale mais cette vision structurelle de la nature humaine détermine encore les discours sur l'Etat comme son fonctionnement vis-à-vis de la société, sans questionner son origine. D'ailleurs, la théorie de Rousseau est plus subtile qu'il n'y paraît. Derrida décrit ainsi pertinemment la critique de Rousseau quant au système d'appréciation de Hobbes : « On peut parler ici indifféremment de bonté de méchanceté, de paix ou de guerre : ce sera chaque fois aussi vrai que faux, toujours impertinent »[232]. Derrida distingue chez Rousseau l'origine neutre de toute conceptualité éthico-politique. Il revient à la pensée politique de neutraliser toutes les oppositions qui

---

[232] *Ibidem*, p. 265. Cette lecture derridienne de Rousseau utilise principalement L'*Essai sur l'origine des langues* et le *Second discours : De l'inégalité parmi les hommes*.

sillonnent la philosophie classique de l'histoire, de la culture et de la société. Rousseau reproche à Hobbes d'avoir privilégié un des deux termes, soit, en l'occurrence, l'état de guerre, les hommes étant nécessairement ennemis les uns des autres. Pour Hobbes, les hommes ne sont naturellement liés par aucune idée de fraternité commune, une idée extrême qui est contraire à l'esprit rousseauiste.

« Ni bonne, ni mauvaise », telle est la nature humaine pour les postmodernes ; plastique, donc animée des pensées, conflits et tensions les plus antinomiques. Cependant, à partir de Hobbes ou avec un Rousseau déformé, on suppose le peuple et sa nature, bonne ou mauvaise : culpabiliser le citoyen au lieu de culpabiliser le système, vieille technique de pouvoir. À partir de l'acte mythique fondateur, cette vue hypostasiée du peuple, c'est une vue idéologique de l'homme et de sa nature. Ce qui soutient le système, c'est bien cette présupposition que le mal est à la base de l'homme, que l'Etat, malgré ses injustices, est le garant de l'homme contre lui-même, agent bienveillant de la rédemption d'une culpabilité originelle. Or, l'Etat a-t-il lui-même pensé le mal qui l'habite, c'est-à-dire, notamment, cette pulsion qui est inscrite dans le biopouvoir ?

En son fond, rappelle Foucault, le rapport de pouvoir serait un rapport d'affrontement, de lutte à mort. Car « sous les appareils d'Etat » ne faut-il pas « entendre et *redécouvrir une sorte de guerre primitive et permanente* ? »[233]. Nous aurions pu développer plus amplement les notions de biopouvoir, d'auto-immunité et de communauté[234]. Foucault a magistralement décortiqué la généalogie de l'Etat et du pouvoir souverain. Il s'agit, en définitive, de penser un pouvoir s'affranchissant de ces excès potentiels, tels que Foucault ou Virilio les décrivent dans l'hypertrophie d'un biopouvoir qui prend en charge la vie, pour la réguler et la rationaliser, jusqu'au cas les plus extrêmes[235]. Le populicide est un événement décisif dans l'impossibilité de son intégration au grand récit moderne, il

---

[233] FOUCAULT Michel, *Il faut défendre la société*, *op.cit*, p. 40.
[234] ESPOSITO Robert, « Communauté, immunité, démocratie », *Transeuropéennes*, *n°17*, hiver 1999-2000, pp. 35-45. Voir également *Naissance de la biopolitique* de Michel Foucault.
[235] VIRILIO Paul, *L'insécurité du territoire*, Galilée, Paris, 1993.

constitue une expérience extrême où le pouvoir souverain élimine, expose à la mort, sa population, et se tue donc lui-même, dans le cas nazi. L'Etat totalitaire est un Etat suicidaire. Pour Lyotard, il est clair que c'est « le crime qui ouvre la postmodernité, crime de lèse souveraineté, non plus de *régicide* mais de *populicide* »[236]. Le fait n'est pas anodin, le souverain en vient à tuer son propre peuple, et ceci marque un changement paradigmatique. Il est probable que ce populicide soit contenu dans les fondements de l'Etat moderne, ce sont probablement ces fondements impensés qui ont, en partie, permis la germination de ces processus d'exclusion et de rationalisation conduisant à l'épuration et à l'extermination même. Ce sont des rationalités inconscientes qui travaillent le politique et sa communauté.

Peut-être – tout ce que nous avons exposé – est-ce cela un dispositif au sens foucaldien ? Il serait symbolisé par le réseau que forment toutes ces choses, toutes ces figures de la pensée politique qui obstruent la dynamique sociale et culturelle, qui la figent, la réduisent ou l'éliminent tout simplement. La forme-État en gagnant du terrain se substitue à la vie du peuple et se présente comme forme organisatrice et totalisante[237]. Comment faire pour que la forme-État, ou les pouvoirs diffus, ne se substitue à la vie des peuples ? Comment faire pour qu'il ne nie pas la richesse inhérente à l'hétérogénéité de ces peuples, mais qu'il en soit le reflet ? L'Etat ne serait pas, dans ce cadre, une force à partir duquel tout découle, mais il serait partie prenante dans un processus de coordination et de connaissance. Mais que reste-t-il du politique une fois la forme-État écartée ? Il subsiste un Etat au service des dynamiques de la société, une politique qui s'entend comme une institution du social, ou encore, une réinvention du lien politique dans le social.

---

[236] LYOTARD Jean-François, *Le Postmoderne expliqué aux enfants*, op.cit, p. 38. Nous soulignons.
[237] ROUBAN Luc, « Les paradoxes de l'Etat postmoderne », *op.cit.*

Partie IV

Unité moderne, *Unicités* postmodernes

Chapitre 8. Comprendre le polythéisme des valeurs

Une chose est de promouvoir les différences, plus difficile est d'imaginer le cadre ou les cadres dans le(s)quel(s) ce déploiement donne toute son envergure et sa justesse, sans menacer la cohésion des sociétés. Lorsque nous nous penchons sur le projet postmoderne, il est possible de n'y voir que les risques et non les opportunités.

La principale critique concernant ce projet réside dans son manque de cohérence, encore faut-il entrevoir les soubassements théoriques et pragmatiques. Les esprits les plus rapides concluent que le postmodernisme n'aurait pas de programme sur la façon d'écouter les différences. On peut noter les risques que constitue l'émiettement de la différence provoquant l'isolement des communautés, ou ceux relatifs à l'effondrement du système de valeurs modernes et la menace pour la démocratie représentative.

Pour saisir comment sont reconfigurées les notions essentielles de la modernité politique, il faut tout d'abord admettre et comprendre le polythéisme des valeurs. Dans le même temps, il s'agit de reconnaître que toutes ces différences ne pourront pas être unifiées, de façon rigide, comme elles l'étaient dans l'*unité* moderne, elles pourraient, par contre, trouver des médiations flexibles dans le cadre de nouvelles *unicités* postmodernes.

L'hétérogénéité est bien à la base du social et du politique ; elle trouve, dans la pensée politique postmoderne, un soutien théorique indéniable et la possibilité d'une expression. Le projet moderne qui entendait homogénéiser l'environnement social ne convient plus à la configuration postmoderne de la société qui demeurera une mosaïque de diasporas, un monde multiculturel.

La question du commun et de sa construction est plus que jamais l'interrogation fondamentale de notre époque. Sociologiquement, elle nous entraîne à reconsidérer la division du travail qui fonde l'organicité des sociétés développées.

De l'Un et du Multiple : une aporie contemporaine

La politique postmoderne part de la différence, non pas parce qu'elle est un principe philosophique mais parce que cette différence est un constat, inscrite dans la structure même des sociétés contemporaines dites postmodernes. S'inspirant de Max Weber, Maffesoli nous rend attentif à la tâche de reconnaître le polythéisme des valeurs dans les formes mêmes du corps social[238]. L'œuvre de Bauman est aussi là pour témoigner de cette différence grandissante ainsi que de la conscience émergente de la valeur de cette pluralité[239]. La variété stupéfiante des modes de vie n'est pas une contrariété temporaire sur le chemin de l'unité, elle constitue, selon Bauman, une réalité définitive. La différence est une universalité qui n'est pas négociable : le droit universel à la différence représente le point de départ de l'universalité.

La démarche non-essentialiste institue un espacement significatif pour ces différences, ce qui accroît la possibilité pour elles de s'exprimer au sein du système politique. Que cela soit dans le contenu des règles et des principes communs, dans les formes de l'organisation politique et sociale, dans le contenu des réponses liées aux enjeux sociaux, la déconstruction implique un mouvement continuel de questionnement sur *l'essence même de la démocratie*. Tel que Jacques Derrida l'a décrit, la « démocratie à venir » est une expérience démocratique continuellement ouverte et sous tension. Par définition, la démocratie est inachevée quant à son modèle ; elle n'a pas d'*eidos*[240]. L'approche non-essentialiste cherche les moyens par lesquels nous pouvons apprendre à vivre avec ces différences, à les faire dialoguer entre elles, en favorisant la traduction entre les cultures ou les sous-cultures.

L'universalisme abstrait des Lumières ne saurait répondre à la nécessité de questionner le modèle démocratique dès lors

---

[238] MAFFESOLI Michel, *Éloge de la raison sensible*, Table ronde, Paris, 2005.
[239] BAUMAN Zygmunt, *La vie en miettes, op.cit.*
[240] Platon voit l'essence comme « idée », comme *eidos*, ce qui se traduit par espèce.

qu'il présume et fige l'universalité du modèle. Rosanvallon montre, à juste titre, que la démocratie, notamment sa généalogie, a été expurgée de ses indéterminations, de ses incertitudes[241]. L'*universalisme fermé* désigne la dissimulation des apories et des controverses de l'expérience démocratique. Une conception fixiste de la démocratie repose sur des mécanismes de clôture de l'imaginaire politique occidentale. À l'inverse, l'*universalisme ouvert* définit l'abandon de l'idée de modèle au profit de celui d'expérience. Les conditions du vivre-ensemble ne peuvent être définies a priori, fixées par la tradition ou par une quelconque autorité. Comme le précise Latour, les liens sociaux ne sont pas des entités déjà constituées, aussi fixes que les étoiles dans le ciel[242]. L'universalisme ouvert prône la confrontation des expériences, il met en exergue les tensions et les incertitudes du champ politique et social. Dans ce cadre, les valeurs universelles ne sont pas abandonnées mais elles rentrent dans une nouvelle articulation de reconnaissance des valeurs particulières.

Une telle approche provient de la figure tant décriée du relativisme. Or, comme le précise Maffesoli, le relativisme est une des démarches qui permet le mieux de saisir la richesse de l'expérience sociale par le fait qu'elle instaure un dialogue entre les vérités locales des différences[243]. Nous pourrions interpréter ce relativisme sociologique et politique dans le sens que lui donne la tradition tardienne d'une micro-sociologie. En effet, Gabriel Tarde estimait que le procès historique ne se jouait, que de façon dérivée, dans le domaine molaire des représentations et des significations collectives mais se jouait d'abord au niveau infinitésimal des croyances et des désirs, de ces forces associatives et attractives[244]. Les postmodernes sont convaincus

---

[241] ROSANVALLON Pierre, « Histoire moderne et contemporaine du politique », Cours au Collège de France depuis 2002. Disponible sur :
< http://www.college-de-france.fr/default/EN/all/his_pol/resumes.htm >
[242] LATOUR Bruno, *Changer de société. Refaire de la sociologie*, La découverte, Paris, 2006.
[243] MAFFESOLI Michel, *La connaissance ordinaire. Précis de sociologie compréhensive*, Méridiens-Klincksieck, Paris, 1985.
[244] BALIBAR Etienne, « Une philosophie politique de la différence anthropologique », *Multitudes*, n°9, mai-juin 2002. Disponible sur :

qu'il faut se diriger vers une théorie des multiplicités qui sache saisir l'infinitésimal, l'intensité et les variations du corps social ; des particularismes que le modèle universel ne prend pas en compte.

Le postmodernisme repose sur la remise en cause de l'objectif moderne de générer un ensemble de critères qui serait valable à travers le temps et l'espace, de la même façon qu'il récuse la construction d'un seul jeu de langage censé être valable universellement[245]. Le postmodernisme est ainsi, en son fond, « la reconnaissance de cette impossibilité de trouver un fondement ultime et une légitimation dernière qui est constitutive de l'avènement même de la forme démocratique de la société et, par là, de la modernité »[246]. Le postmodernisme politique revendique donc l'existence de la multiplicité, de la pluralité et du conflit ; il y voit même la raison d'être de la politique. C'est par le retour à la variation empirique des rapports sociaux qu'il rompt avec les méandres de l'abstraction métaphysique du transcendantal.

Le déclin du concept de société, ou de sa figuration, qui est le nouveau défi de la complexité, ne sera surmonté que par un retour aux contextes, aux langages, à l'expérience et au vécu, en deux mots : *un retour à la contingence et à l'historicité*. Il convient par conséquent de ne pas dissimuler ou d'éliminer les conflits. Les conflits ne sont pas des contradictions à dissimuler ou à éliminer, mais ils appartiennent à une diversité dans l'interprétation de la chose publique.

Le drame moderne était la négation d'une partie de la société[247]. L'approche postmoderne est tragique car la conflictualité ne cesse jamais, le tragique réside dans la conscience de cette impossible réconciliation de la société avec elle-même. La tragédie tire ainsi sa force poétique dans la construction de situations aporiques ou aporétiques, c'est-à-dire sans dénouement possible dans le conflit entre l'Un et le

---

< http://multitudes.samizdat.net/Une-philosophie-politique-de-la >
[245] ROJEK Chris, TURNER Brian, *The Politics of Jean-François Lyotard*, *op.cit.*
[246] MOUFFE Chantal, *Le politique et ses enjeux. Pour une démocratie plurielle,* La Découverte/M.A.U.S.S., Paris, 1994, p. 30.
[247] MAFFESOLI Michel, *La transfiguration du politique*, *op.cit.*

Multiple[248]. En quelque sorte, c'est dans cette tension que s'exprime la contradiction inhérente à la chose politique et que nous trouvons la substance de l'éthique postmoderne.

La réconciliation de la société avec elle-même est un idéal à atteindre qui ne semble raisonnablement pas atteignable, le conflit surgit toujours pour déstabiliser les consensus les plus établis. Dans l'horizon postmoderne, il n'existe pas de véritable abolition de la conflictualité même lors de l'institutionnalisation d'un processus constitutif ou d'une décision[249]. Mais cette conflictualité incessante, plutôt que d'être une force essentiellement déconstructive et négative, peut incarner autant de forces positives capables d'élargir les horizons de la démocratie et des solutions politiques.

Si l'antinomie des valeurs ne peut tragiquement jamais se résoudre, à l'opposé de leurs résolutions dramatiques dans la modernité, il est possible d'améliorer les technologies du pouvoir, stimuler ces différences afin d'en faire des processus positifs pour la gestion politique des sociétés. Il s'agit de comprendre ce qui, au sein de l'indétermination radicale du sens, peut faire émerger une valorisation positive du pluriel.

La problématique du commun

La recherche d'une unification des différences ne représente pas l'objectif moderne d'une synthèse statique, la condition postmoderne étant marquée par la variation dynamique des structures et des identités sociales. Une fois posée l'aporie de l'Un et du Multiple, la sociologie nous aide à comprendre les diverses positions postmodernes, toutes relatives à la nature de la coordination des différences.

L'unification des différences symbolise l'intelligibilité sociale, car, c'est à partir de toutes ces différences, que les postmodernes pensent pouvoir recomposer une certaine intelligibilité de la situation contemporaine ; la complexité étant

---

[248] *Idem.*
[249] PALLOTI Julien, « La critique de la représentation chez Antonio Negri, Pour une refondation du radicalisme démocratique », *Actuel Marx* en ligne, n°29, 16 avril 2005. Disponible sur :
< http://actuelmarx.u-paris10.fr/alp0029.htm >

la notion *technique* de ce postulat. La construction de l'intelligibilité sociale provient à la fois d'une volonté politique et systémique de coordination des différences mais elle résulte également de l'acquisition, dans ces processus, d'une intelligibilité sociale par les acteurs sur leur situation particulière et globale.

Le courant postmoderne est traversé par trois positions concernant la coordination des différences. Du côté post-marxiste, la position européenne la plus radicale et subversive consiste à considérer la possibilité même de l'unification comme une répétition sans égale de la logique totalisante et négatrice : « il n'y a pas de synthèse, de médiation, de réconciliation dans la différence, mais au contraire, une obstination dans la différenciation »[250]. Une branche postmoderne du même courant politique conçoit, elle, une autre logique d'unification. Elle essaie notamment de réconcilier les critiques sur les risques liés à l'édification de principes universels de justice (marginalisation des minorités) avec le besoin de reconstituer quelques principes généraux de justice sociale[251]. Bien que les notions de justice soient situées dans un monde hétérogène de différence, il serait néanmoins possible, au-delà du niveau local et de petites communautés de résistance, d'identifier des solidarités politiques et éthiques entre les différences.

Il existe par ailleurs une position socialiste et pragmatique inspirée par la linguistique et la psychanalyse, celle de Mouffe et Laclau[252]. La différence qui s'établit avec la position néo-marxiste réside dans le projet de refondation des institutions libérales, constituant un socialisme radical, pour Mouffe et Laclau, ou un « libéralisme bourgeois », pour Rorty.

---

[250] LAZZARATO Maurice, « Puissance de la variation », *Multitudes*, n°20, 29 mai 2005. Disponible sur :
< http://multitudes.samizdat.net/Puissance-de-la-variation >
[251] HARVEY David, « Class Relations, Social Justice and Politics of Difference» in KEITH M., PILE S. (ed.), *Place and the politics of identity*, Routledge, London, 1993, pp. 41-65.
[252] LACLAU Ernesto, MOUFFE Chantal, *Hegemony and Socialist Strategies*, *op.cit.*

Par ailleurs, un courant postmoderne original, représenté par Maffesoli, souligne l'aspect « sensualiste » de la convergence des différences. L'organicité se trouve ainsi dans la vitalité d'une socialité dynamique qui ajuste et agence entre eux les groupes à partir de liens communautaires fondés par l'éprouvé, l'esthétique et le sentir communs.

Enfin, même si notre tour d'horizon n'aura été que partiel notamment parce que nous considérons uniquement le postmodernisme occidental, la position d'Edgar Morin nous semble concilier les différentes positions. En effet, sa pensée systémique favorise les antagonismes et la différenciation, sans néanmoins négliger une considération en ce qui concerne l'unité du Tout social. C'est dans cette optique que nous tenterons de penser les discontinuités d'une approche politique du postmoderne qui engage l'aporie de l'Un et du Multiple.

Schématiquement, nous pourrions dire, avec Morin, que « les théories sociologiques n'arrivent pas à concevoir l'unité des antagonismes ni l'antagonisme dans l'unité »[253]. Certaines d'entre elles focalisent sur l'unité du système social alors que les autres s'obstinent dans la différence et ne prennent en compte que l'antagonisme. Dans cette optique, l'Un est la figure du statique, du système et de la logique étatique, alors que le Multiple symbolise le dynamique, les forces sociales et leurs vitalités.

La complexité repose sur une compréhension en profondeur du développement social parce qu'elle suppose de considérer les deux termes antinomiques que sont l'Un et le Multiple, « le statique et le dynamique, la répétition et le changement, l'invariance et l'innovation, la reproduction et l'évolution »[254]. Morin expose ainsi que la sociologie est sensible « aux dynamismes, aux changements et aux transformations mais elle échappe à l'idée statique du système », elle échappe ainsi à « l'idée organisatrice du système et ne voit que flux, mouvements, actions, transformations »[255]. La théorie de la complexité nous enseigne l'impossibilité de délier les

---

[253] MORIN Edgar, *Pour entrer dans le XXIe siècle*, *op.cit*, p. 118.
[254] *Ibidem*, p. 119.
[255] *Idem*.

dimensions microsociologique et macrosociologique quand on entreprend de cerner la structure aporétique à la base du développement social. Il montre ainsi que le dualisme entre le statique et le dynamique, qui sont deux idées du système social, commande les deux principales visions politiques modernes, des visions qui semblent s'opposer alors qu'il serait possible de discuter leur complémentarité.

En effet, le libéralisme induit l'idée que l'organisation sociale émerge à partir des interactions spontanées et créatrices entre les individus et les groupes, alors que le socialisme définit l'organisation sociale comme résultant d'un principe d'ordre, dont le siège central est le pouvoir d'Etat, qui le vertèbre, le contrôle et le commande[256]. Pour le libéralisme, les libertés sont créatrices, pour le socialisme, seul l'ordre fonde l'organisation sociale et tout désordre est une menace pour la société. Morin affirme que le libéralisme méconnaît l'inéluctabilité des contraintes et sous-estime le rôle régulateur des grands appareils alors que la politique socialiste fonde l'ordre social sur la conservation et la répétition en devenant aveugle aux vertus de l'innovation et de la transformation assimilée au désordre.

Ainsi interprété, le postmodernisme ressemblerait à une émanation du libéralisme parce qu'il a tendance à promouvoir la différence et la singularité, les dimensions moléculaires, au détriment des logiques molaires et institutionnelles. Cependant, la pensée politique postmoderne assemble les apports des deux principales théories politiques de la modernité. Nous arrivons ici au cœur des discontinuités propres à la pensée politique postmoderne, des tensions qu'il nous faut exposer à défaut de les résoudre.

Derrida, pourtant farouchement défenseur de l'expression des différences, nous avertit d'une tension, d'autant plus sensible en politique qu'elle ne l'est en philosophie ou en sociologie : « L'explication continue vers l'ouverture peut s'enfermer dans l'autisme de la clôture »[257]. Comment ouvrir un système, comment réaliser la substitution infinie des termes entre eux,

---
[256] *Idem.*
[257] DERRIDA Jacques, *L'écriture et la différence, op.cit*, p. 182.

alors que la société nécessite des règles pour fonctionner, alors qu'elle nécessite une certaine forme de stabilité ? C'est donc la question des principes et des règles communes ou, à quel moment le processus doit s'arrêter, et la décision doit être prise. C'est aussi la question de la régulation dans une société de la différence, au fur et à mesure que ces différences deviennent insaisissables.

L'enjeu le plus complexe touche à la nature même de la physionomie et de la notion de système : Comment la fermeture d'un système, qui constitue pourtant l'élément déterminant de sa définition et de sa cohérence, peut-elle permettre l'ouverture, condition vitale de son évolution ? [258]. Dans cette question, réside une « juste mesure », ou la définition d'une certaine logique homéostatique ; cette définition nous guide aussi bien vers *les critères de la décision* que sur une question éthique et politique concernant les conditions de possibilité d'une expression *sans condition* des différences ; elle pose, plus silencieusement, *l'enjeu de la finalité*, de l'utilité et de la fonction de ces processus dialogiques d'expression des différences.

Dans un processus aussi ouvert, le consensus semble impossible, les règles paraissent ne pouvoir être que locales et temporaires. Il s'agit de s'interroger sur le champ de stabilisation des concepts par rapport à la pratique différentielle induite par ces démarches. Doit-on, indéfiniment, repousser cette stabilisation et rendre dès lors toute décision impossible ? La déconstruction des institutions, des morales et de toutes médiations, la revendication de la plasticité et de la dynamique sociale, ont certes pour but d'animer et de recomposer le moderne, mais ne mènent-elles pas cependant au nihilisme ? Comment l'individu peut-il se construire si les institutions socialisatrices et leurs principes sont constamment perturbés, déplacés, instables ? C'est la question de l'architecture d'une gouvernance à partir des vérités locales et de consensus temporaires, soumis à révocation, qui permet cependant le

---

[258] LUHMANN Niklas, *Politique et complexité : les contributions de la théorie générale des systèmes*, Cerf, Paris, 1999.

fonctionnement quotidien des institutions et l'établissement des règles qui régissent les rapports sociaux.

D'un point de vue social, l'émiettement et la dispersion menacent le système politique. De sorte que Ruby questionne la différence comme vivre-ensemble : « La différence ne peut-elle pas en effet [...] verser successivement de la différence inexistante des réseaux dans des solitudes de la différence – que l'on nomme individualisme ?»[259]. La différence, note-il, rejoint, ici, l'unité pure. Sous l'éloge de la différence, sommeillerait la phobie du mélange, le respect irrévocable d'une *altérité sans altération*, prêtant la main à l'immobilisme et au conservatisme. Ruby craint l'émergence d'îlots irréductibles, d'incoercibles dérives, c'est-à-dire l'« absence radicale de lieu commun aux différences, éradication des espaces d'accueil réciproques, fracture des enchevêtrements et ruine, par avance, d'une construction qui risquerait d'obliger à se tenir ensemble »[260]. L'arbitraire caractériserait, selon lui, l'absolue singularité de ces différences irréductibles puisqu'elles n'auraient plus besoin d'être confiées « aux soins de quelque engendrement ou d'être suspendue[s] à des formes minima de rapport »[261]. De la séparation et de l'atomisme social découle l'anomie, et l'impossibilité de toute édification de la règle, cela implique de réfléchir sur les conditions d'une gouvernance politique et démocratique à partir du constat des différences.

Le système politique postmoderne tend à concilier l'idée d'une ouverture fondamentale et significative avec l'indissociable et nécessaire fermeture du système pour son fonctionnement. Il est un régime politique qui reconnaît l'absolue singularité de la différence et des communautés tout en préconisant et en pratiquant leur médiation dans un projet d'ensemble symbolisé dans l'image du Tout social.

La déconstruction des grands récits appartenait à une époque, à un moment philosophique, culturel, social et politique – historique. Cet instant, important dans l'histoire de nos sociétés, nous a laissé un acquis indéniable. Les auteurs postmodernes de

---

[259] RUBY François, *Archipels de la différence*, Félin, Paris, 1989, p. 124.
[260] *Ibidem*, p. 130.
[261] *Ibidem*, p. 127.

cette époque, particulièrement les auteurs français, nous ont fourni une mentalité déconstructive et une épistémologie ouverte qui nous permet de ne pas réveiller les hydres de l'idéologie, de ne pas fermer les frontières institutionnelles ou nationales, d'ouvrir l'espace politique et scientifique à des contenus toujours plus vastes.

Il nous semble cependant qu'après la déconstruction des grands récits, il existe, dans la société et dans la pensée, un besoin de recomposition symbolique pour que nous puissions nous situer dans notre environnement contemporain. C'est, en somme, la position d'une majeure partie des postmodernes américains. D'ailleurs, il serait faux de croire qu'il n'existe, dans la théorie postmoderne française, aucune optique de reconstruction.

Si nous résumons les deux exigences, celle de la déconstruction qui évite la totalité, et, celle de la reconstruction qui apporte l'intelligibilité, nous atteignons les discontinuités propres à une approche du politique dans la société postmoderne ; tableau de la structure aporétique de la notion du politique dans ces sociétés. Une série d'antinomies se présente à nous.

D'un côté, la déconstruction exige le respect du pluralisme et de l'hétérogénéité du sens, de par son fonctionnement, elle donne une place aux minorités et à leurs communautés. D'un autre côté, la reconstruction induit la recomposition d'une image du Tout social, et la promotion de l'appartenance à la collectivité. La reconstruction est la figure d'une nouvelle régulation politique qui instituera des principes et des décisions stables. À l'opposé, la déconstruction est une position qui mobilise l'ironie, le relativisme et la subversion pour exposer les contingences de nos pratiques sociales et politiques, pour dévoiler les pouvoirs et l'état de notre condition. La reconstruction est, elle, pragmatique et réaliste ; elle induit un engagement moral dans une critique constructive qui suggère des améliorations plus qu'elle ne dénonce unilatéralement toutes propositions de réformes. La déconstruction soumet trop souvent la pensée à un déni perspectiviste, parfois obstiné et obtus, de toute fondation épistémologique et éthique. Au contraire, la reconstruction pragmatique conçoit qu'il est possible de fonder une épistémologie postmoderne, une éthique et une morale postmodernes. Dès lors, si la déconstruction est une position typiquement relativiste qui reconnaît la multiplicité des idées de justice, la reconstruction entend reconstruire certains principes de justice, elle pense qu'un dialogue entre les cultures pourrait instituer, par exemple, des droits de l'homme basiques.

Une approche déconstructive jusqu'au-boutiste comporte en effet trop de risques d'isolement politique et de nihilisme. La culture de la déconstruction aurait, pour certains, favorisé le narcissisme de la consommation, un individualisme fermé qui aurait repoussé, par ailleurs, tout projet de libération des masses[262]. Mais la reconstruction est plus attentive à la cohésion sociale, et pense le changement en terme de transition par la promotion d'un individualisme ouvert qui ne néglige pas la participation à l'action collective. La déconstruction représente bien une défiance sans pareil envers les institutions et les administrations alors que la reconstruction implique une participation politique de la société dans la réforme des institutions.

Le rejet de la politique et sa perte de crédibilité, liés à la déconstruction, sont substitués par la volonté reconstructive de construire un présent et un avenir communs. Il s'agit de parer à l'instabilité identitaire de la société postmoderne pour penser la continuité ou la construction identitaires au sein de cette même société. Enfin, un des enjeux les plus sensibles touche à l'hybridation du sens, des concepts, des époques et des langages, dans la mesure où la reconstruction cherche, dans cette hybridation, un sens et un langage commun pour une meilleure communicabilité et des références communes. La reconstruction pose ainsi la question de l'intelligibilité ou de la lisibilité de la pensée et de l'action en soulignant l'aspect déterminant des moyens par lesquels une compréhension mutuelle s'opère. L'aporie postmoderne entre la déconstruction et la reconstruction traverse l'ensemble du mouvement : Comment concevoir un authentique pluralisme qui ne soit pas une atomisation sociale ?

---

[262] VIDAL Jorge, *Servitude et Simulacre*, Allia, Paris, 2007.

Une nouvelle fois, c'est la tension entre le statique et le dynamique qui se trouve au cœur de ces interrogations. L'organisation peut inhiber les potentialités qui sont dans chaque partie, mais, dans le même temps, l'organisation « fait surgir des qualités qui n'existeraient pas sans cette organisation »[263]. Nous nous dirigeons progressivement vers le noyau du problème qui se situe, selon nous, dans *le rapport qu'entretiennent le pouvoir et les institutions avec le mouvement social et sa dynamique.*

La dialectique sociale s'articule autour de la relation entre l'instituant et de l'institué qui conditionne, par conséquent, l'évolution aussi bien socio-culturelle que politico-économique de nos sociétés. D'une façon schématique, l'instituant représente diversement les formes sociales et leurs imaginaires, que l'on peut opposer à l'institué de la figure et du symbolique. L'instituant est une notion qui définit toutes les singularités nomades, leurs caractères insaisissables et éphémères, alors que l'institué cristallise et matérialise ces singularités. Politiquement, nous pourrions affirmer que l'instituant relève de l'énergie sociale, de la contestation et de la protestation, de l'association des forces vives entre elles ; l'institué, ce sont les institutions censées contenir et condenser cette énergie, censées parfois l'insuffler, la prolonger ou l'incarner. L'innovation et la créativité résident dans l'instituant alors que l'institué symbolise la hiérarchie sociale et l'inertie. L'instituant des multiplicités trouve-t-il cependant place dans l'image dialectique de l'unité ?

L'analogie physique, avec la thermodynamique, nous apprend qu'un système se ferme dès qu'il n'entretient plus de rapport avec son extérieur, ainsi il se refroidit. L'auto-organisation consiste à traiter les informations afin de régler ce rapport d'ouverture et de fermeture. Philosophiquement, l'institué s'explique par une monade, l'unité dans sa cohérence universelle, donnant forme aux entités sociales, proclamant la fixité des lois de l'évolution sociale. Alors que l'instituant s'interprète par une monadologie, faisant droit aux dynamiques

---

[263] MORIN Edgar, *Introduction à la pensée complexe*, Seuil, Paris, 2005, p. 26.

internes des entités, à leurs compositions mixtes de forces répulsives et attractives, dévoilant, par-là, le rapport des deux termes aporétiques de l'évolution sociale que sont l'invariance et la variation. Politiquement, la métaphore peut jouer pour expliquer les rapports de l'universel au particulier, du modèle abstrait et universel à la contingence et à l'expérience sociale, de la théorie à la pratique, de la loi à son enracinement, du pouvoir à ses sujets.

Le tableau de ces apories ainsi dressé, une des solutions pour atténuer ce décalage prend corps dans l'application de la complexité. Cette solution consiste en une ouverture fondamentale, des institutions qui acceptent une part de désordre dans leurs organisations :

« On peut dire grossièrement que *plus une organisation est complexe, plus elle tolère du désordre*. Cela lui donne de la vitalité parce que les individus sont aptes à prendre une initiative pour régler tel ou tel problème […]. Mais *un excès de complexité est finalement déstructurant*. À la limite, une organisation qui n'aurait que des libertés, et très peu d'ordre, se désintégrerait à moins qu'il y ait en complément de cette liberté *une solidarité profonde entre ses membres*. La *solidarité vécue est la seule chose qui permette l'accroissement de complexité*. »[264]

Par une ouverture intelligente des canaux politiques et informationnels, des communautés épistémiques peuvent se constituer et contribuer à augmenter la complexité en tissant des liens toujours plus grands entre les phénomènes et les acteurs[265]. L'augmentation de la complexité, et donc de la pertinence des réponses apportées à ces enjeux, passe par la mutualisation et la mise en réseau des acteurs qui développent ainsi une solidarité

---

[264] *Ibidem*, p. 124. C'est nous qui soulignons.
[265] Les communautés épistémiques sont des petits groupes de travail qui ont pour objet de créer une codification des connaissances et des pratiques. La notion est synonyme de petites unités discutant des enjeux politiques et disséquant les phénomènes sociaux, élaborant progressivement des solutions aux problèmes envisagés, en partageant l'expérience commune aux membres de ces groupes.

concrète apte à donner une intelligibilité aux problèmes politiques. « Ordre, désordre et organisation » se co-produiraient simultanément et réciproquement.

Nous ne pouvons pas imaginer une société complexe qui ne favorise pas l'appropriation sociale des phénomènes comme de sa gestion. Le lien entre l'instituant et l'institué se noue par la praxis sociale, sa pratique et son étude. C'est à partir de nouveaux rapports entre la praxis sociale et les institutions que se recompose progressivement l'intelligibilité sur les phénomènes traversant la société ; c'est par ce travail symbolique, ouvert et partagé, que le lien social se raffermit et devient projet de société.

Chapitre 9. Typologie du lien social : la solidarité vécue

La typologie du lien social est l'enjeu politique déterminant des sociétés postmodernes. Comment des individus et des groupes si différents entre eux peuvent-ils tisser des liens qui les unissent les uns aux autres ? Par quels moyens, constituer le lien social dans des sociétés postmodernes assujetties à des processus toujours plus grands de différenciation ?

Les théories d'Émile Durkheim montrent que la société moderne du début du siècle était face à un enjeu de nature similaire. L'hétérogénéité sociale, qui est produite par la différenciation propre au développement, engendre un phénomène d'individualisme. Le phénomène d'anomie sert à définir à la fois le déclin du lien social, l'effacement des valeurs et la désintégration des normes réglant la conduite des hommes. La problématique postmoderne du commun est d'autant plus sensible au fur et à mesure que la spécialisation menace la capacité même des sociétés à édifier des règles communes.

Durkheim résout la tension entre la différenciation et l'homogénéisation par la notion de solidarité organique, système d'interdépendances ou de division du travail qui forme le Tout social. Ces interdépendances mutuelles sont de trois ordres. La solidarité organique est d'abord *matérielle et socio-économique*, la notion de société étant « pensée sociologiquement en termes de *gesselschaft*, système constitué par les interactions matérielles, techniques et d'intérêts »[266]. La solidarité organique réside également dans une division du travail centrée autour de la participation *politique et morale* au Tout social. Enfin, Durkheim entrevoit un troisième élément du lien social : le *symbolisme social*, la notion de société étant pensée en termes de communauté ou *gemeinschaft*.

Dans la situation postmoderne, c'est l'idée du Tout qui est en cause, et ceci, à tous les niveaux : matériel, moral et politique, symbolique. La situation postmoderne complique, en effet, les données du problème du fait de l'instabilité identitaire, des

---

[266] MORIN Edgar, *Pour Entrer dans le XXIe siècle*, *op.cit*, p. 118.

évolutions économiques et de l'accélération manifeste de la différenciation. Par ailleurs, l'émergence de la pluralité quant aux systèmes de valeurs et aux conceptions du Bien ainsi que l'interpénétration des cultures augmentent les données de l'enjeu de la communication sociale. Les trois niveaux d'intégration sont donc à réinterroger dans le nouveau contexte postmoderne.

Solidarité structuro-fonctionnelle : les conditions matérielles

Dans la division du travail, les individus sont intégrés en construisant leur place dans les systèmes productifs et politiques, ces derniers les intégrant à leur tour dans une relation symbiotique, et permettant ainsi la fondation de la société en tant que telle. Les individus construisent leurs personnalités par la participation aux règles morales, participation assurée par des institutions politiques et sociales pensées comme suffisantes à cette tâche. Durkheim ne cédait pas à la simple espérance d'une telle harmonie sociale. Il décrivait certes des mécanismes, analysait de façon compréhensive des processus de construction identitaire et de cohésion sociale, mais il n'omettait pas de prendre en compte l'aspect pragmatique de l'organisation sociale.

Dans le schéma idéal durkheimien, les fonctions particulières des organes de la société les rendent complémentaires les uns des autres, les amenant à réaliser des échanges entre eux. Les organes sont continuellement en relation les uns avec les autres conduisant ainsi à l'émergence d'un certain nombre de règles qui vont progressivement régir les échanges et installer les conditions du lien social et de la cohésion. Il existe néanmoins des formes pathologiques de la division du travail lorsque celle-ci ne fonctionne plus pratiquement et ne correspond plus à son idéalité théorique. L'intensification de la division du travail doit bien augmenter la solidarité et l'interdépendance entre les membres de la société, mais des effets contraires peuvent apparaître.

La division du travail dysfonctionne, lors des crises industrielles et commerciales, quand il y a un manque d'ajustement entre l'offre et la demande de biens. Cette disparité s'explique par le manque de coordination entre les besoins à satisfaire et la production du fait de marchés de plus en plus vastes, les contacts n'étant pas suffisants. La division du travail dysfonctionne également quand la propagation de la grande industrie accentue l'antagonisme entre le capital et le travail, contrariant les capacités de dialogue entre employeurs et salariés.

D'un point de vue socio-économique, la société dans laquelle Durkheim énonça sa théorie a considérablement évolué. Au début du siècle, la structure économique nationale n'était pas aussi ouverte. La division du travail s'effectuait dans un cadre national. La production commençait à s'internationaliser mais les entrepreneurs restaient « attachés » à la communauté nationale. Nous ne connaissions alors pas l'extrême volatilité de capitaux apatrides, les délocalisations mondiales et encore moins l'informatisation généralisée des processus de production.

Les dysfonctionnements énoncés par Durkheim nous semblent encore valables aujourd'hui du point de vue de l'adéquation entre offre et demande, production et consommation. De même, les rapports entre le capital et le travail sont devenus de plus en plus inégalitaires, car si le rendement du capital est favorisé par les rendements d'échelle grâce à l'ouverture internationale, les salariés sont, pour la plupart, encore tributaires de cadres nationaux stricts. Le rendement du capital s'amplifie conséquemment alors que celui du travail stagne. Dans ce cas, la cohésion sociale est menacée car l'intensification de la division du travail n'entraîne pas une complémentarité ou une interdépendance adéquate entre les organes, avec un partage plus net des bénéfices ou une distribution plus équitable des ressources. Cette situation inéquitable débouche, le plus souvent, sur l'impossibilité de tout dialogue social.

Ces tendances se sont renforcées aujourd'hui, elles représentent des données qui dépassent le problème économique et constituent les éléments de la question sociale. La solidarité organique, envisagée par le biais matériel, paraît de moins en moins efficace pour asseoir la cohésion sociale. La structure et le fonctionnement du système économique n'assurent pas les meilleures conditions pour enclencher un développement social et politique propice à enfanter la solidarité. Beaucoup d'exemples démontrent l'échec de la spécialisation économique à répondre aux enjeux sociaux, ou à une quelconque utilité sociale. La solidarité qui était basée sur l'interdépendance matérielle, une complémentarité des activités productives et du travail, en son sens uniquement économique, ne fonctionne plus que relativement dans son rapport à la question sociale.

Sur un plan national, nous avons pu discuter, à partir de la théorie de l'économiste Rifkin, le constat de l'échec des dimensions matérielles ou matérialistes dans la construction du lien social[267]. L'information croissante du processus de production est un phénomène durable pour le développement. Dans ce type de société, la spécialisation du travail, facteur de progression de la société moderne, est un phénomène pervers à partir du moment où c'est la spécialisation et le perfectionnement des logiciels et des systèmes qui sont primordiaux. La possibilité de participer à cette spécialisation ne concerne encore qu'une infinité de personnes. Dans l'image que nous pouvons nous faire de la société technologique de demain, l'idée s'impose que le problème, en définitive, c'est l'homme, puisqu'il n'est pas cet être automatisé répondant à des programmations, d'où l'émergence du sentiment contemporain, que l'homme n'est plus au centre du système. La technologie a sa fin en soi, celle d'optimiser les systèmes, en second lieu, elle s'occupe de l'homme, comme une variable qu'elle considère encore trop aléatoire.

Le renforcement de la solidarité organique dans la société postmoderne ne se réalisera pas par la négociation sociale pour de nouvelles places dans la division socio-économique du travail moderne. Sur un plan purement matérialiste, la nature du système économique n'est pas assez mature pour que de nouvelles places soient possibles. Comme le stipule Rifkin, la logique inhérente de technologicisation sera socialement profitable sous la condition qu'une volonté politique forte

---

[267] RIFKIN Jeremy, *La fin du travail*, *op.cit.*

prenne en compte la dimension critique de la situation. La transition économique n'est pas encore suffisamment enclenchée. En l'occurrence, cette transition s'articulerait autour d'une nouvelle division du travail postmoderne, par l'émergence d'une nouvelle structure des activités, assurant une architecture des activités susceptible d'endiguer le chômage de masse[268].

Dans le système socio-économique tel qu'il se dessine, l'adéquation matérielle est à interroger, car il semble que le système économique aura, à terme, moins besoin des hommes pour sa production. Dans une société qui pense seulement le développement économique et technologique, les conditions de participation sociale à la solidarité structuro-fonctionnelle et matérielle ne sont pas remplies, créant ainsi un irréparable fossé entre le développement économique et technologique, d'un côté, et, le développement social, de l'autre.

Certes, entre pessimisme et optimisme, il n'y a que très peu de chemin. Bien que le système productif, ou financier, semble s'autonomiser, une nouvelle division du travail et une nouvelle spécialisation sur des activités innovantes peuvent parvenir à redonner tout son ancrage théorique et pratique aux interdépendances matérielles et à la complémentarité des tâches. Néanmoins, Durkheim le mentionne, cela passe par la communication sociale entre les acteurs dans la prospective de la situation, et la ré-articulation stratégique des activités dans l'économie du XXIe siècle. C'est ainsi, il nous semble, que les postmodernes entendent orienter la société vers un tel projet. Une économie fondée sur le dialogue et la communication saurait répondre à des besoins fondamentaux et réels, elle ferait participer les acteurs à une restructuration économique sous la forme d'une transition vers de nouvelles industries. Les postmodernes nous paraissent travailler cette orientation sur deux aspects complémentaires, en pensant un système qui

---

[268] Nous pensons ici aux enjeux relatifs à l'économie et à la société de la connaissance, comme à tout ce qui crée un lien social et culturel dans la société. Autrement dit, il s'agit d'une reconnaissance de *la valeur immatérielle du travail*, et de *la productivité envisagée sur un mode qualitatif*.

érigerait progressivement les structures de l'économie *et* de la société de la connaissance.

Ces éléments posent donc le problème de la réorganisation sociale, politique et technique de nos sociétés car la complexité nécessite une telle démarche. D'un point de vue technique, l'institution d'un dialogue entre acteurs permettrait de *repenser la transition économique et productive,* il favoriserait *la réarticulation des instances de régulation.* D'un point de vue politique, l'articulation de tous ces jeux de langages concerne la possibilité d'un dialogue entre les différences et d'une citoyenneté partagée, visant à donner forme au projet social. D'un point de vue social, Lyotard nous le rappelle, « la combinaison des jeux de langage forme le lien social » puisqu'elle étale bout à bout, tous ces registres, tous ces régimes de phrases sur un plan de consistance[269]. Comment peut-on réaliser une médiation dans cette différence linguistique, entre ces disciplines, entre les acteurs économiques, politiques et sociaux ?

Progressivement, nous nous apercevons que la *participation morale et politique,* à travers la pratique de la communication sociale, peut encore constituer le lien social ; c'est une participation qui nous semble occuper, de plus en plus, à l'avenir, le lieu du *symbolique.* Le problème de communication, produit par la spécialisation et sa fragmentation, nous amène vers le champ symbolique. Il touche à la participation morale et politique des différences dans une communauté délibérative qui *institue* la société.

Le champ symbolique et la socialité

Le symbole est constitutif du collectif comme tel, il est un moyen essentiel de la représentation collective du Tout. Dans la pensée durkheimienne, la symbolisation est une nécessité formelle, il faut que le groupe s'exprime. Le symbole est un moyen d'expression et de perdurance des sentiments sociaux, il

---

[269] LYOTARD Jean-François, *La condition postmoderne, op.cit,* p. 46.

donne consistance à des sentiments collectifs trop vagues[270]. Durkheim identifie une fonction métaphorique dans le symbolique qui touche à la manière dont les individus se représentent le produit de leur association. Transmis de génération en génération, le symbole assure une fonction de lien social permettant « l'unité spirituelle du clan à travers la durée »[271].

Le sociologue canadien Michel Freitag perçoit également dans le symbolique, le fondement de l'existence objective de la société[272]. Par le symbolique, s'organise, pour lui, la réflexivité humaine, par le symbolique, se construisent les représentations du monde commun. Il souligne que la reconnaissance symbolique est au cœur de la socialité, de l'humanité des individus ainsi que de la constitution de l'espace commun :

« Les interactions, les rapports et les échanges que les êtres humains ont entre eux et avec le monde, se déploient dans l'ouverture du champ symbolique, qui est l'espace de réciprocité et de solidarité de la reconnaissance et de la construction d'un monde commun fondé sur cette reconnaissance et cette solidarité. »[273]

Comme l'interprète justement Maniglier, c'est l'unification de la multiplicité sociale que la réalité symbolique apporte à l'expérience collective[274]. Le signe symbolique « constitue précisément une "conscience collective", qui n'est pas la simple connaissance par les individus de ce que les autres vivent la

---

[270] FUGIER Pascal, « Les trois dimensions sociales de l'identité personnelle : réelle, symbolique et imaginaire », *Revue interrogations*, n°4, 2007. Disponible sur :
< http://www.revue-interrogations.org/article.php?article=94 >
[271] DURKHEIM Émile (1912), *Les formes élémentaires de la vie religieuse*, Éditions du CNRS, Paris, 2008, p. 177.
[272] FREITAG Michel, « La société : réalité sociale-historique et concept sociologique », Texte inédit, Classiques des sciences sociales, UQAC, 2003, 52 p. Disponible sur : < http://dx.doi.org/doi:10.1522/cla.frm.soc >
[273] *Ibidem*, pp. 16-17.
[274] MANIGLIER Patrice, « Institution symbolique et vie sémiologique : la réalité sociale des signes chez Durkheim et Saussure », *Revue de Métaphysique et de Morale*, n° 54, 2007/2, pp. 179-204.

même chose qu'eux, mais bien [...] une expérience commune, un ordre de sensations et de vécu original qui détermine en retour la vie subjective individuelle »[275]. Le symbole, explique Maniglier, réalise « la transmutation du rassemblement en assemblée, du groupement en groupe, de la masse en société, bref, du multiple en Un, que les consciences sont par elles-mêmes incapables de réaliser »[276]. Durkheim n'évoque pas seulement le signe symbolique en sa faculté de matérialiser un sentiment collectif dans une chose extérieure commune, « mais aussi sa capacité de *manifester la structure*, c'est-à-dire à extraire un effet qualitatif de la mise en commun d'expressions ayant une structure commune, [...] chaque individu semblant articuler désormais directement la clameur unique de la société, la généralité abstraite devenant immédiatement l'unité concrète »[277].

Complétant Durkheim, Mauss entreprendra, lui, de comprendre la logique symbolique qui ordonne les représentations collectives. Mauss envisage dans le symbolique un système lié à une structure plus ample d'échanges ou de dons. L'étude du symbole devient, selon son interprétation, l'étude du système de fonctionnement de l'esprit humain. Comment s'opère, en effet, la traduction d'une structure sociétale, économique, politique dans les réseaux que forment entre eux les symboles ? Comment l'homme parvient-il cognitivement et sentimentalement à traduire son expérience vécue ? Par quels procédés l'individu ou le collectif créent des signes qui seront autant de systèmes d'intelligibilité, des « totems » afin que la « tribu » se comprenne et comprenne la réalité qu'elle habite ?

Le symbolique, énonce Mauss, c'est cette concaténation des symboles, leur structure en réseau[278]. Pour Freitag, le

---

[275] DURKHEIM Émile, *Les formes élémentaires de la vie religieuse*, *op.cit*, p. 329. Cité dans MANIGLIER Patrice, « Institution symbolique et vie sémiologique », *op.cit*, p. 191.
[276] *Ibidem*, p. 198.
[277] *Idem*.
[278] TAROT Camille, *De Durkheim à Mauss, l'invention du symbolique. Sociologie et science des religions*, Éditions La Découverte/M.A.U.S.S., Paris, 1999, p. 350.

symbolique se situe dans le langage, pour Mauss, le symbolique apparaît structuré comme un langage : « Les symboles forment une chaîne signifiante à partir de laquelle advient le sens, le symbolique devant être conçu comme une structure dans laquelle chaque symbole ne se définit non pas en soi mais par les relations d'équivalence ou d'opposition qui l'unit avec les autres symboles »[279]. Cette relation structurale et linguistique est essentielle pour comprendre comment le réseau des symboles entre eux élabore la dimension symbolique et à quoi elle correspond d'un point de vue social.

Le symbole s'apparente désormais à une grille de lecture cognitive pour comprendre *la façon dont nous concevons le réel*, et nous le verrons plus loin, *la manière dont nous le construisons*. Dans l'optique politique qui nous intéresse, celle de la recomposition du lien social, nous devons plus particulièrement souligner l'idée de Freitag selon laquelle *la structuration concrète du « champ symbolique » et son intégration significative circonscrit l'unité du domaine empirique de la solidarité fonctionnelle-structurelle qui correspond au concept de société*[280]. Cette participation symbolique aurait une fonction individuelle et collective, dans la construction identitaire et l'intégration au Tout comme dans la représentation de la société en tant que réalité sociale et historique.

Tout d'abord, retenons que le signe symbolique contient la capacité de représenter matériellement le sentiment collectif, d'unifier la multiplicité sociale en donnant forme au principe spirituel d'une société. Il associe ainsi l'Un et le multiple. Le symbolique recèle, en outre, *une capacité de modélisation de l'image dialectique sociale*. Il révèle la structure sociale, dans son fonctionnement même et dans l'expression d'un état affectif collectif. Paul Ricœur note à cet égard que « la réalité sociale a depuis toujours une constitution symbolique et comporte une interprétation, dans des images et des représentations du lien

---

[279] RAUSCHER Jacques-Benoît, « Note de lecture : De Durkheim à Mauss, l'invention du symbolique », *Mélissa*, Revue en ligne, mercredi 12 mars 2003. Disponible sur : < http://www.melissa.ens-cachan.fr/spip.php?article271 >
[280] FREITAG Michel, « La société : réalité sociale-historique et concept sociologique », *op.cit*, p. 23.

social lui-même »[281]. Il est aussi primordial de saisir la dimension symbolique pour comprendre la structuration de la subjectivité individuelle et la potentielle influence de cette dernière sur le réseau symbolique[282]. Par ce travail d'interprétation symbolique aussi bien individuel que collectif, la société accède à la conscience d'elle-même. Elle acquiert d'autant plus cette conscience si elle considère, à l'image de Freitag, le champ symbolique comme une socio-genèse ou généalogie de la réalité.

Lorsque nous parlons de modélisation, nous signifions que le champ symbolique est un des outils privilégiés de la construction de la réalité sociale. L'esprit va réaliser, dans le symbole, un classement, sélectionnant les éléments les plus pertinents. Le symbole ne représentera jamais complètement ce qu'il signifie, mais l'ouverture du champ symbolique à une multiplicité d'interprétations permettra de générer un ensemble de perspectives qui seront autant de moyens sur lesquels intervenir sur le réel. La structure intrinsèque du champ symbolique est donc bien une socio-genèse de la réalité : « Le symbole est lié aux phénomènes de valeur et à ces projections qui font la différence des choses. C'est par les symboles que la pensée sociale "ajoute au réel et retranche" »[283]. Ici, nous discernons la capacité de classification et de sélection, retranchement au réel, qui est aussi celle d'une modélisation et d'une construction, par l'ajout au réel.

La structuration concrète du « champ symbolique » circonscrit donc l'unité du domaine empirique de la solidarité fonctionnelle-structurelle de la société. Dans l'ouverture du champ symbolique, la liberté humaine s'exprime, c'est-à-dire la capacité des sociétés à se comprendre (aspects généalogiques) et la capacité des sociétés à agir sur elles-mêmes

---

[281] RICOEUR Paul, *Du texte à l'action. Essai d'herméneutique II*, Seuil, Paris, 1988, p. 314.
[282] Les symboles entrent dans une interaction qui ne saurait se départir de la détermination individuelle de leur sens, dans un contexte social et culturel qui peut opérer comme un niveau simple d'utilisation comme de reconfiguration complexe.
[283] TAROT Camille, *De Durkheim à Mauss, l'invention du symbolique, op.cit*, p. 221.

(aspects de la socio-genèse). Le symbole n'existe que dans une communion, et le fait même de cette communion « non seulement crée l'illusion du réel, mais en même temps, *est le réel* »[284]. C'est une première acceptation du terme de « solidarité vécue ». Pour Mouffe, le politique a pour rôle d'instituer une telle solidarité vécue, car, à partir de lui, s'opère la mise en forme des rapports sociaux, leur ordonnancement symbolique. Freitag définit, pour sa part, deux voies d'unification ou d'ordonnancement. L'unification du symbolique est tributaire soit de la culture, soit de la souveraineté :

« Dans un cas, c'est la culture qui institue l'unité de la société et qui en définit les limites, dans l'autre, c'est la souveraineté dont est investi le pouvoir d'Etat, qui place sous son autorité univoque l'ensemble des régulations institutionnelles qui régissent l'ensemble de la vie sociale, ou du moins son procès global de reproduction. »[285]

Trop souvent, l'analyse du symbolique focalise sur les conditions *culturelles* de sa cristallisation, ou alors, entreprend-elle de comprendre comment le politique organise l'unité symbolique, à partir de conditions culturelles, au sein d'une société. Il s'agirait de créer une relation symbiotique entre, d'une part, le politique ordonnateur et, d'autre part, le symbolique culturel issu des rapports sociaux. Le politique conçoit son projet comme un processus capable de promouvoir une conscience accrue du social. L'appropriation du symbolique par les acteurs sociaux est susceptible d'améliorer leur connaissance politique des problèmes de la société ainsi que des mécanismes de son fonctionnement.

La question qui nous occupe est de construire une politique assez ouverte pour composer la multiplicité sociale, ou construire, au moins, une dialectique de la multiplicité plus apte

---

[284] RAUSCHER Jacques-Benoît, « Note de Lecture : De Durkheim à Mauss, l'invention du symbolique », *op.cit*. Nous soulignons.
[285] FREITAG Michel, « La société : réalité sociale-historique et concept sociologique », *op.cit*, p. 26.

à saisir la situation contemporaine, plus apte à favoriser la diffusion du savoir. Parce que, dans le type de société postmoderne, nous devons à la fois faire face à la « misère symbolique », et à la « dissolution du symbolique ». Plutôt que de parler de *dissolution*, nous pourrions parler de *dispersion*. Cela nous paraît être la figure essentielle de la fragmentation car, sans symbolique, il n'existe pas de représentation collective du Tout, il n'existe même pas, la possibilité de modéliser les évolutions qui agitent les sociétés, ou tout simplement, nos vies mêmes.

Dans son œuvre, Freitag se penche longuement sur les modalités contemporaines de la dissolution du symbolique. Cette dispersion serait due à la modernité et à l'accentuation des logiques modernes. Il s'intéresse à la mise en plis structurelle du champ symbolique, et, de ce fait, au concept de culture « commune ». La complexification des sociétés s'est traduite par une diversification des régulations institutionnelles, chaque sphère renvoyant à sa propre institutionnalisation du symbolique, chaque sphère renvoyant à ses propres normes, à ses modèles idéaux spécifiques, à la référence à une finalité idéale :

« [...] il n'y a sociologiquement de droit que par référence à une représentation commune de la justice ; il n'y a de connaissance scientifique que par rapport à une référence épistémologique aux conditions de la vérité ou du moins de la connaissance objective, [...] il n'y a d'économie que par référence à une reconnaissance commune des besoins, ou au moins de la valeur et de l'utilité. »[286]

L'autonomie relative des instances ou des institutions n'est pas un obstacle à l'accomplissement de la solidarité qui caractérise l'ensemble de la société. L'identité sociétale de ces disciplines, par-dessus toutes les modalités de leur fonctionnement spécifique, se réalise par des idéalités partagées. De manière explicite, la symbolisation de la solidarité qu'implique la vie collective se concrétise au second

---

[286] *Ibidem*, p. 25.

degré quand « il y a leur commune inscription dans le symbolique, qui coïncide principiellement (et non pas toujours factuellement) avec celle des sujets sociaux, ou plus profondément encore, avec le caractère symbolique de leur constitution en tant que sujets sociaux à travers la reconnaissance »[287]. Comme nous l'explique Freitag, « c'est par le partage d'une référence symbolique unifiante que se trouve défini et circonscrit le "cercle" des interrelations sociales qui sont intégrées dans un même champ d'interdépendances fonctionnelles »[288].

Un changement survient avec la postmodernité. La multiplicité ne peut plus être appréhendée comme telle, de la même manière qu'elle le fut dans la modernité. Ce qui transparaît dans la condition postmoderne, c'est la dissolution de l'idée même de société, un concept qui permettait de renvoyer la multiplicité à une totalité de référence et d'identification, à des valeurs communes. L'intégration de la multiplicité ne parvient plus à se frayer un chemin. C'est non seulement l'unité de la société, en tant que principe spirituel ou culturel qui est en cause, mais, aussi et surtout, l'unité de l'expérience sociale en tant qu'elle est consciente d'elle-même. Ce qui nous intéresse dans le symbolique, consiste dans sa capacité à figurer les changements, les évolutions, les tendances, à permettre la prospective et la définition de perspectives, car *le symbolique est, en son cœur, un accord sur le réel*, sur sa matérialisation ou sa modélisation.

Si le réel n'existe plus dans la postmodernité, dès lors que les postmodernes évoquent l'hyperréalité, nous devons probablement considérer ce constat sous son angle figuré : l'éclatement de la référence symbolique unique, ou de son intégration significative dans une image dialectique sociale, signifie, peu ou prou, l'impossibilité d'un accord sur le réel, l'impossibilité du réel.

La notion de « disruption de la pensée symbolique » nous semble contenir à la fois l'*éclatement* de la référence symbolique mais aussi la *prolifération* des références

---
[287] *Idem.*
[288] *Ibidem*, p. 26.

imaginaires. Si nous constatons une *dissolution* de la référence symbolique unique et de son intégration significative, nous observons également la *profusion* d'un imaginaire foisonnant dans la société postmoderne[289]. Il y a un fossé entre cette pluralité en gestation qui se développe de façon quelque peu confuse et un ordre sémantique et symbolique nous permettant de comprendre la situation contemporaine, pour faire fonctionner les institutions. L'ordre sémantique et symbolique de la logique institutionnelle, étatique ou de la solidarité sociale n'a pas le temps de s'adapter à la multiplicité car il n'a pas les moyens quant à une dialectique de la multiplicité. Il existe ainsi un certain retard de la conceptualisation, un symbolisme social qui fait défaut ou n'existe pas encore. Le postmodernisme propose d'instaurer une coordination et un dialogue entre ces univers symboliques. Il s'agit de penser les réseaux entre les différents univers symboliques.

Le problème pour l'analyse sociologique est de deux ordres. Premièrement, il convient de discerner « comment se trouve concrètement réalisée l'unification des références significatives qui régissent l'ensemble des pratiques sociales constitutives d'une même société »[290]. Deuxièmement, il ne faudrait pas que la profusion imaginaire postmoderne, qui, en soi, comporte une richesse de perspectives existentielles et cognitives à cultiver, ne se trouve unifiée par une nouvelle logique hégémonique qui réduirait ainsi ses potentialités. Progressivement, en effet, le politique est tenté de substituer l'imaginaire national moderne par un imaginaire d'efficience technique et économique. Néanmoins, la complexité ne se résout pas par la simplification, notamment quand celle-ci résulte de la politique symbolique du capitalisme.

Transversalement, l'opérationnalité systémique devient celle de l'efficience ou de l'inefficience, offrant au politique des choix restreints et symbolisant une définition capitaliste de la puissance axée sur la force et le quantitatif. La disruption de la

---

[289] Ce qui ne signifie pas forcément que l'imaginaire se cristallise dans des représentations symboliques.
[290] FREITAG Michel, « La société : réalité sociale-historique et concept sociologique », *op.cit*, p. 26.

pensée symbolique est manifeste. L'unification capitaliste ne se discute plus dans des sociétés, soumises aux aléas du financement de la collectivité, et qui subissent une économie mondiale de plus en plus compétitive. Cette unification traduit une imposition qui interrompt tout dialogue, annihile toute critique, subvertit les processus symboliques, autant de négociations nécessaires autour de la physionomie de la société et du réel.

Il faut noter que, pour Durkheim, l'agrégation des parties n'est pas *réelle*, elle est une projection *morale* de la société vers sa solidarité. C'est donc d'abord la multiplicité mise en *mouvement* par une forme politique et sociale de coordination qui opère la mise en pli de cette multiplicité par une *graduelle construction* d'idéalités partagées ; l'inscription d'un commun symbolique assimilé à la manifestation affective d'un sentiment collectif. Tout cela, l'unification capitaliste ne le réalise qu'en surface.

La logique capitaliste consiste en une simplification de la vie sociale et de sa gestion parce que l'*homo œconomicus* est une vision trop réductrice de la vie sociale ; une vie sociale qui ne peut s'expliquer uniquement par un ensemble de lois économiques, mais qui se comprend mieux par le prisme de la communication[291]. Ce que le capitalisme interrompt, c'est tout un maillage communicationnel et symbolique, ce que manque le capitalisme, c'est une pensée de la culture. Il est aveugle à toute symbolisation, à toute métaphysique.

Nous ne devons pas non plus céder à une vue simplificatrice de la vie sociale. Car, une des caractéristiques déterminantes de la postmodernité est la coexistence de plusieurs logiques, sinon de plusieurs systèmes de valeurs, en son sein. En dépit de la perte de la référence unique, malgré la dissolution du Tout social comme unification symbolique ou, encore, le recodage illusoire du capitalisme, il existe une vitalité du corps social. Avec ses modes d'intégration spécifiques, par ses propres moyens, le corps social résiste à la logique démente du capital et recompose la solidarité, dessinant la prospective symbolique d'une organicité en train de naître.

---

[291] MAFFESOLI Michel, *La connaissance ordinaire*, op.cit.

L'unicité dans les sociétés postmodernes

Dans la société postmoderne, le concept de société est à géométrie variable dans la mesure où les modalités et les formes d'intégration diffèrent. Mais force est de constater que l'idéal moderne d'une unité et d'une homogénéité sociales disparaît peu à peu ; s'érodent les figures du contrat politique et social moderne, s'épuise la projection morale et matérielle dans une division du travail complémentaire, s'efface lentement la prééminence de l'Etat et de la Nation, en tant que fondateur de la communauté identitaire.

Si la différenciation croissante dénoue les liens de l'image moderne de la société, elle la substitue toutefois à « la solidarité organique de l'idéal communautaire postmoderne »[292]. Maffesoli observe une saturation de l'individualisme qui débouche sur une recomposition communautaire. Les tribus postmodernes se multiplient localement réagençant une solidarité de proximité et composant une myriade de petits groupes qui développent autant d'éthiques plurielles.

Le qualificatif de « tribalisme » renvoie à la notion de primitif, et on peut émettre l'hypothèse d'un lien tangible avec la solidarité mécanique. Durkheim distingue ce type de solidarité « mécanique » dans la société primitive, où la communauté prime sur l'individu, la conscience collective y est forte, l'unité vient de la similitude, il n'y a pas de différenciation des tâches : accumulation mécanique des parties de part leur proximité. La solidarité organique de la société moderne est un système de fonctions spéciales plus complexes qui sont unies par des rapports de complémentarités. Les individus acquièrent une identité propre, la cohésion sociale est désormais maintenue par l'intégration des individus à la société, réalisée par la division du travail, une division morale et matérielle. La particularité de la situation postmoderne nous amène à interroger la linéarité de ce modèle.

Le schéma de Durkheim serait peut-être réversible ou polymorphe. À ce stade, l'hypothèse qu'il est possible d'émettre est similaire à la vision dynamique d'Elias lorsqu'il

---

[292] MAFFESOLI Michel, *La violence totalitaire*, *op.cit*, p. 234.

décrit le processus de civilisation. Le passage de la solidarité mécanique à la solidarité organique ne peut représenter un passage rigide ; celui-ci pourrait éventuellement contenir des allers et retours, des rétroactions ou un inversement. Si la dialectique sociale de Durkheim induit une transition de la solidarité mécanique, à dominante primitive, à la solidarité organique, à vocation moderne, le schéma est probablement moins linéaire.

La fragmentation sociale issue de la différenciation produit un atomisme, c'est-à-dire la dissolution de l'organicité moderne telle que nous la connaissions. Nous constatons une « émigration » des groupes sociaux à l'extérieur de l'unité sociale moderne qui s'explique notamment par l'excessivité des contraintes systémiques modernes, par la dissolution des grands récits, par l'élargissement du cadre national et la mondialisation. Cela provient probablement, comme l'expliquait Durkheim, de la spécialisation extrême des activités, comme de la dissémination radicale des jeux de langage. Le tribalisme postmoderne, et les communautés disparates qui le manifestent, pose la question d'un retour à un type de solidarité mécanique, à des formes de socialisation primitives.

Dans le retour du tribalisme, l'irréparable écart entre les groupes, par la communautarisation, constituerait une désocialisation qui ruinerait les processus symboliques. On craint alors « le retour des pulsions », parce que la sublimation du désir dans les relations sociales n'existerait plus. Derrière cette inversion du schéma durkheimien, pointent, pour certains, des risques majeurs d'intégrisme et de repli nationaliste, identitaire ou fondamentaliste religieux. La société serait vouée au retour incertain vers une société pré-moderne, vouée à l'instabilité sécuritaire, soumise à un féodalisme archaïque et stérile.

Ne nous trompons pas, l'enjeu est celui d'une régression, il hante les discours politiques qui brandissent l'étendard de la menace de l'unité contre les poussées barbares des bas-fonds de l'Empire. Le progressisme de ces discours nous enjoint de se méfier du polythéisme qui nous habite, le païen en nous, qui se retire dans le local. Dans sa marche vers la déterritorialisation de l'homme de ses ancrages traditionnels, locaux ou naturels, le projet moderniste se confronte à une strate plus profonde, une couche anthropologique et culturelle, fut-elle pré-rationnelle.

Pour évoquer le retour à ces éléments archaïques, Maffesoli utilise, plutôt que celui de régression, les termes d'ingression et de régrédience[293]. Il faudrait encore rappeler ici que le sociologue définit la spécificité de la situation postmoderne dans *la synergie d'éléments archaïques et du développement technologique*. Par conséquent, le phénomène tribal n'est pas un simple retour à la pré-modernité, ou à un type de solidarité primitive, ce qui ne préjuge pas de la primitivité de certaines de ses composantes. Maffesoli veut souligner ici que l'individualisme est bien une logique moderne, mais la postmodernité déploie un processus de désindividualisation sous la forme d'une saturation, d'un côté, de l'individu égotique et rationnel de la modernité, et, d'un autre côté, de la fonction qui lui est liée dans l'unité de ce type de société[294].

La renaissance de l'organicité représente l'enjeu majeur des sociétés postmodernes. Lors des phases de changement ou de transition, l'idée d'*involution* nous aide à entrevoir comment la condensation, c'est-à-dire la fermeture identitaire de certains groupes sur eux-mêmes, peut favoriser, à terme, la *révolution*, c'est-à-dire l'ouverture des groupes sociaux à de nouvelles formes d'associations et de liens. Selon nous, les mouvements d'involution et de révolution caractérisent adéquatement la complexité du passage qui s'établit entre la fragmentation sociale et une nouvelle forme d'organicité, cette dernière étant toujours lente à se mettre en place, car il est éventuellement difficile de la conscientiser, de la relever, de la favoriser. Des étapes plus élevées peuvent se produire après des étapes

---

[293] MAFFESOLI Michel, « Des Tribus dans la République », Conférence, CDDP de Maine-et-Loire, 6 février 2006. Disponible sur :
< http://cddp49.crdp-nantes.fr/ftp/Postmoderne/Maffesoli060206.pdf >
Le terme psychologique de régrédience se distingue de la régression. Il n'implique pas forcément une régression car il peut provoquer d'innombrables nouveaux liens créant ainsi de nouvelles causalités.
[294] LE POGAM Yves, « Michel Maffesoli, analyste de la socialité émergente », *Corps et Culture*, n°3, Sport et lien social, 4 mai 2007. Disponible sur : < http://corpsetculture.revues.org/document522.html >

inférieures, bien que les termes de « supérieur » et d'« inférieur » renvoient simplement, dans notre propos, à une succession chronologique.

En employant une expression de Bauman, nous discutons du passage du *liquide* au *solide*, ou comment la multiplicité sociale et ses modes variés d'appartenance peut-elle se comprendre dans un mouvement commun et une intégration significative, voire même uniquement dans une intelligibilité propre à en rendre compte[295]. La différenciation peut être considérée comme une fragmentation sociale, dissolution de la culture et de son cortège symbolique, elle peut aussi être considérée comme une nécessaire adaptation sociale face à la transition postmoderne de nos sociétés. Dès que les structures sont trop lentes, et les cadres trop formels, le corps social déploie une vitalité salvatrice pour composer un nouvel ordre sémantique, satisfaire un besoin identitaire nouveau, trouver des formes d'organisation qui sied à son individuation. Les groupes sociaux partiraient alors à la recherche de milieux plus propices à leurs développements, vers de nouvelles formes de socialisation, selon des modalités d'intégration renouvelées.

Malgré la diversité de ces variantes, le postmoderne tente de réarticuler une solidarité qui ne soit pas une réduction de la différence, mais instaurant néanmoins une recomposition symbolique. La position postmoderne repose sur la conviction qu'il ne faut pas forcément reconstruire les formes de l'*unité* moderne (homogénéisation comme négation), il serait préférable de chercher les voies d'une *unicité* entre tous ces groupes. Au lieu du principe unitaire de l'universalisme, et de sa morale sous-jacente, il s'agit, pour Maffesoli, de s'intéresser aux aspects pragmatiques de l'ajustement des tribus entre elles :

« Plutôt que de rester sur le modèle de l'universel – qui a marché, ça a payé, ça ne paie plus – voir comment, dans le fond, il peut y avoir une cœnesthésie sociétale. Idéal communautaire, un type d'ajustement de ces groupes les uns

---

[295] BAUMAN Zygmunt, *La vie liquide*, Rouergue, Arles, 2006.

par rapport aux autres, qui à la fois apprennent à marcher ensemble et apprennent la marche. »[296]

Le pragmatisme postmoderne adopte un objectif similaire quant à l'unicité, celui de promouvoir une sympathie sans cesse élargie. D'après Rorty, le véritable progrès moral des sociétés démocratiques correspond à la redescription des limites des « moi » humains de manière à élargir la variété de ces relations que ces « moi » constituent. « Notre espoir », formule le philosophe, « c'est de coudre ces groupes ensemble avec mille petits points, c'est d'invoquer les mille petits traits communs qu'ont leurs membres plutôt que d'en spécifier un seul d'importance, leur commune humanité »[297].

L'unicité postmoderne est bien une forme organisationnelle plus complexe, plus à même d'accompagner la transition sémantique de la modernité, une forme institutionnelle qui ne brime pas la différenciation, mais qui révèle, dans le social, et pense, avec le social, un nouveau maillage du tissu sociétal. La complexité requiert l'organisation d'une proximité croissante entre des constituants hétérogènes qui sont néanmoins inséparablement associés, elle se doit de créer un tissu entre ces éléments, en posant et reposant le paradoxe de l'Un et du Multiple. D'une manière similaire, mais avec de fortes disparités idéologiques, Negri distingue dans la multitude, une normativité qui prendrait racine dans l'« exercice du commun ». Il nomme « pouvoir constituant » la construction ontologique continue et déterminée du commun : « [...] il ne s'agit plus de retrouver un fondement commun, objectif préconstitué et qui existerait depuis toujours dans la matérialité des rapports sociaux, mais au contraire – et surtout – de construire une dynamique de l'association des singularités dans le commun »[298].

Ainsi l'objectif reste de générer de multiples liens entre les communautés. Les multiples communautés épistémiques qui

---

[296] MAFFESOLI Michel, « Des tribus dans la république », *op.cit*, p. 17.
[297] RORTY Richard, *L'espoir au lieu de savoir. Introduction au pragmatisme*, Albin Michel, Paris, 1995, p. 127.
[298] NEGRI Antonio, *La fabrique de porcelaine*, *op.cit*, p. 225.

émergeraient seraient parties prenantes, à la fois de l'élaboration des politiques publiques, et des règles par lesquelles elles sont formulées et appliquées, mais aussi incluses dans un processus plus global de réécriture et de relecture de la modernité. Une nouvelle version de l'homogénéisation est susceptible d'émerger si la différenciation n'est pas appréhendée comme une négation de l'identité du système, mais si l'ouverture devient une condition essentielle de l'évolution de ce dernier.

La gouvernance de nos sociétés tend déjà vers ces modalités politiques de co-construction. L'adhésion à des principes de gouvernance considérés comme légitimes est considérablement aidée par ces processus dynamiques d'inclusion et d'analogie, tout comme l'efficacité de la règle dans son contenu et sa mise en place. Dans ce système à niveaux multiples, la règle est ouverte à révision, la construction et l'appropriation locales des règles permettent de libérer un savoir sur les pratiques des acteurs qui est pluralisé à un niveau global par des démarches cognitives, et ainsi de suite. Il y a en outre un constat de fond qui sous-tend la mise en réseau des acteurs et des groupes sociaux, sur des enjeux de plus en plus vastes. La solidarité est le seul processus capable de promouvoir la recomposition symbolique et matérielle. Cette liaison entre l'instituant et l'institué n'est pas donnée, une fois pour toutes, mais constitue *le savoir-faire politique postmoderne dans l'ère de la complexité*.

Les positions diffèrent cependant, au sein du courant postmoderne, sur les manières de réaliser l'unicité. Il existe en effet plusieurs analyses postmodernes quant à la mise à jour et la consolidation de l'organicité, que nous avons déjà exposées partiellement mais que nous approfondissons ici.

La position de Maffesoli est dite « sensible » ou « sensualiste » car elle s'oppose à la simple mécanicité du rationalisme moderne. Cette recomposition communautaire et locale du symbolique s'articule autour de faits sociologiques comme l'attachement au territoire, elle revêt en outre une dimension subversive, et parfois anomique, car elle s'établit contre toutes les formes de pouvoir, politique, économique, institutionnel. Maffesoli montre par exemple que « le lieu fait lien » dès lors que « les tribus fusionnelles sont "infuses" dans une nature, un territoire, réel ou symbolique, leur servant de base, d'hébergement »[299]. La socialité postmoderne, à l'opposé du mécanisme rationnel et quantitatif de la modernité, se fonde autour du sentiment ou de l'émotion, manifestant un désir d'être ensemble et « l'aspect "cohésif" du partage sentimental de valeurs »[300]. Au sein de ce type de solidarité, Maffesoli souligne que « ce qui est privilégié est moins ce à quoi chacun *volontairement adhère* (perspective contractuelle et mécanique) que ce qui est *émotionnellement commun à tous* (perspective sensible et organique) »[301]. Loin de l'individualisme moderne, la conscience est ici reliée dans le groupe et la communauté : « On voit apparaître une socialité sans finalité ni emploi, une socialité pour rien d'autre que l'être-ensemble, qui retentit de l'antique notion grecque de *philia* et qui s'ouvre sur l'*empathie* »[302].

Le sociologue de la postmodernité entrevoit une socialité qui n'est pas de l'ordre du *projet*, se distinguant ainsi de la modernité et de sa temporalité. La socialité postmoderne est une sorte de fusion, une identification affective, entre des individus qui trouvent un lien au-delà du substrat rationnel de la modernité. Il est préférable de suivre les linéaments du corps social ; l'expérience doit suivre « les rythmes du corps social, c'est le corps social qui compose la partition, il faut savoir en suivre la mesure »[303].

Dans la crise du *lien* symbolique, Mazuir distingue à juste titre la crise du *lieu* symbolique comme espace existentiel, c'est-à-dire « la crise d'une expérience de relation au monde

---

[299] MAFFESOLI Michel, « Le triomphe de la vie », *Sociétés*, n°84, février 2004, p. 8.
[300] MAFFESOLI Michel, *L'ombre de Dionysos*, LGF, Paris, 1991, p. 33. Cité dans FRÉTIGNÉ Cédric, « A la croisée des démarches : socio-anthropologie de la vie quotidienne », *Esprit critique*, Vol. 5, n°3, Automne 2003.
Disponible sur : < http://www.espritcritique.fr/0504/esp0504article14.html >
[301] MAFFESOLI Michel, *Le Temps des tribus*, op.cit, p. 32.
[302] BARBIER René, « Le rythme de la vie. Variations sur les sensibilités postmodernes. Un nouveau livre de Michel Maffesoli », *Le journal du chercheur*, mardi 7 décembre 2004. Disponible sur :
< http://www.barbier-rd.nom.fr/journal/article.php?id_article=335 >
[303] MAFFESOLI Michel, *La connaissance ordinaire*, op.cit, p. 18.

d'un être essentiellement situé "en rapport avec un milieu" »[304]. C'est l'objet de la recomposition symbolique que de donner forme à une réarticulation des instances de socialisation et de médiation. Maffesoli observe cette capacité des groupes sociaux à spatialiser le temps, à incarner ainsi la mémoire sociale, la continuité du vivre-ensemble ou de la cohésion sociale. La spatialisation du temps, propre à donner sens à la transition postmoderne, est aussi une spatialisation des enjeux politiques, dont les effets sont si proches mais la formulation trop lointaine. Pour ainsi dire, les groupes sociaux « substantialisent » la démocratie dans des espaces qu'ils créent et où ils s'approprient la parole comme lieu spontané de la recomposition symbolique, comme lieu d'une construction identitaire.

Si nous constatons des divergences de fond, la recomposition symbolique semble être, pour une majeure partie des postmodernes, une optique qui découle du moléculaire des situations, de la particularité des groupes sociaux ; un assemblage de micrologies, redonnant graduellement sens au collectif. L'unicité se dégagerait lentement de la polyphonie des voix pour se désagréger, probablement, aux rythmes des attractions sociales.

Des auteurs aussi divers que Jameson, Lyotard, Deleuze, Guattari et Negri, partent également du niveau moléculaire pour asseoir la recomposition symbolique, en donnant néanmoins une place plus politique, pour un projet réformiste des structures, et plus normative, quant aux modalités de l'engagement. La création d'un espace narratif irrigué par les micro-récits favoriserait la recomposition symbolique d'un récit sur le développement.

L'optique de Lyotard et, à certains égards, celle de Jameson, paraît psychanalytique, car le travail de relecture et de réécriture de la modernité semble incessant, favorisant des désirs d'utopies, et des enclaves où se déploient des imaginations nouvelles et fertiles. Ce processus produirait une cartographie mentale où les individus pourraient concevoir la construction de

---

[304] MAZUIR Françoise, *Les déchirures de la modernité. La transformation contemporaine des représentations symboliques*, L'Harmattan, Paris, 2006, p. 84.

leur subjectivité, leur place dans le continuum historique, et au sein des développements techniques et sociaux. La relecture et la réécriture s'apparentent à une cartographie mentale de l'expérience de soi dans le monde (*cognitive mapping*), phénoménologie sociale où s'affirmerait la subjectivité. Et, simultanément, des conceptions alternatives du politique s'élaboreraient dans ces espaces.

La plupart des auteurs postmodernes conçoivent certes la recomposition à partir d'une logique culturelle, mais certains d'entre eux pensent qu'il est nécessaire d'accompagner ce processus en refondant les institutions particulièrement à partir de l'épistémologie sur laquelle elles reposent. Par une nouvelle articulation épistémique entre le niveau local et global, il est envisageable de dégager les ajustements optimaux qui définissent une durabilité environnementale des systèmes. En aiguisant les technologies du pouvoir, il serait probable que nous progressions pour informer de mieux en mieux la décision par la participation, faire de cette participation un outil pour la décision. C'est un chemin suivi par les nouvelles théories américaines du discours.

Ainsi, les auteurs que sont Mouffe, Laclau, Rorty, ou encore Bridges[305], essaient de théoriser la forme sociale et politique du pouvoir postmoderne. Ils souhaitent organiser la dialogie au sein des institutions politiques. Tout en se distinguant de l'universalisme des Lumières, ils pensent que le type de démarche qu'ils promeuvent est susceptible de réinsuffler une dynamique au projet politique des Lumières. Ces auteurs focalisent leurs recherches sur la création d'une *politique inclusive* qui stimulerait les imaginaires, et les perspectives d'avenir, au sein d'un cadre politique renouvelé. Le problème auquel ils se confrontent reste le même : comment organiser une dynamique entre la société et le politique qui puisse raffermir l'organicité, tout en respectant la polyphonie sociale, c'est-à-dire sans retomber dans une homogénéisation qui serait une négation ?

L'unicité est une dynamique avec laquelle nous sommes encore peu familiers, seule la pratique d'une telle gouvernance

---

[305] BRIDGES Thomas, *The Culture of Citizenship*, op.cit.

permettra d'envisager l'ingénierie politique et sociale, propre à favoriser ces deux objectifs parfois antinomiques : différence et décision, multiplicité et unicité, épistémologie ouverte et normativité.

L'organicité nouvelle qui résulterait d'une révolution moléculaire soulève des critiques au sein du courant postmoderne, notamment de la part de Zizek[306]. Sans une réflexion sur les formes politiques du pouvoir postmoderne, sans une pensée en profondeur sur la nature macrologique du système, la micropolitique ne ferait que refléter plutôt que résister à la logique de déterritorialisation du capitalisme global. Un assemblage essentiellement pluraliste de groupes hétérogènes reste soumis aux flux d'un capitalisme qui instaure la déterritorialisation, pour ensuite, recoder, dans son axiomatique, et de façon subtilement différentielle, la multitude. Zizek critique la croyance d'une unité de l'opposition face aux effets du capitalisme, une résistance politique par l'accès et la participation à des procès informationnels et communicationnels. Cette solution demeure précaire selon lui car elle souligne l'ambivalence de la multitude, ou le postmodernisme comme logique culturelle du capitalisme tardif. Loin de constituer une résistance à l'ordre établi, la multitude hétérogène reflète la logique qui prévaut dans le capitalisme.

Malgré l'instigation d'une logique culturelle dans la multitude, le pouvoir pervasif et ses logiques sur-codantes soumettraient encore le social. L'individualisme entraînerait l'isolement de l'individu qui serait de la sorte encore plus soumis à la performativité capitaliste. De même, le simple agencement spontané des groupes entre eux, n'arrête pas l'infiltration de l'idéologie capitaliste dans le champ social. Mais, au fond, la solidarité sociale ne fait pas partie du programme de la société techno-capitaliste, du moins, une solidarité à minima qui a pour seule base la technologie ou le

---

[306] ZIZEK Slavoj, *Organes sans corps. Deleuze et conséquences*, Éditions Amsterdam, Paris, 2008.

matérialisme[307]. Par ailleurs, notre étude des mouvements sociaux, appuyée par les thèses de nombreux auteurs postmodernes, a fait ressortir le fait que *les fondements de la solidarité ne sont plus les mêmes*. Ils ne s'enracinent plus dans des éléments matérialistes mais postmatérialistes.

Si le contrat socio-économique de la modernité est saturé, les dimensions du symbolique et de l'imaginaire sont des points d'ancrage centraux pour penser l'organicité de la société postmoderne. La condition postmoderne est en effet un lieu intéressant pour construire un contrat politique qui serait un contrat symbolique. Si le signifiant se trouve dans l'imaginaire, le signifié se dénoue dans le symbolique ; il reste à déterminer les modalités de la négociation autour de la définition du contenu symbolique de la situation contemporaine, un contenu par laquelle la transition postmoderne prendrait forme et concrescence.

Dans les sociétés postmodernes, l'ouverture du symbolique a pour but de redonner une intelligibilité à la situation contemporaine. La division du travail, fondement de la solidarité organique, doit s'entendre comme un « travail » au sens freudien, parce qu'elle développe une meilleure compréhension de l'appartenance à un destin commun et à une conscience collective. La politique de civilisation d'Edgar Morin est l'expression qui paraît la plus appropriée pour englober les différentes strates du lien social dans les sociétés postmodernes. Elle s'apparente à ce « travail » que nous mentionnons dans la mesure où elle souligne des tensions inhérentes à l'évolution sociale et au développement, à travers la complexité et l'interdépendance des facteurs. Par une épistémologie ouverte, et les processus qui l'accompagnent, elle instaure en outre une multitude de petits liens. Et le maillage de ce tissu correspond aussi bien à une anamnèse de la chose sociale (généalogie) qu'à une prospective de son devenir (sociogenèse).

---

[307] Lorsque nous évoquons le matérialisme, nous faisons référence à son sens socio-économique. Mais la construction d'une épistémologie immatérielle n'est pas sans lien avec l'affranchissement d'une vision purement matérialiste de la vie sociale et de l'existence.

La politique de civilisation est un projet multidimensionnel qui comprend des champs variés mais liés entre eux ayant pour but de redonner une intelligibilité et un élan, aussi bien à la société, elle-même, en tant que contenu, qu'au politique, en tant que cadre et projet. Par la prise en compte de nouvelles données (écologie des interactions, devenir des rationalités, violence symbolique), une telle orientation, lucide mais utopique, concerne l'intégration politique et sociale dans un projet de connaissance sur nous-mêmes qui fonde la communauté sur, ce que Freitag nomme, l'appartenance à la civilisation. Mais cette politique civilisationnelle, au sens d'Edgar Morin, nécessite une herméneutique de la communication sociale, une stratégie, comme il le précise lui-même, ou bien, dans notre optique, une esthétique du pouvoir. Elle ne résultera pas seulement de la vitalité des parties, elle ne peut provenir uniquement de la micropolitique et de la révolution moléculaire.

Il faudrait en effet encore accentuer ici le fait que la division du travail est une réalité morale, non pas réelle, elle est induite par le *sentiment* de solidarité et non par l'agencement mécanique des parties sociales[308]. La société projette l'unité vécue et sentie dans un objet matériel concret, qui est l'agencement des parties. Or, cette réalité morale – la solidarité et l'unité vécue –, Durkheim pense qu'il faut l'affirmer, et la soutenir, ici et là. Afin que l'unité vécue soit *réellement* vécue, afin que la solidarité soit consistante, il est nécessaire de penser une ingénierie politique et sociale, qui permette à la solidarité de se projeter dans un objet matériel concret. Il en conclut donc que « c'est bien la forme du Tout qui détermine celle des parties », parce que « la société ne trouve pas toute faite dans les consciences les bases sur lesquelles elle repose ; elle se les fait à elle-même »[309]. Durkheim insiste donc sur la forme du Tout, sur le mouvement volontaire d'une société, se dotant

---

[308] TREMBLAY Jean-Marie, « Introduction : le problème », Préface à l'édition électronique de DURKHEIM Émile (1893), *De la division du travail social*, PUF, 1976. Classiques des sciences sociales. Disponible sur :
< http://dx.doi.org/doi:10.1522/cla.due.del1 >
[309] DURKHEIM Émile, *De la division du travail social*, F. Alcan, Paris, 1893, p. 391. Cité dans LAURENT Alain, *L'individualisme méthodologique*, Que sais-je ?, PUF, Paris, 1994, p. 21.

d'institutions et de représentations, pour fonder un projet d'unité. Il souligne l'importance d'une architecture sociopolitique qui sache accompagner la solidarité en gestation dans le corps social, une solidarité qui projettera l'unité de son expérience vécue dans la concrétude matérielle du système politico-économique, et engendrera, à terme, l'agencement graduel des parties entre elles.

Pour le politique, il s'agit d'une sorte de cinétique sociale qui s'appuie sur la solidarité sociale pour l'accompagner et refonder les équilibres éthiques et matériels de nos sociétés. Dès lors, le contrat symbolique a pour objectif de favoriser la circulation de cette solidarité, par une mise en réseau des groupes entre eux, en assurant la proximité de leur expérience et en accordant au vivre-ensemble – qu'il soit ludique, social, imaginal, figural, discursif, économique ou politique – une place de choix. Parce qu'en un sens, la Culture a un rôle à jouer comme terreau de cet ordonnancement collectif.

Dans notre hypothèse, ce sont les rapports sociaux et leurs dynamiques, par la projection politico-morale dans les institutions, qui donneront corps au processus de recomposition symbolique, véritable lieu de la solidarité contemporaine. En conséquence, l'assemblage socio-politique donnera un contenu à l'addition matérielle des parties, à une nouvelle division du travail socio-économique. L'association symbolique de ces deux niveaux politico-moral, d'une part, et structuro-fonctionnel, d'autre part, manifestera, en creux sur un plan culturel, un nouveau sentiment collectif, comme sa substance même.

L'ouverture symbolique n'ouvrirait pas seulement les horizons de la démocratie politique ou ceux d'un projet de connaissance sur nous-mêmes, elle serait une condition indispensable pour penser les restructurations économiques et productives si nécessaires à la période de transition que nous vivons.

La division du travail matérielle et économique procède de la division du travail morale et politique, instituée par l'ouverture systémique du contrat symbolique, parce qu'elle est un produit secondaire et implicite de la solidarité vécue. Mais il semble que la convergence de ces deux niveaux relève de la pensée d'une organisation politique et sociale qui, dans le désordre apparent, mettra à jour, les pierres angulaires d'une nouvelle ère, sans déstabiliser l'ensemble. Dans le passage transitoire contemporain, subsiste l'enjeu de la forme d'un Tout au sein duquel les différences peuvent exprimer tous leurs potentiels.

Partie V

De la différence en politique

« Tous les arts ont produit leurs merveilles ; l'art de gouverner n'a produit que des monstres. »

Antoine de Saint-Just[310]

---

[310] DE ST JUST Louis Antoine, « Discours sur la Constitution à donner à la France », prononcé à la Convention nationale le 24 avril 1793, Site historique sur la révolution française. Disponible sur : < http://www.royet.org/nea1789-1794/archives/discours/stjust_constitution_24_04_93.htm >

La différenciation comme ouverture

Entre la continuité de la modernité et son dépassement, nous sommes face à l'enjeu du changement, de sa gestion ou de son anticipation. La différenciation est un fait durable représentant tout aussi bien une richesse vers plus de complexité qu'un danger vers l'inintelligibilité et l'incommunicabilité. Mais il s'agit de lui donner le cadre, ou des cadres, pour qu'elle se développe, tout en y dégageant la *positivité* indispensable à toute vie en société, à tout développement.

Au cœur même de l'évolution sociale, il existe un double mouvement contradictoire de désorganisation et de réorganisation qu'identifia, en son temps, Auguste Comte, le père de la sociologie moderne[311]. À travers les linéaments de ces deux mouvements, Comte discerne les éléments qui nous indiquent le déclin d'un système et la maturation d'un nouveau système.

Les deux moments, celui de la désorganisation et de la réorganisation, constituent les termes d'une dialectique sociale dont on ne peut rigidifier les contours en accordant la prépondérance soit à la désorganisation, soit à la réorganisation. À propos de ces deux entités, en tension mais complémentaires, Kremer-Marietti nous explique que, dans la pensée de Comte, « elles jouent le jeu antithétique, s'avouant nécessaires l'une à l'autre : elles "s'alimentent mutuellement", se neutralisent par le fait »[312]. Dès lors, il convient de « mettre en jeu les forces » pour comprendre celles qui doivent « entraîner la société dans la route du nouveau système »[313]. Dans le cadre d'une reconstruction, c'est bien en terme d'organisation que nous

---

[311] COMTE Auguste (1822), *Plan des travaux scientifiques nécessaires pour réorganiser la société*, Éditions Aubier-Montaigne, Paris, 1970.
[312] KREMER-MARIETTI Angèle, « Auguste Comte et la science politique », Préface à l'édition électronique du *Plan des travaux scientifiques nécessaire pour réorganiser la société*, Classiques des sciences sociales, UQAC, p. 17. Dans le texte de Comte, p. 62. Disponible sur :
< http://dx.doi.org/doi:10.1522/24900750 >
[313] Cité dans la préface de Kremer-Marietti, *op.cit*, p. 16. Dans le texte de Comte, p. 52.

pouvons penser les critères les plus adéquats afin de saisir la cristallisation des tendances sociales et culturelles, les ferments de la cohésion ; dévoiler l'organicité, en suivant, au plus près, le processus des relations humaines.

Après la déconstruction de la modernité, nous constatons, dans la composante postmoderne, les ferments d'une reconstruction, c'est-à-dire d'une pensée plus organisationnelle, en ce qui concerne l'écologie sociale, la théorie politique de l'Etat postmoderne, ou dans les théories des relations internationales. Des éléments de réorganisation émergent dans la fragmentation sociale postmoderne malgré sa différence intrinsèque. Ceux-ci ne sont pas antinomiques avec une pensée systémique, ou ce qui a trait à des éléments dialectiques du développement en tant que progrès ou progressivité.

Nous nous inspirons de Comte pour qui la *positivité* désigne une approche politique de la société. La fonction du politique comme science de l'observation doit savoir considérer, essentiellement, le corps politique[314]. L'œuvre politique se charge de concevoir un « agrégat social bien lié », son travail consiste à construire et reconstruire un tel agrégat. S'appuyant sur Comte, Jouvenel délimite ainsi l'objet de la science politique en tant qu'étude du mode de formation et des conditions de stabilité des agrégats[315]. Comte considère l'estimation de la tendance à la désagrégation comme un travail politique négatif. La société doit, selon lui, se diriger vers la solution *organique*. Le travail positif s'attacherait à entrevoir la complémentarité des deux termes, le but n'est pas tant de favoriser l'un des deux termes de ce dualisme social, « il ne s'agit pas de la synthèse qui réconcilierait la thèse et l'antithèse, mais d'une nouvelle thèse satisfaisant à ce que la première et la seconde ont de positif, et supprimant ce qu'elles ont de vicieux »[316].

---

[314] *Idem*. Voir également son livre *Auguste Comte et la science politique*, L'Harmattan, Paris, 2007.

[315] DE JOUVENEL Bertrand, « L'essence du politique », *Revue française de Sciences politiques*, n°4, oct.-déc. 1952, pp. 641-652. Cité dans KREMER-MARIETTI Angèle, « Auguste Comte et la science du politique », *op.cit*.

[316] *Ibidem*, p. 17. Voir également son livre *Auguste Comte et la science politique*, L'Harmattan, Paris, 2007.

Lorsque nous parlons de cohésion sociale, nous parlons de critères qui relèvent d'une autre *économie*. Nous travaillons à cette autre économie du pouvoir dans laquelle il serait possible d'obtenir une adéquation utopique entre le système et des *destinataires* qui seraient désormais des *émetteurs*.

Chapitre 10. La politique réinventée ou la production du social

Dans la philosophie générale que nous essayons d'esquisser, quelques points de clarification sont nécessaires.

Les travaux de Berger et Luckmann sont susceptibles d'expliciter ce projet[317]. La réalité sociale existe seulement comme produit de l'activité humaine, à la fois, dans sa genèse (le monde social est produit par le résultat de l'activité humaine passée), mais aussi, à tous les instants, de son existence présente (le monde social existe seulement dans la mesure où l'activité humaine continue à le produire). Cet univers symbolique dynamique, qui institue la société, est toujours déjà partagé, puisque le monde culturel n'est pas seulement produit collectivement mais parce qu'il conserve sa réalité *en vertu de sa reconnaissance collective*.

L'objectivation institutionnelle de ce contenu cristallise *un* univers symbolique, en oubliant *la dialectique entre l'homme, le producteur, et ses produits*. La question décisive est de savoir si, bien qu'objectivée par l'institution, perdure la conscience que *le monde social est produit par l'homme*, et qu'il peut être, par conséquent, reproduit, réécrit, redéfini par lui. L'ensemble de notre travail cherche à faire ressortir cette « dialectique entre la réalité sociale et l'existence individuelle dans l'histoire »[318]. Associée à la vision politique postmoderne, elle concerne directement les institutions parce que la dialectique présuppose, au lieu d'une réification, une cinétique qui sache reconnaître et conserver la dynamique sociale dans la construction de la réalité, dans l'institution et *la production du social*[319].

Nous définirons la notion de « production du social » en rapport à deux mouvements. En premier lieu, il convient de la définir comme un mouvement *de la société vers le politique*. En ce sens, la *production* signifie ici que le social produit les

---

[317] BERGER Peter, LUCKMANN Thomas (1966), *La construction sociale de la réalité*, Armand Colin, Paris, 1996.
[318] *Ibidem*, p. 254.
[319] *Ibidem*, p. 236 et p. 245.

politiques elles-mêmes et investit les circuits de la gouvernance, il substantialise donc l'expérience démocratique et le contenu du projet politique. Il donne une plus grande épaisseur à l'image de la société. En second lieu, il importe de concevoir un autre mouvement complémentaire qui s'oriente *du politique en direction de la société*. Les institutions favorisent la production du social dans ces mécanismes de régulation[320].

Les dispositifs modernes de gouvernement avaient tendance à limiter la production dans tous les sens du terme, c'est-à-dire, à tous les niveaux. Les processus de gouvernance postmodernes sont une *mise en processus* : une ouverture significative à la différence et à la possibilité de nouvelles formes d'organisation de la société et de la vie. Ils sont plus enclins à encourager la transformation et le changement des univers symboliques, à rompre avec une certaine forme de routinisation et d'habitude. Autrement dit, la gouvernance postmoderne soutient les espaces et les enclaves qui produisent la société, décloisonnent les imaginaires et libèrent les intensités.

Les régimes démocratiques, s'ils veulent rester des forces inspirantes comme modèle de développement, sont contraints de construire des systèmes ouverts où les hommes « puissent raisonnablement espérer influencer les décisions des structures » en leur permettant de formuler les choix de société et d'élargir ainsi « le champ des décisions humaines dans l'historiogenèse »[321]. Nous augmentons ainsi les chances de produire une généalogie du contemporain, synonyme d'un mouvement volontaire des sociétés sur elles-mêmes, individuellement et collectivement. Cette production est le but de toute politique, car, en ouvrant les horizons de la démocratie, elle les dévoile, et, en s'arrimant à eux, elle ouvre un chemin pour le développement.

---

[320] C'est à la fois une question politique de légitimité mais aussi un enjeu fonctionnel d'efficacité.
[321] MILLS Charles Wright, *L'imagination sociologique*, *op.cit*, p. 194 et p. 179.

La dyade morale/ sociale

Pour saisir l'horizontalité et l'épistémologie politiques postmodernes, nous désirons convoquer Durkheim parce que les termes qu'il utilise sont propices. Durkheim affirme la faillite d'un système reposant sur une verticalité qui, à terme, s'abstraira de son substrat social, et scellera un divorce irrémédiable : « Tant que la République se dit d'abord morale, et sociale seulement en second lieu, elle reste dépourvue de fondations »[322]. Au contraire, selon lui, la république doit se dire indissociablement morale *et* sociale, s'efforcer de penser cette dyade et œuvrer à sa réalisation pratique. La république doit s'inspirer des formes concrètes de la socialité pour asseoir les fondations du système social et politique, au lieu d'invoquer la « morale ».

Pour Durkheim, cette dissociation malheureuse provient d'une distinction fondamentale entre la sociologie et la philosophie. La philosophie présuppose une morale théorique et ontologique, les principes constitutifs de la morale sont envisagés a priori, et posés en conséquence comme universels et nécessaires. La morale théorique représente, déjà et avant toute contextualisation, la détermination de ce qui doit être fait universellement, la politique se réduit alors aux « dimensions contingentes de l'application d'une norme abstraite dont la légitimité est, par avance, établie »[323]. Or, la morale ne peut se passer des formes concrètes de la socialité. La pensée républicaine, explique Durkheim, s'inspire de la philosophie en ce qu'elle jouit d'une prééminence ontologique, elle est imprégnée de la référence kantienne, une référence que les postmodernes, tels que Rorty, qualifient d' « a-culturelle », d' « a-historique », forme objective du pouvoir et de la morale, applicable, universellement, à n'importe quel contexte.

La pensée républicaine en vient à « récuser l'abstraction du sujet moral individuel où résidait jusqu'ici son auto-

---

[322] *Idem.*
[323] DURKHEIM Émile (1898), *Sociologie et philosophie*, PUF, Paris, 2004.

satisfaction »[324]. Les fondations de la République et de la morale qui guide son action, ne peuvent se départir de la consistance sociale, car Durkheim envisage leur caractère producteur : « Si la seule consistance que la morale puisse avoir est une consistance sociale, cela tient au fait que *les rapports sociaux, en eux-mêmes et par eux-mêmes, sont producteurs de moralité* »[325]. Il ajoute qu'il serait faux de croire qu'ils sont uniquement régulés moralement de l'extérieur, étant donné que « les rapports sociaux construisent par leur propre jeu cette régulation, et impriment une forme spécifique aux consciences morales des individus particuliers insérés dans le réseau qu'ils définissent »[326].

Il s'agit de créer les conditions pour que les rapports sociaux réarticulent, réagencent la morale, pour que les communautés épistémiques que les rapports sociaux constituent en leur fond, produisent des morales – le substrat éthique qui soutient indispensablement le système politique. Face à la fragmentation postmoderne et sa perte d'intelligibilité caractéristique, le vide socio-éthique sera comblé, non par une réaction de repli sur les anciennes valeurs, mais par leur recomposition, dans une dialogie, qui fera émerger un nouveau composite.

Berger et Luckmann formulent ce problème quelque peu différemment[327]. Le monde institutionnel est ce monde, par définition, où se réalise l'objectivisation de l'activité humaine, mais cela n'accorde pas aux critères établis un statut ontologique en soi, un statut qui serait extrait de l'activité humaine qui les produit, c'est-à-dire de l'activité sociale qui produit l'objectivité. Par conséquent, *les institutions doivent s'instituer dans un rapport constant à l'activité humaine* car, en ne s'extrayant pas des rapports sociaux, elles y puisent les éléments de leur objectivation, si et seulement si elles savent discerner les processus par lesquels *le monde social construit et déconstruit la réalité sociale*. En comprenant ces mécanismes, le politique peut améliorer les mécanismes par lesquels il

---

[324] *Ibidem*, XXIX.
[325] *Idem*. Nous soulignons.
[326] *Idem*.
[327] BERGER Peter, LUCKMANN Thomas, *La construction sociale de la réalité, op.cit.*

appréhende, toujours et encore, la réalité sociale, qui est la propre réalité de sa gouvernance.

Pour les postmodernes, le substrat politique de nos sociétés réside dans cette prise en compte de la puissance sociale, sous la forme d'une socialité spontanée et critique. La finalité de leur approche politique consiste à créer les conditions d'une co-production symbolique du réel, pour que les rapports sociaux puissent investir la chose politique.

La co-production symbolique du réel

À l'époque moderne et aux époques ultérieures, avec des modèles différenciés, l'ordonnancement symbolique se réalisait par une instance verticale, transcendante qui imposait aux signifiants sociaux, un sens et une désignation, que l'on pourrait assimiler à l'assignation d'un rôle dans une hiérarchie sociale donnée. L'immanence du fonctionnement de la praxis sociale était certes présente, mais sa production du réel était cadenassée par des mécanismes d'ordonnancement destinés à maintenir l'ordre et le pouvoir. L'approche postmoderne souhaite décloisonner la production, elle étale horizontalement les différentes strates de la constitution imaginaire du réel afin de déterminer quels sont les processus de cristallisation du symbolique ; comment ceux-ci constituent, en fait, le cœur même de la décision démocratique.

Pour exemplifier cet argument, considérons le travail de Jameson, au croisement de la psychanalyse et du marxisme. Pour lui, si le réel existe, on n'y arrive jamais, mais on peut néanmoins le localiser par triangularisation[328]. Cette optique psychanalytique concernant la structure du réel a été développée par Jacques Lacan. Le réel n'existe que dans la conjonction du symbolique, de l'imaginaire et du réel. Or, dans ce tryptique, le réel est inaccessible, il est ce que l'on n'atteint pas. Le symbolique constitue ce qu'on désigne, le signifié, le mot qui lie le discours ; l'imaginaire se rapporte aux fonctions, diverses et variées, à un signifiant à la fois fugueur, foisonnant

---

[328] AESCHIMANN Éric, « Jameson : philosophie marxiste et américain », *Libération*, jeudi 25 octobre 2007.

et fertile. Nous considérons ainsi le réel, comme une cristallisation symbolique de l'imaginaire, l'arrêt de la variation incessante du signifiant dans un signifié déterminant un discours, une symbolique, ce qui lie et attache. Par conséquent, la structure du réel est un processus ouvert d'échange symbolique, une construction de la réalité sociale, immanente et horizontale.

Mouffe constate l'importance de l'axiome lacanien lorsqu'il est transposé à l'analyse de la société et de sa constitution[329]. L'objet politique postmoderne est cette définition du symbolique dans le rassemblement social le plus large possible. Avec Lacan, le réel n'est pas conçu comme l'effet d'un terrain profond, disons d'une fondation extra-sociale, le réel est le terrain où s'opère la constitution du social. Les formes de son apparition se dénouent par le travail des antagonismes et des dislocations. Le réel ne peut être réduit à un présupposé abstrait et ontologique, les formes de son apparition et de sa cristallisation doivent être analysées dans le devenir même des sociétés.

Derrida donne une définition politique au perspectivisme, en énonçant un principe de souveraineté légitime : « le pouvoir […] se donne à lui-même sa loi, sa force de loi, sa représentation de soi ». Le philosophe précise toutefois que « ce rassemblement souverain et réappropriant de soi » ne se réalise que « dans la simultanéité de l'assemblage ou de l'assemblée, de l'être-ensemble, du "vivre-ensemble" comme on dit aussi »[330]. La fonction du politique est aussi d'organiser ce rassemblement souverain et réappropriant : capacité du social à ajuster et à réajuster, donnant, dialectiquement, sa physionomie ou sa dynamique au réel. Si la vérité s'institue, pour les postmodernes, dans le recoupement des subjectivités, ce recoupement constitue la vérité ou la raison d'être du regroupement social. Ceci pourrait constituer en soi la définition ou la sémantique de la *chose publique*.

---

[329] MOUFFE Chantal, *The Democratic paradox*, Verso, London-New York, 2000, p. 139.
[330] DERRIDA Jacques, *Voyous*, op.cit, p. 30. Provenant du latin *ipso*, la chose en soi, en elle-même, cette notion signifie ce qui constitue l'individualité d'un être en tant qu'il est lui-même et différent des autres.

La relativisation permet à la fois de plonger dans les mécanismes profonds de la construction de la réalité sociale. Le politique s'intéresse au rôle des représentations et de leurs interactions dans la matérialisation du réel. Dans le même temps, la composante psychanalytique du postmoderne entend libérer le fonctionnement propre du social et sa spontanéité en tant que production. Sous ces différentes perspectives, la perlaboration postmoderne est le motif le plus important de ce courant.

L'organisation de la production symbolique accentue une réflexivité susceptible de *redonner sens à l'épochalité*. Dans ce cadre, l'événement postmoderne correspondrait à la cristallisation d'éléments dans des « tendances de fonds », un « horizon commun » discernable, par le fait que la symbolique qui en est issue serait, en fin de compte, l'*histoire se faisant*. Dans la multiplicité des narratifs, il est probable que nous discernions l'image du passé dans le présent, tout en préfigurant l'avenir. La politique postmoderne semble croire à la conjonction des formes vers *la* figure du temps. Mais, à bien des égards, les postmodernes souhaitent déplacer le symbolique, déconstruire le signifié transcendantal pour accompagner une ré-immanentisation anthropologique qui vise directement le sujet et sa subjectivité. Inspirés par Nietzsche, ils récusent une morale moderne qui est trop empreinte de la tradition judéo-chrétienne, bloquant dès lors toute expérience existentielle libre.

En toute hypothèse, la conviction implicite repose sur l'idée que la translation du signifié transcendantal est le mécanisme par lequel s'opèrent les révolutions politiques. Et ceci constitue le processus politique de mytho-graphie. En définitive, la tradition révolutionnaire a en partie opéré une sorte de translation idéologique, rituelle, symbolique, de nombre de préceptes et de lieux de la religion, ou de la royauté[331]. Le régime politique révolutionnaire opéra une translation identique à ce qu'a entrepris l'institution catholique avec l'intégration des religions païennes et polythéistes dans son idéologie ou sa liturgie. De la sorte, nous pouvons caractériser la tradition

---

[331] L'être suprême, la raison, la science et les institutions modernes sont les avatars d'un sentiment divin diffus dans la République.

politique occidentale, comme une tradition mêlant théologie et politique, une tradition donc *théologico-politique*.

Derrida considère en effet que la lente maturation d'un nouveau régime se situe à un niveau plus profond de l'imaginaire occidental parce que le fonctionnement social est lié à un substrat onto-théologique, dont les traces sont encore prégnantes dans les sociétés postmodernes. Si nous devions changer notre système, si nous voulions opérer une perlaboration sur notre héritage, si nous désirions que l'histoire se mette en branle, que le cercle ou la roue recommence à tourner et nous meuve une nouvelle fois, il nous semble que nous devrions réformer cette tradition théologico-politique en montrant le nouveau lieu de la divinité, en montrant le nouveau ou les nouveaux lieu(x) du sacré. Derrière le postmoderne, et son effervescence multiple, on entend l'invocation d'un absolu qui manque, un certain besoin de transcendance, on discerne aussi l'appel d'« un peuple à venir », la promesse d'une humanité nouvelle[332].

Pour réformer la morale et nos institutions, pour changer la république, pour trouver un nouveau système, il nous faut déplacer le divin ; *la translation du signifié transcendantal est bien le moteur – invisible – des révolutions politiques*. Ce qui a fait la force de la tradition théologico-politique occidentale, ce sont la porosité et l'élasticité de ses frontières cognitives. Entre foi et savoir, raison et croyance, temporel et éternel, l'humain se questionne et la société est mobilisée. C'est probablement en déconstruisant toute conception fixiste de l'universalisme, de la démocratie ou de l'humanité, que la tradition occidentale peut se révéler, une nouvelle fois, pour s'ouvrir au monde. Pourtant, il faut résister à l'écriture de ce signifié transcendantal venant mettre un terme rassurant au renvoi de signe à signe, repousser « le désir, exigeant, puissant, systématique, irrépressible, d'un tel signifié », qui serait, de nouveau, une clôture de l'imaginaire occidental[333]. En résistant à l'écriture de ce signifié, on conserve

---

[332] Pour Deleuze, ce qui est intéressant dans les révolutions, ce sont le devenir-révolutionnaire des gens. Pour que ce devenir se mette en marche, « il faut à la fois création *et* peuple » (DELEUZE Gilles, *Pourparlers, op.cit*, p. 239).
[333] DERRIDA Jacques, *De la grammatologie, op.cit*, p. 71.

ainsi une dynamique essentielle en rapport au processus social de construction du symbolique.

Notre accentuation sur la mytho-graphie n'est pas un procédé rhétorique, car cette remarque plonge au cœur de la philosophie du postmoderne et de notre interprétation politique de ce courant. Car, n'étant qu'une politique de civilisation qui a pour but de relire les résidus d'une prétendue origine, la politique postmoderne serait nostalgique, simple remémoration ou répétition, la mytho-graphie indique que la relecture est *réécriture*, qu'elle est perlaboration, inscrivant ainsi le postmoderne dans une forme *progressiste*. De plus, l'intention du postmodernisme est, par définition, de lier les dimensions du temps, du préjugé passé à l'investissement du présent, mais aussi et surtout, d'y inclure la prospective de l'avenir.

L'ouverture du signe a vocation à en faire un instrument « en vertu duquel le contenu se forme et gagne une pleine détermination »[334]. Cassirer entrevoit, dans la fonction des formes symboliques, la possibilité pour l'être humain de mieux connaître le monde qui l'entoure. Le procès de symbolisation est une objectivation du vécu et de la pensée humaine mais il s'affine et se précise au fil du temps car le vécu et la pensée humaine sont, en eux-mêmes, continuellement dynamiques[335]. Le principe de formation symbolique est donc étendu à l'infini ; la transition critique repose sur l'objectivation du produit de la formation symbolique. Et l'objectivation de ce produit comme sa formation est, en son essence, un processus social et politique.

La relecture des mythes était un élément nécessaire au dialogue philosophique dans l'espace public grec. La fonction des récits et des mythes était déterminante pour la cohésion de vie, individuelle et collective. Lyotard explique que le sens de la société se trouve aussi bien dans le contenu des récits qu'elle élabore que dans leur énonciation : « La société, trouve sa

---

[334] CASSIRER Ernst, *Le langage. La philosophie des formes symboliques*, Tome I, Minuit, Paris, 1972, p. 18.
[335] WILDGEN Wolfgang, « La philosophie symbolique de Cassirer et le plan d'une sémiotique générale et différentielle », Congrès Sémio, Limoges, 4-7 avril 2001, 14 p. Disponible sur : < http://www.fb10.uni-bremen.de/homepages/wildgen/pdf/cassirersemio2001complet.pdf >

matière non pas seulement dans la signification des récits qu'elle raconte, mais dans l'acte de leur récitation »[336]. Et le peuple, ajoute-t-il, « n'est en un sens que ce qui les actualise, et encore le fait-il non seulement en les racontant, mais aussi bien en les écoutant et en se faisant raconter par eux, c'est-à-dire en les "jouant" dans ses institutions : donc aussi bien en se portant aux postes du narrataire et de la diégèse que du narrateur »[337]. Le narrateur est la personne qui raconte le récit, le narrataire est la personne à laquelle le récit est destiné, la diégèse symbolise la construction imaginaire du récit.

La postmodernité stipule le départ de ce processus, son enclenchement, c'est-à-dire que le peuple recompose, récite, que la société se raconte à elle-même ce qu'elle est, et l'époque dans laquelle elle est, qu'elle trace ses perspectives et définisse comment elle lie ces perspectives à la continuation d'un héritage historique. La postmodernité est avant tout un nouveau *procès de symbolisation*, à tous les étages du développement, dans tous les recoins de la société, par tous les bouts de la culture et de l'histoire, un irrépressible mouvement de reformulation par rapport à une expérience du monde renouvelée.

Mais reste à savoir ce qu'il faut faire de cette multitude émergente même comprise sous l'aspect imaginaire ou symbolique. L'herméneutique sociale que dessinent les postmodernes transforme la multitude par une philosophie des formes symboliques.

La première étape est *compréhensive* car elle est relative au substrat symbolique qui s'est accumulé, et qui constitue le bassin sémantique de la contemporanéité ; il s'agit de ne « pas retourner en arrière de toutes ces créations de la culture, mais au contraire de les comprendre dans leur principe formateur et de les rendre conscientes »[338]. Cette analyse du symbolique permet une connaissance du milieu, c'est-à-dire une connaissance spécifique des situations sociales et culturelles.

---

[336] LYOTARD Jean-François, *La condition postmoderne*, *op.cit*, p. 42.
[337] *Idem*.
[338] CASSIRER Ernst, *Le langage. La philosophie des formes symboliques*, *op.cit*, p. 50.

La seconde étape comporte une dimension plus politique et donc normative. Car, telle que les postmodernes la définissent, l'analyse du symbolique, interprétée dans l'optique d'une production du social, contient, nous semble-t-il, une *théorie de l'ouverture symbolique*. La productivité, chez les postmodernes, concerne la capacité à décloisonner l'imaginaire, à promouvoir un *imaginaire ouvert*, plutôt qu'un *imaginaire fermé* dont Deleuze et Guattari ont pu esquisser les traits. La productivité est l'amélioration des connectivités, elles sont de plusieurs sortes. Il s'agit de favoriser la *productivité de la symbolisation* en ce qu'elle facilite les connexions entre les phénomènes et les disciplines. Cela suppose que certains symboles nous lient plus facilement à d'autres symboles, cela implique que certains concepts sont par exemple plus susceptibles de favoriser la migration des concepts. La complexité requiert l'interdisciplinarité, la correspondance et l'analogie.

Le signe symbolique sert la communication dès l'instant où il est rendu conscient, à partir du moment où sa structure d'interprétation est ouverte et permet le dialogue. Assaraf souligne qu'« indépendamment de leur pouvoir de signifier, d'informer, d'évoquer », les signes « ont aussi le pouvoir de lier et de délier les hommes »[339]. Un lien, nous dit-il, en reprenant l'expression de Simmel, « est simultanément un "pont" et une "porte" ; c'est-à-dire ce qui relie, ce qui met "en rapport" (le pont) et ce qui sépare (la porte) »[340].

Les postmodernes poursuivent l'objectif d'établir des liens de plus en plus nombreux entre une multitude de phénomènes et la multiplicité des groupes. Il est assez facile de comprendre comment certaines conceptions culturelles, politiques ou psychologiques comportent des velléités de fermeture de l'imaginaire, comment elles coupent les connectivités et la pluralité des identifications.

---

[339] ASSARAF Albert, « Du lien aux origines des structures anthropologiques de l'imaginaire. Essai d'application d'une théorie des "ligarèmes" à la classification durandienne des images », *Sociétés*, De Boeck université, n°63, 1999/1, pp. 5-25. Disponible sur :
< http://assarafalbert.free.fr/societes63/societes63.htm >
[340] *Ibidem*.

Fermer symboliquement l'imaginaire, c'est se couper de la diversité. C'est bien par cette ouverture symbolique que les formes variées de la socialité peuvent reconstituer un ordre dans lequel ces formes auraient trouvé le sens qu'elles entendent donner à leur habitat sociétal. Le processus de la production symbolique doit donc rester ouvert et dynamique pour ne pas se substituer aux variations de l'expérience sociale, mais pour l'accompagner dans la composition de son organicité. La production symbolique doit rester ouverte pour y inclure des altérités toujours plus grandes, et des phénomènes toujours plus complexes, une communauté toujours plus large.

D'un point de vue pragmatique, on pourrait imaginer que ce degré d'ouverture soit fonction de la faculté d'un produit culturel à permettre au groupe ou à l'individu, un ajustement optimal à l'environnement social, politique ou naturel. Il y a probablement des temps pour l'ouverture et des temps relatifs à une fermeture, il existe sûrement la possibilité de penser une dialectique, savamment orchestrée, qui sache faire jouer les deux termes, de la conjonction qui lie, et de la position qui sépare. Ceci nécessite une analyse en profondeur des maillages de la délibération et des rouages différenciés de la production symbolique ; l'objet, en réalité, d'une cinétique sociale, ou de la définition d'un savoir-faire politique qui est, en fait, guidé par la performativité sociale, car il en fait sa pierre angulaire.

Performativité sociale

Pour illustrer ce type de performativité, nous pouvons tout d'abord décrire les mouvements de réappropriation existants dans le champ social en direction du politique, de l'économique et de la technique.

La réappropriation du politique par le social est manifeste dans le champ de la participation aux politiques publiques. S'installe, dans les esprits, le sentiment d'une saturation de la démocratie parlementaire, pour des formes souples et complémentaires de démocratie participative. La réappropriation sociale de la politique est implicite dans toutes les thématiques qui ont trait à l'accentuation du principe de responsabilité des mandants ou à la transparence des institutions.

La réappropriation de l'économie par le social est plus difficile à entrevoir mais elle n'est pas, pour autant, moins présente. Elle est symptomatique d'un ordre international éloigné, fait de multinationales et de sociétés holdings financières qui donnent une direction à l'économie. C'est tout un système de production, de distribution, de commercialisation qui se trouve mis en cause par des circuits alternatifs de consommation (économie sociale, système d'échanges locaux, trocs). On constate par ailleurs, dans le même mouvement, la réapparition de l'autogestion comme possibilité de contrer une délocalisation et l'affirmation des formes d'entreprendre qui favorisent une gestion en commun de l'entreprise. C'est aussi un mouvement de réappropriation du bas vers le haut. Maintes formes d'entreprises participatives qui émergent d'Internet peuvent être analysées d'après ce prisme.

En dépit de ses nombreuses définitions, la décroissance constitue le symbole le plus fort de cette réappropriation sociale de l'économie. La notion de décroissance induit une relocalisation des besoins pour une gestion de la production moins centralisée et qui corrige les tendances à l'intensivité excessive de la surproduction. L'enjeu de la définition des besoins représente la thématique essentielle de la décroissance. La réallocation des ressources est concomitante à la redéfinition ou la réévaluation des besoins par le bas. La décroissance implique donc un tissu productif au plus près des besoins des localités, des communautés, afin de produire en fonction de leurs besoins et ressources propres.

Le mouvement social postmoderne oriente le politique vers un respect de l'*altérité* dans les systèmes économiques. Il s'agit de protéger une altérité économique qui réponde à d'autres fonctions en rapport à la culture et au social. Le développement de l'économie sociale et solidaire exemplifie cela, avec les coopératives, les associations et les mutuelles. La réappropriation sociale de l'économie signifie ici que les consommateurs sont des sociétaires, qu'ils participent à la définition et à l'évolution de la physionomie économique de l'échange de biens ou de services. C'est aussi un système qui pare aux logiques contradictoires du capitalisme, celui-ci produisant un système économique de plus en plus déterritorialisé, de moins en moins ancré dans une allocation optimale des ressources et des besoins. La régulation est cette *progressive réorientation des activités* pour que les citoyens se reflètent dans les activités productives, palliant ainsi une désaffection vis-à-vis de la structure de ces activités. Comme l'envisagent Laclau et Mouffe, la socialisation de la production n'est pas uniquement celle des travailleurs, mais une participation « réelle » des citoyens/ consommateurs dans la décision sur ce qui est produit, comment cela est produit, et la forme sous laquelle le produit est distribué[341].

Enfin, nous avons précédemment développé ce que constituait la réappropriation de la technique par le social. La technique devient instrument, de création et de communication. L'humanisation de la technologie comporte ainsi une réappropriation ludique, sociale, créative des instruments purement fonctionnels de la technique.

La culture contemporaine est traversée par ces mouvements de réappropriation représentant autant de demandes de démocratisation, incarnant la volonté croissante de compréhension du monde dans lequel nous vivons. Globalement, un phénomène similaire irrigue la mondialisation, car les phénomènes diffus et lointains sont, de plus en plus, l'objet d'une réappropriation locale.

En écho à ces remous sociaux, les postmodernes promeuvent, sur un plan théorique, une orientation similaire qui rapprocherait l'individu de sa fonction d'acteur de la société, qui en ferait un élément constitutif de la société, de sa gestion et de son développement[342]. On constate donc l'émergence, ou plus normativement, la construction d'un *ordre responsif* dans lequel s'élaborent des recompositions narratives de la

---

[341] LACLAU Ernesto, MOUFFE Chantal, *Hegemony and Socialist Strategies*, op.cit. Cité dans TORFIN Jacob, *New theories of discourse : Laclau, Mouffe, Zizek*, Blackwell, Oxford, 1999, p. 256.

[342] Ce qui a pu être défini par la notion anglaise d'*empowerment*, compris comme une autonimisation ou une capacitation de l'individu dans la conduite de sa destinée, appropriation ou réappropriation du pouvoir de se définir lui-même.

modernité. Leur identification dans les pratiques et les discours sociaux consacre une dimension descriptive de notre époque contemporaine, elles induisent aussi un point de vue normatif sur elle.

D'un point de vue structurel, il est illusoire de créer une société sans les forces sociales qui la composent ou de délaisser ces composantes dans la gestion sociale. La fonction du social est celle d'être une force délimitatrice, la socio-logique est, comme nous le rappelle Callon, ce qui décrit ce mouvement :

« La sociologique est le mouvement par lequel les acteurs constituent et instituent des différences, des frontières entre ce qui est social et ce qui ne l'est pas, ce qui est technique et ce qui ne l'est pas, ce qui est imaginaire et ce qui est réel : le tracé de ces frontières est un enjeu et aucun consensus, sauf en cas de détermination totale, n'est réalisable. »[343]

La notion même de « Société » reste une abstraction si elle n'est constituée par toutes ces formes réagissant entre elles, des forces de significations comme représentations, en tant que délimitations, en tant que réappropriations subjectives. La sociologie de Simmel nous invite à ne pas considérer la société comme une donnée naturelle mais un processus d'association et d'interaction entre les individus.

Le principe de *réciprocité de causation* pourrait définir à la fois la performativité sociale mais aussi le projet politique dans la pensée postmoderne, c'est-à-dire *la production politico-discursive de la société*. Les réalités sociales se présentent, pour Simmel, comme un état aléatoire et instable résultant d'un fourmillement d'interactions individuelles. La société n'est pas une réalité séparée et existant en soi, elle est simplement le nom donné à un nombre d'individus, connectés par des *interactions*. La société n'est donc pas une substance, elle n'est pas une entité distinguable concrètement, elle est un événement : la fonction de recevoir et d'affecter le sort et le développement

---

[343] CALLON Michel, « Sociologie des techniques ? », *Pandore 2*, février 1979, p 30. Cité dans LYOTARD Jean-François, *La condition postmoderne*, *op.cit*, p. 35, Note 64.

d'un individu par un autre. Les individus reproduisent la société dans chaque moment de la vie quotidienne, à travers leurs actions et leurs interactions. L'image de la société correspond aux réseaux de ces interactions. Les interactions sociales vont progressivement se régulariser en modèles et schèmes qui sont les formes de l'association, créant ainsi les structures de la culture objective.

La performativité sociale correspond à la nécessité d'une attention politique substantielle aux formes des interactions sociales ainsi qu'à leurs contenus. Les interactions sociales, les plus infinitésimales, sont constitutives de l'image de la société et conditionnent toute visée de gouvernance. Alors que la performativité techno-économique surplombe la société, par une rationalité supérieure, la performativité sociale cherche à faire ressortir *la rationalité sociale propre au substrat de la société*. Associée aux processus de gouvernance, une telle notion privilégie et facilite les interactions sociales, en ce qu'elles sont les éléments structurants de toute société. La société est un événement qu'il faut souligner ici, catalyser là.

Pour une gouvernance qui applique la performativité sociale, il incombe d'initier les citoyens à la « conscience de la socialisation », en tant que cette dernière accroît la liberté et la créativité individuelles dans la quotidienneté des expériences vécues et des réseaux d'interactions dans lesquels s'inscrit l'individualité. Par ailleurs, plus la conscience de la socialisation des individus est forte, plus consistante sera l'image de la société. Les individus développent cette conscience en participant et en s'interrogeant sur la chose publique, sur la société et leur appartenance à cette société. De la sorte, se consolide une conscience du social qui est une conscience des interactions et des représentations, une conscience de ce que représente la société et de comment elle se constitue. Tout ceci représente fondamentalement l'éthique de la reliance, c'est-à-dire que le fait d'être associé et d'en avoir conscience produit du sens, parce que, d'une part, cela augmente la communication et, d'autre part, cela contribue à l'affermissement des processus de symbolisation par lesquels la société se développe.

La posture postmoderne assimile la modernité à une rationalité froide. Il semble que ses logiques de rationalisations soient devenues si abstraites qu'elles en oublient de penser leur performativité sociale, leur capacité à être *utile*s à la société dans sa cohésion sociale et environnementale ou dans sa compréhension d'elle-même. La construction sociale en commun du devenir des sociétés équivaut à la restitution et à la projection de l'expérience sociale, elle constitue un apprentissage collectif qui est l'étape indispensable pour comprendre l'adaptation, la réception et le changement.

Il s'agit en fait de recomposer le subjectivisme pour ne pas laisser le citoyen sans une compréhension des phénomènes qui traversent son existence individuelle tout en traversant la société. La formation de « communautés épistémiques » permettrait de recomposer le subjectivisme tout en permettant l'appropriation des procédures de rationalisation de la société. La coordination de l'ensemble des communautés épistémiques serait l'occasion de composer des cartographies de valeurs, d'attitudes, de tendances qui seraient des préalables pour des débats de plus grande envergure sur la recomposition de la modernité et la nouvelle configuration de ses principes. Développer, ainsi, le sentiment qu'il est possible d'agir sur un horizon épochal que le politique ne semble plus percevoir.

Nous sommes dans un régime qui enracine le partage et l'échange d'informations, dans une société de la connaissance où la créativité et l'innovation sont des valeurs politiques. Pour Ferré, le régime postmoderne a besoin d'une plus grande attention aux méthodes qui permettent de nourrir de bons jugements parmi les gens ordinaires[344]. Cet objectif implique, selon lui, de procurer et de clarifier les faits sur les circonstances, d'étendre la conscience des contextes (en y incluant des explications temporelles plus larges et des cadres philosophiques plus compréhensifs). Par l'approfondissement des sympathies entre les différents groupes, nous pouvons élucider les priorités basiques et noter les attributs communs dans les préférences fondamentales. Ce but, affirme-t-il, assume

---

[344] FERRÉ Frederick, *Being and Value*, *op.cit*, p. 323.

et améliore, sans cesse, une société d'*agents responsables et créatifs*.

Le problème croissant de la modernité provient du fait que la culture objective en est venue à s'autonomiser, à s'isoler de toutes déterminations sociales, de toutes recompositions par les interactions sociales. Les formes de la technique et de l'économique, organisées par le politique, ont enfanté un ordre de choses et de pouvoir qui subordonne l'individu et lui enlève sa capacité à transformer, par ses interactions, le système, c'est-à-dire inclure, dans la culture objective, son progrès personnel, sa spiritualité et ses valeurs. En résumé, la performativité sociale a pour but d'établir, au mieux, le conditionnement mutuel entre la culture subjective et la culture objective. La culture subjective est la capacité d'un acteur à produire, absorber et contrôler les éléments de la culture objective. En son sens idéal, l'individu détermine et est déterminé par la culture objective.

Cette dialectique fondamentale de la modernité exprime, pour Simmel, une tension entre le déterminant objectif de l'action et son déterminant subjectif. La culture objective représente l'ensemble de la culture telle qu'elle existe en dehors des individus, et la culture subjective, la part de cette culture objective intériorisée par l'individu. Certaines formes culturelles en viennent à s'autonomiser et acquièrent une sorte de force qui leur permet de déterminer la forme mise en œuvre dans une action réciproque par les individus qui s'y engagent.

La culture moderne a certes été le théâtre d'une libération de certains liens historiques et traditionnels contraignants, elle a ainsi créé une plus grande liberté individuelle mais les individus expérimentent aussi un fort degré d'aliénation qui est dû à la culture objective. La réification de la culture moderne n'autorise plus de recomposition, et les formes objectives qu'elle incarne ne peuvent plus être modifiées par les individus, tout en étant surdéterminantes.

Par définition, la culture objective ne peut pas répondre totalement aux expériences de la culture subjective, de même qu'elle ne peut pas s'autonomiser radicalement de tout ancrage social. Dans ce cadre, le degré de réciprocité constitue l'enjeu de cette tension ; la possibilité de l'instanciation entre ces deux sphères, reste la question postmoderne adressée à la modernité. Le postmodernisme interroge la capacité de la culture moderne à refléter le mouvement des rapports sociaux, critiquant sa propension à faire participer les individus et les groupes sociaux à son projet. D'une manière décisive, le postmodernisme interroge l'aptitude moderne à incarner son esprit originel, qui a toujours été, sa capacité à s'actualiser, à s'excéder elle-même, en réinsufflant sa dynamique.

Chapitre 11. La démocratie participative

La réappropriation sociale des thématiques qui traversent la société ne nécessite pas seulement une certaine disposition des acteurs et des groupes, mais elle requiert aussi une prédisposition des institutions à favoriser une herméneutique sociale. Ces axiomes constituent la configuration de l'action politique dans les sociétés postmodernes.

La politique postmoderne représente une vision particulière de la société et de sa gestion. L'horizontalité induit que le pouvoir se rapproche des citoyens, pour exercer, avec eux, une pratique inclusive et prospective de la gouvernance. Considérer la différenciation en tant que telle, signifie tout d'abord qu'il nous faut plonger dans le tissu social pour entrevoir le réseau structurant qui constitue le développement et comprendre les synergies produisant la cohésion de la société.

À travers l'exercice de ce pouvoir reconfiguré, une nouvelle strate apparaît, car les termes, apparemment contradictoires et irréconciliables, mis en jeu dans la dialogie, sont, *in fine* ceux du gouvernement ou de la gouvernementalité, c'est-à-dire qu'ils correspondent aux enjeux implicites de toute pensée et gestion politiques du développement social. Par l'étude de leurs surgissements, et de leurs mécanismes, la dialogie incite à une meilleure compréhension de la complexité du développement (désordre/ ordre, homogénéisation/ différenciation, culture objective/ culture subjective).

La différence en politique, et sa promotion active, ne défait pas les maillages du tissu social. Au contraire, associée à une ingénierie politique et sociale, elle soutient l'émergence et la recomposition d'éléments dialectiques sur la société qui permettront ensuite, à la figuration politique, de réaliser une projection des mondes en éclosion.

En trois temps, nous exposerons *la configuration de l'action dans les sociétés complexes*, pour souligner, ensuite, la fonction et les mécanismes de la dialogie qui sont pensés à partir du constat de *l'indécidabilité du politique*. Enfin, nous nous interrogerons sur les liens entre *décision et différence*, et ceci afin de définir les instruments susceptibles d'établir des références communes à la base d'une décision qui partirait de la multitude.

Du panopticon à l'oligopticon

La monade moderne est un système fermé considérant la société comme un problème qu'il faut régler, en redéfinissant ses besoins. C'est le *panopticon* moderne qui contrôle et module ce qui ressemble à une perturbation du programme global. Le panoptique incarne la verticalité moderne et son machinisme gouvernemental. Du haut du mirador, le pouvoir assure une vision du Tout, de l'ensemble ou de la totalité : « l'inspection fonctionne sans cesse »[345].

Un des effets majeurs du panoptique consiste dans un « fonctionnement automatique du pouvoir » ; le panoptique est « une machine à créer et à soutenir un rapport de pouvoir indépendant de celui qui l'exerce »[346]. Le pouvoir s'externalise en s'allégeant de ses pesanteurs physiques, il évite ainsi l'affrontement physique et direct. Un tel appareil « automatise et désindividualise le pouvoir »[347]. Cette figure architecturale est symptomatique de la perte de contrôle du pouvoir sur des mécanismes politiques qui s'enchaînent, par automatisme, les uns par les autres, sans convoquer les cellules individuelles de l'organisation sociale. La modernité s'essouffle cependant dès l'instant où elle ne s'actualise plus dans son espace-temps socioculturel intrinsèque.

Le pouvoir ne peut plus figurer la société par sa monade, il doit constituer cette image par une monadologie. Latour évoque ainsi l'instauration de l'*oligopticon* plutôt que du *panopticon*[348].

---

[345] FOUCAULT Michel (1975), *Surveiller et punir*, Gallimard, Paris, 1993, p. 229.
[346] *Ibidem*, p. 234.
[347] *Ibidem*, p. 235.
[348] LATOUR Bruno, *Changer de société*, *op.cit*. Latour s'inspire ici de la monadologie de Tarde qui définit ainsi sa vision d'une multiplicité existant en soi et pour soi : « L'atome, [...] est un *milieu universel* ou aspirant à le devenir, un univers *à soi*, non pas seulement, comme le voulait Leibniz, un *microcosme*, mais le cosmos tout entier conquis et absorbé par un seul être. » in TARDE Gabriel, *Monadologie et sociologie*, Les empêcheurs de penser en rond, Paris, 1999, pp. 21-22.

La totalité de la vue panoptique qui pense tout saisir et tout contrôler est substituée par la vue oligoptique, qui provient d'*oligos*, le petit nombre ; une perspective substantiellement particulière car ne voyant que quelques-uns des éléments de la réalité. L'oligoptique ne « suit que quelques-uns des constituants d'une société mais il cherche à les suivre au mieux, traçant leurs mouvements et leurs trajectoires »[349]. Comprendre la situation sociale, de façon transversale ou horizontale, ne peut résulter que de la multiplication des oligoptiques, du réseau que tracent ces vues microscopiques sur le réel.

Pour Latour, comme pour Tarde, ce sont les mouvements et les déplacements des fluides qui sont toujours premiers, les formes viennent dans un second temps. Il est par conséquent indispensable de partir des fluides, des connexions et des relations qui progressivement, assistées par une attention soutenue au processus de leur concrescence, donneront des substances. Cette perspective oligoptique permet de tracer les réseaux et les associations qui nous relient. Ces analyses oligoptiques sous-tendent que « le réel est émergent », il faut suivre son processus d'engendrement, en suivant les puissances, fussent-elles microscopiques, qui le configurent. Dans ce regard oligoptique, les acteurs sociaux du milieu ou de la situation donnée sont parties prenantes dans l'analyse, ils contribuent alors à l'émergence du réel ainsi qu'à l'intelligibilité sociale. La posture oligoptique va favoriser la connectivité des sites via une attention aux formes, car ces formes sont, d'après Latour, « ce qui permet à quelque chose d'être transporté d'un site à un autre »[350].

L'approche postmoderne, de structure oligoptique, cherche à développer un pragmatisme politique définit par une attention aux contextes définis en commun avec les acteurs. Pour faire ressortir les linéaments du social, pour faire émerger le réel et sa dynamique implicite d'associations et de réseaux, la politique postmoderne met en place la dialogie. Cette dernière met en rapport des termes apparemment contradictoires, tout en

---

[349] DEVISME Laurent, « Oligoptique (alias traceur) », *EspacesTemps.net,* 23 juillet 2007. Disponible sur : < http://espacestemps.net/document2792.html >
[350] LATOUR Bruno, *Changer de Société, op.cit*, p. 325.

essayant de souligner leurs complémentarités. Ce peut être des individus et des groupes sociaux, des rationalités antinomiques, des références et des valeurs distinctes. Elle constitue, en tout état de cause, la pierre angulaire de l'épistémologie politique de la complexité.

L'action dans les sociétés complexes

Soit illusoire, soit répressive, Harvey évalue ainsi la perception de l'action dans les sociétés postmodernes[351]. La représentation cohérente de l'action semble n'être plus assurée. Elle est dite incertaine, parfois improbable. La complexité rend problématique toute action et toute réforme de nos sociétés car elle modifie en profondeur les conditions d'appréhension de toute situation, de tout objet et de tout système.

La crise se manifeste, d'abord, à nos esprits, comme une « fracture dans un continuum, une perturbation dans un système jusqu'alors apparemment stables »[352]. Mais elle doit se comprendre comme la forme même du développement, c'est-à-dire une variation fondamentale, qui sous-tend la complexification[353]. Elle est de ce fait directement liée aux dynamiques complexes animant l'évolution sociale.

Un schéma vulgaire de la complexité prendrait pour métaphore celle d'un *ordinateur*, en expliquant que son logiciel d'exploitation était auparavant suffisant pour comprendre et envisager l'ensemble des données qu'il avait à traiter. Or, plus la connaissance de la réalité avance, grâce aux traitements des informations, plus son utilisateur s'aperçoit qu'un nombre conséquent de données vient s'ajouter, perturbant l'ancien système et ses logiques. On réalise ainsi que le logiciel est obsolète. L'ordinateur traçait des probabilités qui sont dorénavant trop peu nombreuses pour agglomérer la complexité du réel. La complexité correspond donc à l'augmentation des données que l'ordinateur doit traiter, mais elle correspond aussi à l'apparition de nouvelles figures et courbes, à savoir de

---

[351] HARVEY David, *The Condition of Postmodernity : An Enquiry into the Origins of Cultural Change*, Blackwell, London, 1990.
[352] MORIN Edgar, *Pour entrer dans le XXIe siècle*, op.cit, p. 330.
[353] *Idem.*

nouveaux schémas d'intelligibilité concernant la trajectoire dudit réel, et des objets en son sein.

Alors que la science moderne étudiait le continu, la science postmoderne s'intéresse au *discontinu*, se donnant, pour objectif, la recherche des instabilités. La causalité complexe ne se satisfait pas d'une causalité qui serait celle de la prévisibilité des phénomènes et des trajectoires continues. L'approche moderne cherchait, elle, les essences, les agrégats, les substances. Pour les postmodernes, rien ne sert de focaliser sur la matérialité, mieux vaut s'intéresser aux processus de la *matérialisation de ces essences, agrégats, substances*, ce qui se conçoit par le mouvement des flux. Les recherches sont « centrées sur les singularités, […] jusqu'au domaine de la pragmatique des difficultés les plus quotidiennes »[354]. Les mesures, affirme Lyotard, ne peuvent être faites que dans un lieu donné et sont effectivement relatives à la situation où elles sont faites. Le caractère plus ou moins déterminé d'un processus est déterminé par l'*état local de ce processus*.

Désormais, l'objectivité ne peut s'approprier son statut de suprématie intelligible et de puissance synthétique que si elle s'incorpore dans un processus qui la relie au multiple, dans une dialectique où elle engage sa perception elle-même. La science postmoderne doit savoir saisir les mouvements du multiple car elle cartographie ainsi le devenir de l'évolution, dans un *milieu d'actualisation qui est microsociologique*. En suivant tous ces flux dans leur variation vitale, et dans leur confrontation à d'autres flux, la science postmoderne développe une *phénoménologie de la praxis singulière de tous ces objets propres*.

La représentation moderne du réel consistait à omettre son caractère ambigu. La politique moderne dissimulait ce qui diverge dans la transparence de l'expérience sociale. Si la science postmoderne produit, non pas du connu, mais de l'inconnu, cela tient au fait qu'elle marque un retournement de la logique moderne, elle correspond bien à une philosophie de l'affirmation, qui augmente la complexité par l'activation des

---

[354] LYOTARD Jean-François, *La condition postmoderne*, *op.cit*, p. 97.

différences[355]. L'inconnu émerge alors parce qu'il est le résultat de l'approfondissement de l'analyse, par la mise en lumière de nouvelles relations, autant de schèmes d'intelligibilité encore à découvrir.

La reconstruction de système d'intelligibilité se déroule par couches sédimentées dans les processus que le postmoderne entend enclencher dans la théorie comme dans la pratique. Face à une époque atomisée, le postmoderne déploie une stratégie de recomposition symbolique qui s'enracine d'abord dans les particularismes pour ensuite envisager les chemins de réorganisation d'un ordre de métasystèmes symboliques. Cette reconstruction n'est pas seulement contingente à la transition sémantique que nous vivons, la perspective postmoderne souhaite instituer une relation dialectique entre, d'un côté, la recherche des instabilités et de l'inconnu, la désorganisation et le fourmillement, et, d'un autre côté, la recherche de la stabilité et du continu, de l'invariant et des éléments structurants, de l'organisation. Le postmoderne constitue donc une stratégie, un principe d'écologie de l'action. Mais qu'est ce que requiert la complexité comme système d'organisation politique ? Sept éléments sont décisifs.

Premièrement, une telle visée nécessite de reconnaître que l'organisation requiert *différents types de configurations*, et donc une « modulabilité » indispensable car les systèmes peuvent être « à la fois acentriques (c'est-à-dire fonctionnant de façon anarchique par interactions spontanées), polycentriques (qui ont plusieurs centres de contrôles ou d'organisation) et centriques (qui disposent en même temps d'un centre de décision) »[356].

Deuxièmement, la pensée complexe suppose des processus *itératifs* entre science, politique et société. La dimension itérative implique un processus qui répète les étapes d'analyses et les cycles d'opérations. Au lieu d'une simple répétition, la multiplication des itérations sur un projet ou une politique

---

[355] *Idem.*
[356] MORIN Edgar, « Le défi de la complexité », *Chimères*, n°5-6, 1988, p. 5. Disponible sur :
< http://www.revue-chimeres.fr/drupal_chimeres/files/05chi05.pdf >

permet *l'incrémentation graduelle de nouvelles données et de nouvelles logiques*, concernant l'enjeu ou le problème traités, comme la méthode pour le traiter. Il s'agit de concevoir une organisation projective en réseaux où chaque niveau, associé entre eux, assure une auto-production, une auto-maintenance. L'itérativité engage une écoute attentive vis-à-vis des acteurs sur l'effectuation du processus, et la recherche de la variation dans le même et l'identique, dans la répétition. Par la dissémination d'un certain esprit complexe, la praxis organisationnelle entend installer les conditions d'une « production-de-soi » du système, sa régénération.

La *récursivité* et la boucle inscrite dans son schéma instituent une constante circulation de l'information entre les acteurs, un partage accru des informations, entre toutes les échelles que le système comporte, du macroscopique au microscopique, et réciproquement. C'est la vocation de la complexité que de créer ce lien ténu, ou ce *réseau d'inter-relations* entre les entités sociales et les logiques plus abstraites qui les irriguent.

Troisièmement, le terrain dialogique nécessite une *ouverture critique entre les acteurs*. La logique globale de la pensée complexe, souligne Morin, nécessite un « milieu » de confrontation, d'opposition, voire de discorde[357]. Plus nous pluraliserons les savoirs et augmenterons les perspectives sur le réel, plus nous réaliserons que les différentes échelles de grandeur modifient à la fois les caractères de l'objet perçu mais en modifient aussi la nature. Nous évaluerons donc mieux les influences réciproques entre les visions plurielles comme leur possible conditionnement mutuel. Nous saisirons mieux le processus d'émergence ou d'engendrement de la réalité, c'est-à-dire essentiellement sa construction sociale et politique.

Quatrièmement, il ne suffit pas de faire circuler et d'échanger les informations, si cette information ne provient pas de plusieurs sources et si les *informations plurielles* ainsi obtenues ne sont pas l'objet d'une critique ou d'une délibération. Dans le dialogue des regards ou des perspectives, le conflit d'interprétation est un moteur qui, à la fois, multiplie les informations et leurs sources contextualisées, mais aussi révèle

---

[357] MORIN Edgar, *Pour entrer dans le XXIe siècle*, *op.cit*, p. 172.

les antagonismes structurant l'évolution sociale. Dans ces processus, il est nécessaire de souligner que toute énonciation sur la vérité est une énonciation de valeur. La complexité nous dirige vers un monde où il y a « une interaction permanente entre la vérité et les valeurs socialement vécues »[358]. La dialogie a pour but de clarifier les logiques culturelles dans les définitions et les propositions qui visent le réel. Cette clarification des présupposés de valeurs permettrait de mieux cerner la « prioritisation » des valeurs que nous souhaitons investir dans la physionomie du réel.

Cinquièmement, la complexité implique une ouverture conséquente de la communauté dialogique. La politique démocratique, explique Rorty, doit accueillir dans sa communauté un nombre croissant de personnes qui compteront comme membres du « nous » moral et conversationnel. Aucun barrage ne saurait être érigé sous prétexte que les valeurs de la personne sont minoritaires. Au contraire, c'est une des spécificités du postmoderne que d'écouter ces vues minoritaires, ces voix discordantes. Entre les faits et les valeurs, la dialogie déploie une sémantique qui reliera les différents systèmes de valeurs. Elle construit un lien entre la connaissance, questionnement sur le vrai, et la socialité, partage et échange des valeurs. En ce sens, elle accentue les moments où se développe la construction sociale de la réalité, parce qu'elle multiplie les moments de son institution.

Sixièmement, la complexité requiert *la promotion d'une société expérimentatrice*. La rationalisation moderne était garantie par elle-même par son propre processus d'engendrement. La rationalisation postmoderne s'enracine dans l'expérience vécue, car en s'ouvrant à l'événement, elle s'ouvre à sa redéfinition. Elle vise l'invention collective dès que la construction réflexive des situations par les procédures aura permis de modifier les contours des problèmes, des solutions et du processus d'engendrement en lui-même. Dans ce processus d'invention collective, les deux conditions suivantes sont prépondérantes : « échange dialogique ouvert entre toutes les parties concernées par un problème et le bouclage réflexif

---

[358] MAFFESOLI Michel, *Éloge de la raison sensible*, *op.cit*, p. 71.

permanent entre la justification de la loi et son application dans des contextes concrets »[359].

De là, résulte que le prisme du différend prévaut sur celui du litige. Pour Lyotard, le différend, qui est une résolution politique des conflits, constitue une résolution plus conforme au libéralisme démocratique : « Il est bon que l'autre réponde […] et que la discussion s'engage »[360]. Il est plus raisonnable d'apprendre le jeu de l'autre que de faire régner l'ordre du litige. Lyotard oppose ainsi la coordination politique des différends à la résolution juridique de litiges. La reconnaissance de l'identité et du droit d'expression au sein des processus politiques renforce une citoyenneté qui, pour des raisons fonctionnelles, est réduite dans l'enceinte juridique. En témoignant des différends, en les acceptant ici et là, on veille à respecter l'hétérogénéité des archipels, celle des « jeux » et des « genres » de discours. Cette posture engendre la circulation des informations et conserve la pluralité pour élargir l'éventail des options et les contextes dans lesquels ces solutions s'appliquent.

Septièmement, cette démarche *relativise le moment de la décision*, pour s'orienter vers *une conception processuelle de l'apprentissage collectif*. Plus le nombre d'acteurs augmente, plus le système devient complexe et accumule des incertitudes. Dans le même temps, « s'estompe l'importance du moment même de la décision »[361]. Il est préférable de faire converger les représentations les unes des autres, en inscrivant, dans la durée, les processus itératifs avec les acteurs. La productivité d'une gouvernance dialogique tient au fait qu'elle sait « organiser un processus par lequel différentes parties se construisent et se transforment mutuellement »[362]. Le moment circonscrit de la décision ne représente, après tout, qu'un des moments du

---

[359] LENOBLE Jacques, DE MUNCK Jean, « Les mutations de l'art de gouverner », *op.cit*, p. 45.
[360] LYOTARD Jean-François, *Moralités Postmodernes*, *op.cit*, pp. 128-130.
[361] CALAME Pierre, « Des processus de gouvernement aux processus de gouvernance », Fondation Charles Léopold Mayer pour le progrès de l'Homme, Odense, 11 octobre 1996.
Disponible sur : < http://www.graspe.eu/bip8531.pdf >
[362] *Idem*.

processus antérieur qui a amené à la décision et postérieur qui conduit à l'évaluation.

L'indécidabilité du politique : dialogies civiques

La légitimation moderne consista à croire que la science pouvait produire une métalangue générale dans laquelle toutes les autres étaient transcrites et évaluées[363]. À l'extrême opposé, la politique postmoderne est marquée par l'indécidabilité. La finalité du dialogue n'est pas le consensus, celui-ci « n'est qu'un état des discussions et non leur fin »[364]. Ce que nous devons sacraliser dans la démocratie, reconnaît Morin, « c'est son absence de vérité, c'est-à-dire la règle qui permet aux différences de s'affronter »[365]. La vision démocratique postmoderne développe une idée et une pratique de la justice qui n'est pas liée à celle du consensus. La démarche politique est *agnostique*, car elle ne se fonde sur aucune supposition universelle. Lyotard discerne dans l'incertitude quant aux fins, une incertitude constitutive de la République sur l'identité du nous. Un système libéral, rappelle-t-il, donne essentiellement à réfléchir et à juger, il veille au droit d'interlocution de la communauté et à l'instruction de cette capacité[366]. La diversité des interprétations doit éclore, même si l'activation des différences implique la promotion des dissensions.

D'un point de vue sémiotique, l'idéalité de la signification dépend de la constitution différentielle du langage, un enchaînement d'interprétants et d'interprétés[367]. L'indécidabilité constitutive du signe est aussi l'empreinte du politique, la signification de l'universel reste constamment indéterminée, l'indécidabilité ne cesse jamais. Au contraire, la conversation sur les propositions universelles, sur les structures sociales et politiques, est ininterrompue. Dans cette approche, l'hégémonie est une attitude contre-productive, car elle clôture un processus nécessairement incessant de représentation. Morin évoque ainsi

---

[363] LYOTARD Jean-François, *La condition postmoderne*, *op.cit.*
[364] *Ibidem*, p. 106.
[365] MORIN Edgar, *Penser l'Europe*, Gallimard, Paris, 1987, p. 250.
[366] LYOTARD Jean-François, *Moralités Postmodernes*, *op.cit*, p. 179.
[367] DERRIDA Jacques, *De la grammatologie*, *op.cit.*

l'hégémonie comme « la conviction délirante d'occuper […] le centre et le sommet du monde socio-historique »[368]. La centralisation des processus de la genèse historique débouche sur une vue déformée du progrès et du développement. Les postmodernes conçoivent le sens de l'histoire dans la mise en processus des représentations du monde social qui *constituent* et *instituent* l'histoire.

La fêlure entre l'universel et le particulier est la possibilité même de la politique[369]. Le politique doit gérer l'incomplétude de la société en admettant que la genèse de l'universalité s'enracine dans les particularismes. L'universalité résulte d'une construction lente et patiente qui comprend les paradoxes de l'universel en pensant les contextes différenciés. D'après Zizek, le sujet existe seulement dans cette rencontre manquée entre l'universel et le particulier, le sujet n'est rien d'autre, pour lui, que le nom de cette discorde constitutive[370]. L'historicité du sujet se déploie dans cette faille au sein de laquelle les individus investissent le sens de la société, investissent le sens de l'histoire.

Le dessein du pluralisme radical postmoderne n'est pas sans rapport avec l'état de la culture décrit par Castoriadis, la lutte contre l'inertie et la passivité « sera indissociable d'un nouveau grand mouvement social-historique, qui réactivera la démocratie et lui donnera à la fois la forme et les contenus que le projet d'autonomie exige »[371]. Castoriadis souligne que l'autonomie de la société se réalise dès lors qu'elle est origine des significations qu'elle crée, c'est-à-dire de son institution, et qu'elle le sait comme telle[372]. Au lieu que les sociétés s'aliènent dans l'illusion d'une origine transcendante, extra-sociale de leur fondation, il revient au politique de donner un espace nécessaire

---

[368] MORIN Edgar, *Pour entrer dans le XXIe siècle*, *op.cit*, p. 228.
[369] LACLAU Ernesto, « Deconstruction, Pragmatism and Hegemony », *op.cit*, p. 59.
[370] Cité dans TORFING Jacob, *New Theories of discourse*, *op.cit*, p. 295.
[371] CASTORIADIS Cornélius, « La culture dans une société démocratique », *Le Passant Ordinaire*, n°31, octobre-novembre 2000.
Disponible sur : < http://www.passant-ordinaire.com/revue/31-59.asp >
[372] CASTORIADIS Cornélius (1975), *L'institution imaginaire de la société*, Seuil, Paris, 1999.

pour que la puissance instituante de l'imaginaire social puisse inventer et réinventer la société. Figuration du Tout comme du vouloir.

Le peuple peut bien transmettre sa représentation à des représentants, écrit Rousseau, mais pas sa volonté[373]. Pour parer aux impuretés et aux inégalités du processus de représentation, Laclau indique qu'il faudrait construire une représentation au sein de laquelle les représentés participeraient, de la manière la plus large possible, à la formation de la volonté générale. La volonté du peuple se formule à travers les divers intérêts des groupes particuliers interpellés au nom du peuple. La représentation est le lieu du conditionnement mutuel et constant entre l'universel et le particulier, une véritable substantialisation du projet collectif. L'apport des particularismes peut donc générer et stimuler le projet collectif. Par leurs inclusions dans les processus politiques, les groupes sociaux sont les vecteurs d'un accroissement de l'information qui servira de substrat à l'action politique dans l'édification de ses politiques et dans leurs mises en place.

La libération du langage dans l'espace public est une condition première de cette génération. Afin d'assurer l'expression la plus large, le système politique a pour fonction d'assurer un consensus politique minimaliste sur les valeurs et les procédures démocratiques qui favorisent l'expression la plus large possible[374]. Celui-ci autorise les divergences sur l'interprétation de la signification précise de ces valeurs et de ces procédures, comme de leurs implications pour les choix politiques sur les différentes façons d'organiser la société. Néanmoins, il existerait un certain seuil de tolérance concernant le respect des différences. La limite d'une politique inclusive est franchie si des forces anti-démocratiques entendent attaquer la base des valeurs et des procédures démocratiques, en invoquant la violence contre ces formes politiques, ou leur pure et simple éradication.

La politique démocratique postmoderne se conçoit comme un jeu des significations qui garantit la substitution des termes à

---

[373] Cité dans DERRIDA Jacques, *De la grammatologie*, *op.cit*, p. 420.
[374] LACLAU Ernesto, « Deconstruction, Pragmatism and Hegemony », *op.cit*.

l'infini, au sein d'un système a-centré. Pour expliquer cette posture, Laclau utilise la notion de « signifiant sans signifié », ou signifiant vide, pour décrire un signifiant qui n'est attaché à aucun signifié du fait de l'incessant glissement des signifiants sous le signifié[375]. Cela n'induit pas que le signifiant n'ait aucun sens, la notion indique seulement que les signifiés changent en fonction des personnes et des contextes. Le signifiant n'acquiert un sens qu'en rapport à un signifié qui est spécifique à un interprétant. L'imprécision des principaux signifiants du langage politique permet que ces derniers fonctionnent comme des surfaces dans lesquelles toutes sortes de demandes sociales s'inscrivent.

La prolifération de signifiants indéterminés comme « progrès », « ordre » ou « démocratie » facilite la participation d'un plus grand nombre de forces politiques aux formes et à la substance de la démocratie politique. Plus l'imaginaire politique est organisé autour de signifiants vides, plus démocratique sera la société[376]. Au lieu d'une rationalité instituée, le politique libère l'instituant social, la multiplication des signifiants constitue autant de possibilités pour l'interprétant d'explorer et de s'approprier le langage politique. Cette ouverture laisse une place pour donner un sens nouveau aux signifiés, elle vise une définition exponentielle de la démocratie, de sa conception théorique comme de sa pratique. L'élargissement de l'espace de dialogue est aussi un élargissement de l'espace cognitif, il augmente par ailleurs les divers moments de l'institution politique de la société. Plus la société se rassemble pour débattre des enjeux communs, plus la communauté se consolide comme partageant un horizon de destins.

Dans ce système, le politique se doit de se tenir informé des enjeux qui sont débattus ; s'il organise le débat, ce n'est plus pour diriger et redéfinir les aspirations individuelles et collectives selon ses prédicats. *La communication a une valeur intrinsèque*, elle s'affranchit de toute instrumentalité qui évaluerait la conversation selon une quelconque notion de « productivité » quantitative. Plutôt que les « tant » quantitatifs

---

[375] TORFIN Jacob, *New theories of discourse*, *op.cit*, p. 176.
[376] *Ibidem*, p. 249.

qui sont caractéristiques de la gestion moderne de la société, la démarche postmoderne donne toute sa place à l'« étant » qualitatif de l'expérience démocratique. Il faut donc multiplier les instants de rencontre en ne court-circuitant pas les processus indispensables à la symbiose des particularismes et de l'universel. Il ne convient pas d'interrompre précipitamment les maillages imaginaires et symboliques d'appropriation et de recomposition. Les situations qui se développent à partir de ces pratiques reconnectent nos symboles sur la *terra firma*, enracinent le langage et sa signification dans une expérience sociale qui est la fondation, et le but, de toute politique[377].

L'approche anti-fondationnaliste pourrait être perçue comme un abandon de l'objectif d'émancipation, dans la mesure où elle ne concède pas au compromis consensuel une valeur supérieure, fondatrice. Mais l'émancipation est ici un produit de la dissémination des choix collectifs dans l'ensemble du corps social, ce qui s'apparente à une démocratisation de la science et de la politique.

Une telle politique est par ailleurs un moyen utile par lequel la démocratie admet la réelle nature de ses frontières[378]. L'attention à la multiplicité des voix informe le politique sur la complexité des structures de pouvoir que ce réseau de différences implique. Le réseau des différences comporte, en lui-même, la complexité, il est un moyen décisif pour localiser les structures des ensembles politico-économique, socio-technique, socio-culturel. La spécificité des institutions est de permettre de limiter la violence et l'oppression qui sont inscrites dans les relations de pouvoir. En reconnaissant les formes d'exclusion qu'elle contient, la démocratie évite le danger de la complaisance.

La différence replace la démocratie dans ses conditions de possibilité et ses limites essentielles, aux vues d'un contexte contemporain qui impose de réinterroger la logique universaliste des Lumières. Il s'agit de subvertir la tentation qui

---

[377] FOX Charles J., MILLER Hugh T., *Postmodern Public Administration : Towards Discourse*, Sage, London, 1994.
[378] MOUFFE Chantal, « Deconstruction, Pragmatism and the Politics of Democracy », *op.cit*, p. 11.

existe dans les sociétés démocratiques, de naturaliser leurs frontières, alors que le progrès de ce type de société repose sur un mouvement inaltérable d'extension de leurs propres frontières, qu'elles soient cognitives, philosophiques, pratiques, ethnocentriques.

La posture moderne pensait qu'il était nécessaire de localiser le centre à partir de quoi tout découle, les postmodernes s'interrogent sur le *passage* à partir de quoi tout se lie. La *nomadisation* fait référence à la tentative de concurrencer les allégeances d'une identité spécifique, toujours liées à un contexte et une propriété particuliers. Il n'y a pas d'identité naturelle ou originelle, mais une construction sociale des identités et des positions politiques. Le système politique postmoderne tend par la nomadisation à mélanger les univers sociaux-symboliques afin de rendre les identités plus négociables. Il s'agit d'encourager un relâchement des oppositions et des identités, c'est-à-dire une convergence. Dans ce processus, les individus prennent conscience du caractère multiple de leurs identités constituées d'un ensemble d'identifications hétérogènes.

L'ambition globale de cet espoir est de lier ensemble les acteurs politiques et les groupes sociaux, pour favoriser la compréhension, en renouant avec la notion antique de *philia* : « Le problème du politique, observe Stiegler, c'est de savoir comment être ensemble, vivre ensemble, se supporter comme ensemble à travers et depuis nos singularités [...] et par-delà nos conflits d'intérêts »[379]. Cependant, l'éradication de toute forme d'antagonisme n'est pas souhaitable, leurs présences restent un élément fertile dans le système politique. Le lien social nécessite une certaine forme de déliaison, un moment où apparaissent les fractures, où les instabilités émergent, où les dissentiments se font jour.

Dans cette tension entre la convergence des positions et la conservation des conflits, nous discernons la structure de l'éthique postmoderne qui est aporétique. L'éthique moderne reposait sur la raison et sur la réconciliation de tous les

---

[379] STIEGLER Bernard, « De la Misère symbolique », *Le Monde*, 10 novembre 2003. Disponible sur : < http://www.rhizome.fr/stiegler.html >

antagonismes de l'évolution dans une unité de fait, symbolisant la société. Au contraire, l'éthique postmoderne n'entend pas supprimer ces antagonismes du développement ; sa fonction est de souligner leurs existences. Tout au long des processus dialogiques, ce sont des termes contradictoires qui surviennent, ils suivent la courbe complexe de l'évolution. La méthode préconisée n'est en aucun cas une solution universelle pour la résolution de tous ces conflits, elle est une méthode d'investigation du réel qui mettra à jour, de la façon la plus appropriée, le contexte où apparaissent les structures aporétiques et la pluralité des solutions envisagées issues des mêmes processus.

Il reste néanmoins indispensable de hiérarchiser les priorités, c'est-à-dire de choisir les conflits les plus structurants et l'arbitrage entre les solutions proposées, un choix de valeurs qui incombe au politique en tant que tel. Néanmoins, le savant dosage de l'interaction entre les éléments aporétiques de l'évolution complexe nécessite de poursuivre, sans relâche, l'expérience de la contingence radicale de n'importe quel contenu revendiquant sa validité[380]. La société se pose continuellement le choix de son avenir, comme des formes de sa communauté, car en multipliant les finalités possibles, elle enrichit son projet collectif. Le politique garde un lien ténu à l'expérience sociale et aux contextes variés dans lesquels se formulent et s'élaborent ses politiques. Cette perpétuelle remise en cause renforce l'investissement éthique qui rend possible des degrés supérieurs de conscience comme l'élaboration de solutions politiques plus élaborées.

L'ouverture des canaux de communication semble impliquer l'adoption par l'Etat d'une démarche relativiste. D'après Lyotard, le principe même du lieu de pouvoir est sa *vacance*. Dans le système moderne, et de façon encore plus forte dans le système postmoderne, l'autorité est matière à argumentation car « elle n'est jamais qu'attribuée, concédée, pour ainsi dire, à un individu ou à un groupe, lequel n'occupe le lieu d'autorité que

---

[380] LACLAU Ernesto, « On the names of God » in GOLDING Sue (ed.), *The Eight technologies of Otherness*, Routledge, London, 1997. Cité dans TORFING Jacob, *New Theories of discourse*, *op.cit*, p. 277.

pour un temps limité »[381]. La *neutralité* des institutions étatiques envers les conceptions rivales du bien est un réquisit pour toute société ayant atteint un certain niveau de complexité.

Les *silences* du centre (Mouffe), le *signifiant sans signifié* (Laclau), le *blanc* au sein du système (Lyotard), sont autant de notions qui inscrivent le pouvoir dans une fonction minimaliste non sans finalité. La gouvernance postmoderne promeut un Etat *maïeutique*, l'ouverture d'un lieu dans lequel tout viendrait à la fois prendre place et se réfléchir. Le *vide*, ou vacuité, du centre est ce qui permet au champ discursif de se déployer, mais l'Etat en lui-même, se trouvant à la fois, dans chacune des enceintes dialogiques, a pour objet d'être le reflet des différentes conceptions qui s'affrontent dans la vie politique.

La posture postmoderne du pouvoir découle de la philosophie du courant concernant la relation éthique à l'altérité. Avant toute procédure d'universalisation et de législation, l'éthique prend place dans l'irréductible particularité de l'obligation du sujet vis-à-vis de son autre. Il s'agit de distinguer la simple « recognition » du donné, d'une plus impérieuse aptitude, celle de « laisser advenir les choses comme elles se présentent » ; cette attitude fait que « chaque moment, chaque maintenant est comme un "s'ouvrir à" »[382]. La possibilité de l'événement est bien aussi pour Derrida, une ouverture à ce qui vient et *qui* vient, un espace indispensable non seulement à l'altérité mais aussi à la possibilité d'altérer. La « démocratie à venir » ne représente pas seulement la promesse d'une future démocratie à réaliser, elle marque l'importance de « l'ici et maintenant », moment d'engagement et de promesse, de parole et de témoignage, entre concitoyens, une présence à l'autre qui n'est pas sans rappeler la fraternité[383]. Le contemporain s'entend ici comme une attention à l'instant, à la situation de la rencontre, en tant qu'elle affirme et réaffirme une solidarité de fait, de langage et d'expression ; une solidarité destinale.

La postmodernité reste une image transitive, collective et ouverte, où se rassemblent les projections individuelles. Le

---

[381] LYOTARD Jean-François, *Moralités Postmodernes*, op.cit, p. 73.
[382] LYOTARD Jean-François, *L'inhumain*, op.cit, p. 41.
[383] DERRIDA Jacques, *Politiques de l'amitié*, Galilée, Paris, 1994.

pouvoir laisse advenir les formes et leurs singularités, elles s'inscrivent ainsi dans le cadre de la recomposition symbolique d'une image de la société. L'attention à ces formes donne progressivement les contours de la genèse du contemporain, et de sa direction politique. En nous inspirant de la philosophie postmoderne, nous pouvons parler de la posture de non-différence du sujet à l'encontre de l'objet. Cette figure philosophique est pertinente pour analyser la stratégie du pouvoir face à la multiplicité. Comme le montre Derrida, « c'est *entre* les différents qu'on peut penser la différence » mais il précise que « cette entre-différence peut s'entendre de deux manières : comme une autre différence ou comme accès à la non-différence »[384].

L'accès à la différence par l'entre-différence est une vision du pluralisme qui correspond à l'Agir communicationnel d'Habermas, c'est-à-dire une doctrine de l'intersubjectivité (médiation interspécifique), qui pense parvenir à l'objectivité de la décision par un consensus raisonnable entre deux positions subjectives. C'est en marquant les distinctions entre deux différences qu'il est possible de clarifier l'état des représentations en jeu et de choisir dans ces démarcations, la représentation la plus légitime ou la plus objective. La logique de l'intersubjectivité est marquée par la dialectique hégélienne et sa synthèse inéluctable. Avant tout dialogue, le projet habermassien anticipe les formes, présuppose de leurs validités. Un tel schéma fonde le dialogue politique sur une règle déjà advenue. Il n'y a plus de place pour l'événement, ni pour aucune situation.

Les processus dialogiques que le pouvoir organise « ne sont pas en principe gouvernés par des règles établies, et ils ne peuvent pas être jugés au moyen d'un jugement déterminant, par l'application [à ces processus], de catégories connues »[385]. Au contraire, Lyotard explique que ces règles et ces catégories sont ce que recherchent ces processus. Le pouvoir travaille donc « sans règles, et pour établir les règles de ce qui *aura été*

---

[384] DERRIDA Jacques, *De la grammatologie*, op.cit, p. 318.
[385] LYOTARD Jean-François, *Le Postmoderne expliqué aux enfants*, op.cit, p. 31.

fait »[386]. De là découle la possibilité de l'événement, que le pouvoir scrute, dans un champ discursif continuellement ouvert.

L'unicité est une dialectique plus ample et complexe, elle repose sur une pragmatique élaborée sachant laisser advenir les formes pour qu'elles s'expriment, sans imposer son cadre. Il convient de s'ouvrir à toutes les formes, sans préjuger a priori de leur degré de validité ou d'objectivité, afin de comprendre les mouvements complexes de la cinétique sociale. La communication ne devrait pas être instrumentale, dès que le consensus s'entérine ; elle comporte, en soi, une valeur intrinsèque.

Tout autre est la Non-différence. L'esthétique du pouvoir postmoderne pense un accès à la différence par une non-différence (intrasubjectivité – médiation intraspécifique). La philosophie postmoderne opère un renversement des perspectives classiques selon lesquelles la conscience tiendrait son unité du sujet transcendantal. Si la modernité fut l'époque du sujet et de son intériorité, celle d'une puissance synthétique propre de l'esprit, la logique de l'identité se substitue à celle de l'identification, une logique par laquelle le pouvoir entend épouser les formes de la variation de l'expérience sociale. La non-différence est l'application pratique du perspectivisme ou l'injonction deleuzienne de « s'installer dans les devenirs »[387].

La posture philosophique du sujet face à l'expérience du monde se traduit, en politique, comme la métaphore d'un autre pouvoir, voire même d'une philosophie civique de la politique délibérative. C'est dans une redéfinition de la relation à l'autre que repose la promesse à venir, une expérience de la justice à comprendre et à favoriser. Métaphore du sujet, métaphore du pouvoir, la posture postmoderne de connaissance est aussi, par-là même, le fondement d'une *politique compassionnelle*. Le pouvoir postmoderne organise certes la discorde, le dissentiment ou le conflit, mais il ne prend pas part dans ce jeu d'affrontement, il est lui-même le lieu où se rencontrent ces forces et où s'établissent les jonctions entre les identités par l'hybridation. Le pouvoir ne s'attache pas à multiplier les

---

[386] *Ibidem*.
[387] DELEUZE Gilles, *Pourparlers, op.cit*, p. 231.

distinctions en tant que telles, ni même à les dissoudre dans une synthèse consensuelle, il reconnaît la spécificité de chacun, tout en soulignant progressivement les communes mesures entre tous ces particularismes. Toutes les représentations de la réalité trouvent leur place dans la gouvernance postmoderne, c'est en reconnaissant la *visagéité politique* de toutes les différences que se construit la visagéité du projet de société.

La théorie postmoderne du pouvoir s'inspire ainsi du ratio-vitalisme de Maffesoli, selon lequel il faut saisir la *raison interne des phénomènes sociaux*[388]. Il prône en effet une posture de connaissance qui n'est pas sans lien avec la compassion dès lors que le sujet doit développer la sympathie à l'égard de son objet, une adhésion affective favorable à une meilleure appréhension des formes. De même, la connaissance passe par l'éthique dans la mesure où le respect de l'absolue singularité, l'ouverture à l'autre, donne accès à la profondeur référentielle, à la multiplicité des références. Cette posture correspond à une attitude constante qui propulse la puissance, non plus dans la maîtrise, le contrôle et la domination, mais dans la résonance et l'ajustement, la mise en écho et en rapport, la recherche d'harmonie et de symbiose.

La politique ainsi esquissée par les postmodernes nécessite une logique des formes. Cette logique dépend du mouvement. Son utilité est de constater comment se déroulent et comment sont possibles les associations dans le corps social. Les institutions se basent sur les associations constituées dans le champ social, elles ne dérivent pas d'une structure existante en soi et pour soi. Nous devons considérer, explique Latour, la manière dont les monades s'instituent, agissent entre elles pour constituer des agrégats, ce qu'il appelle précisément les agents, ou les *entéléchies* de la construction du monde, c'est-à-dire les forces qui concourent à la réalisation des monades, et, conséquemment, à la réalisation du monde[389]. Cette posture favorise la construction d'une expérience politique qui suit les

---

[388] MAFFESOLI Michel, *Éloge de la raison sensible*, op.cit.
[389] LATOUR Bruno, « Gabriel Tarde and The End of the Social » in JOYCE Patrick, *The Social in Question. New Bearings in History and Social Sciences*, Routledge, London, 2002, pp. 117-132. Disponible sur : < http://www.bruno-latour.fr/articles/article/082.html >

rythmes du corps social. Le pouvoir souligne la *cinétique* du champ sociétal et les *temps* de l'organisme social dans le conditionnement mutuel avec le projet systémique que contient le plan des rationalités d'ensemble.

En tout état de cause, l'indécidabilité politique déplace le prisme de la décision vers celui de l'approfondissement d'un terrain structurel qui est celui de la socio-construction du réel. Le postmodernisme offre les moyens de réinsuffler une dynamique au projet collectif, tout en favorisant les processus par lesquels la société *fait société*. Néanmoins, si les apports de cette démarche sont conséquents, il est difficile d'imaginer la mise en place d'une telle politique par rapport au fonctionnement quotidien des institutions. Grâce à l'approche postmoderne comme recherche des instabilités, nous connaissons en effet le passage de l'identique et du même à la différence et à la variation, mais nous n'avons pas balisé le passage inverse qui part de la différence pour trouver l'identique. C'est un ensemble de principes qu'il reste à construire pour trouver, dans la multitude, outre le surgissement du passé et la manifestation du contemporain, les ferments de l'avenir.

Décision et différence : la commune mesure ?

Il est hautement probable que la déconstruction pose problème à l'institution. Cette figure postmoderne par excellence pose effectivement un défi, pensé comme tel, à l'idée de système et à son principe de cohérence. Elle semble hermétique à toute médiation systémique, toute réappropriation synthétique. Elle libère l'instituant mais elle est, de ce fait, un frein sensible à l'institué. Néanmoins, le mouvement de l'instituant se stabilise irrémédiablement. La théorie politique postmoderne se confronte ainsi à la nécessité de surmonter l'élan de la déconstruction.

Face à la différence et sa nécessaire prise en compte, les systèmes politiques sont écartelés entre deux tenailles. D'un côté, il est évident qu'il leur est indispensable de pluraliser les savoirs, de rapprocher le système social de la politique et des décisions collectives. Cette démocratisation est inscrite dans la philosophie des Lumières et sa *conception progressive des régimes libéraux*. Tout système politique mature favorise le partage du pouvoir et la dissémination du savoir. D'un autre côté, ouvrir les canaux de la communication perturbe certainement les équilibres sociaux ou juridiques, mais il perturbe, en premier lieu, les équilibres politiques. Qu'en est-il d'ailleurs de la rationalité sociale qui émerge de ces processus ?

L'idée participative ne relève pas d'une incohérence idéologique parce qu'elle peut constituer une valeur ajoutée non négligeable pour la décision. Il faudrait prendre en compte la tension entre la différence et la décision, tout en tirant *le meilleur parti de l'indécidabilité structurelle*. Le système politique doit, à un moment donné, prendre une décision : il doit trancher. Cela implique une théorie de la décision qui convoque la structure aporétique de l'éthique postmoderne ainsi qu'un situationnisme épistémologique que le postmodernisme ajoute à la réflexion sur la décision politique.

La politique contemporaine est traversée par la tension entre la différence et la décision, son enjeu est de trouver le moment opportun. Informer par de nouveaux principes de gouvernance, la politique peut faire fleurir la différence tout en améliorant la qualité de ses décisions. Le rapport constant entre l'instituant et l'institué représente la condition de l'actualisation sociopolitique du contemporain. En définitive, ce rapport constitue bien ce qu'est une gouvernance *moderne*, car le politique reste continuellement en prise avec *ce qui s'actualise et actualise la société*.

Le balancier est fondamental : la déconstruction fonctionne en dialectique avec la reconstruction. Cette dernière a pour rôle de récolter l'écume de la déconstruction, d'y puiser le supplément que la déconstruction apporte dans les déplacements et les migrations qu'elle réalise. C'est précisément à chaque système politico-social, dans chaque situation particulière, de comprendre que le mouvement de cette auto-définition est une caractéristique essentielle, en tant qu'individuation collective et individuelle. Le rôle des institutions est de favoriser la meilleure démarcation entre ces temps nécessaires. Dans chacune de ces situations se déploient, si on les étudie, les temps et les moyens qui définiront les règles de fonctionnement et les normes issues de leurs gouvernances propres. C'est dans le particularisme de ces arrangements que les formes politiques sont tributaires de leurs cultures, car les agrégats sociaux acquièrent ici leur détermination.

La démocratie participative est l'outil essentiel pour synchroniser le temps court de la gestion politique et les évolutions de long terme qui conditionnent le destin social. La participation sociétale dans la compréhension et la détermination de ces évolutions replace le politique dans les conditions d'un développement qui pense sa durabilité environnementale. Grâce à la dialogie, le politique accède aux effets des rationalisations macropolitiques sur les situations micropolitiques : la relation entre, d'un côté, les rationalités enclenchées à un niveau systémique et, de l'autre, la réaction du corps social à ces éléments structurants. Seule l'élaboration d'une « hétérologie pratique » peut circonscrire les informations susceptibles d'indiquer le degré de durabilité entre ces deux entités.

D'autre part, le système dialogique procure au politique les contours des valeurs sociales et culturelles à partir d'une sémantique qu'il lui faut mettre en place. En se rapprochant de ces valeurs, il comprend mieux la possibilité du consensus, celle d'une référence commune. La question du passage entre l'expression de la différence et la décision est sensible car la décision requiert des références partagées, des principes de gouvernance considérés comme légitimes. La politique, nous rappelle Mouffe, doit établir l'unité dans un contexte de conflit et de division[390]. Lyotard argumente, lui, que les jeux de langage sont incommensurables, il admet toutefois que pour résoudre le « différend entre les facultés de l'esprit, c'est-à-dire entre des régimes de phrases hétérogènes », il nous « faut trouver le cas pour la règle ou la règle pour le cas », mais « cela ne s'apprend pas », en effet, « cela s'exerce », et c'est justement, « cela qui s'appelle le jugement »[391]. S'il faut

---

[390] MOUFFE Chantal, « Deconstruction, Pragmatism and The Politics of Democracy », *op.cit.*
[391] LYOTARD Jean-François, « Le judicieux dans le différend », *op.cit*, p. 207.

d'abord observer les différences pour découvrir les propriétés, la différence est la condition de possibilité pour constituer l'unité et la totalité comme elle représente sa limite essentielle, sa condition d'impossibilité. Penser la pluralité des références comme la possibilité de les unifier requiert une sémantique des valeurs prenant en compte la *valeur sémantique de l'expression*.

Dans ce cadre, le langage est une « institution fondamentale » par sa destination sociale[392], en ce qu'il exprime en son sein la structure sociale[393]. Pour Auguste Comte, ce qui prédomine dans la réalité sociale, explique Kremer-Marietti, « c'est la communauté des parlants, dont les sensations sont traduites linguistiquement dans le consensus social implicite propre à la structure sémantique d'une langue et de ses langages possibles »[394]. Le langage est relatif aux besoins de la cité. Le signe désigne la liaison constante entre l'influence objective et une impression subjective.

Plutôt que de considérer l'imprécision du langage comme une déficience dans nos façons de décrire le monde, il nous faut appréhender cette imprécision comme un élément essentiel pour le décrire de manière adéquate. Le langage est le lieu même de constitution du réel, lieu de la pensée symbolique où s'ordonne le réel. La politique délibérative va nous permettre d'avoir accès aux mécanismes symboliques, car elle constituera un espace où se décomposera l'agencement des genres de discours et des régimes de phrases. Par la délibération, note, en effet, Lyotard, « il y a une sorte de libération du langage, c'est plus qu'une affaire de représentation, c'est du point de vue du

---

[392] COMTE Auguste (1851-1854), *Système de politique positive Tome II, ou Traité de Sociologie instituant la religion de l'humanité*, Au siège de la société positiviste, Paris, 1929, p. 222 et p. 241. Cité dans KREMER-MARIETTI Angèle, « Auguste Comte et l'éthique de l'avenir », *Revue Internationale de philosophie*, 1998/1, pp. 157-177. Disponible sur :
< http://www.augustecomte.net/contenu/fjoints/39-fjoint.doc >
[393] BAKHTINE Mikhaïl, *Marxisme et philosophie. Essai d'application de la méthode sociologique en théorie du langage*, Minuit, Paris, 1977.
[394] KREMER-MARIETTI Angèle, *Le positivisme*, PUF, Paris, 1982, pp. 116-117.

langage, une organisation des régimes de phrases et des genres de discours qui repose sur leur dissociation »[395].

La difficulté réside dans les limites à assigner à l'indécidabilité et à l'expression des différences. Il est nécessaire d'envisager une commune mesure pour que les différences ne forment pas des îlots isolés, communautés sans dialogues. L'irréductible différence ne présume pas que des logiques équivalentes ne puissent être trouvées. Du côté de la linguistique pragmatique, nous trouvons des auteurs qui, entre tradition analytique et tradition continentale, cherchent à définir *les conditions ontologiques de validité des propositions universelles*[396]. Evans est un de ces philosophes. Il nous aide à déterminer les moyens par lesquels nous pouvons souligner la dimension interprétative de la langue et de son expression, en rapport avec sa structure intrinsèque, qui est pour nous la configuration des valeurs. Il stipule notamment que la connaissance d'un objet peut être déterminée d'innombrables façons, il est cependant probable qu'on puisse les unifier dans la mesure où elles sont toutes des façons différentes d'identifier le même objet[397].

Evans essaye de comprendre l'usage des noms propres en cernant la référence qui leur a été attribuée pour les signifier. Les « noms propres » sont des quanta de significations car entre l'association d'un nom et d'une description s'immiscent les propriétés d'inférence. Ces propriétés d'inférence peuvent être des connexions émotionnelles, conceptuelles ou imaginaires. Elles peuvent relever de l'existence d'une pratique cohérente d'usage d'un nom propre donné au sein d'une communauté particulière. Elles sont en définitive révélatrices des identités et des valeurs. L'usage d'un nom propre peut certes receler des confusions extrêmes mais ces conflits d'interprétation et d'assignation, en l'occurrence sur les valeurs ou sur les objets

---

[395] LYOTARD Jean-François, *Le Postmoderne expliqué aux enfants, op.cit*, p. 78.
[396] EVANS Gareth, « Reference and Contingency » in EVANS Gareth, *Collected papers*, Oxford University Press, 1983, pp. 178-213.
[397] EVANS Gareth, MC DOWELL John., *The Varieties of Reference*, Oxford University Press, 1982, p. 122.

démocratiques, sont en eux-mêmes significatifs et interprétables.

L'espacement entre le nom et sa description est à la fois vecteur de mésinformation comme il constitue une source d'informations. Selon Evans, non seulement les individus emmagasinent et entreposent l'information mais ils la rassemblent et la transmettent également. Assumer les noms propres, ce serait reconnaître la particularité de cette fonction chez les individus. Les occasions par lesquelles un individu est « identifié » ne sont pas seulement des occasions pour l'usage adéquat de l'information, elles sont des occasions pour acquérir des informations additionnelles enracinées dans l'expérience quotidienne de la société.

Evans souligne qu'une personne ne peut penser à un objet sans savoir préalablement à quel objet il pense, c'est-à-dire le reconnaître, le ré-identifier. Et cette référence à un objet pré-désigné dans son esprit découle d'un usage prédéterminé, un enracinement génétique lié notamment à un *contexte social et culturel dans lequel s'inscrit l'individu*. En un sens, il est probable que nous puissions acquérir un sens plus aigu de ce que nous sommes en décelant les références sur lesquelles nous nous reposons pour nommer les objets[398]. Une attention particulière doit être portée sur les conditions d'objectivation de la vérité, sur la gestion des identités et des conflits. La possibilité du consensus, celle d'une référence commune, est accrue si nous savons entrevoir la pluralité des références et leurs enracinements génétiques.

Le passage entre les univers cognitifs, sociaux et pratiques, repose sur l'articulation des régimes de phrases et des genres de discours. Parmi la multitude des expressions et des différences, parmi la variété des références, le politique doit déterminer la validité de certaines d'entre elles, par un ensemble de procédés politiques (estimation de la représentativité) et linguistiques (interférence, disposition à, habitude, occurrence, répétition des

---

[398] D'ailleurs, Derrida assimile le mouvement occulté de la trace à une occultation de soi. Il faut penser la trace avant l'étant nous dit-il. (*De la grammatologie, op.cit*, p. 69).

sémioses) censés constituer les conditions d'objectivité ou les prétentions à la validité des connaissances.

Les pragmatistes postmodernes, tels que Laclau ou Rorty, considèrent que la vérité s'accorde aux phrases, aux récits ou aux démonstrations qui semblent plausibles dans leur cohérence théorique et pratique. La vérité correspond simplement à ce qui sied aux phrases qui semblent « faire leur chemin » dans l'explication du réel, celles qui « fonctionnent » dans l'énonciation du vrai, validées dans la spéculation et validées dans l'expérience. Lorsque ces vérités nous apportent des réponses concrètes aux situations que nous rencontrons, elles acquièrent pour le pragmatisme *une instrumentalité pratique* au moins égal à la recherche analytique du vrai comme immuable, comme universel.

Dans certains contextes, le vrai peut être valide mais il sera peut-être invalidé dans d'autres, ce vrai nous aide cependant à répondre à des questions dans le contexte particulier où il a fonctionné. Cette posture pragmatique définit la vérité en termes de *warranted assertability*, que l'on pourrait traduire par « assertabilité garantie » ou « rationalité acceptable ». Laclau pense que ce sont justement ces contextes qui limitent l'indécidabilité et les options envisagées[399]. En faisant appel à la notion de vérisimilitude, le politologue affirme qu'il est envisageable de construire le commun par la persuasion. La référence à d'autres arguments permettrait de changer le système de valeurs des participants en faveur d'autres à travers la redescription du monde, présentant sur une base pragmatique le nouveau système de valeurs comme plus approprié ou plus à même de répondre au contexte ou au problème donné. La vérisimilitude présuppose donc une stabilisation des « croyances » qui, après recoupement, s'impose à nos esprits comme *l'apparence d'un vrai valide ou légitime*.

Nous sommes néanmoins pris dans un processus continuel qui n'a pas de fin mais qui n'est pas sans finalité. L'oscillation entre les possibilités est interminable car les références peuvent changer et les contextes évoluer au fil du temps. L'enjeu reste d'imaginer des liens à construire en envisageant la pluralité

---

[399] LACLAU Ernesto, « Deconstruction, Pragmatism and Hegemony », *op.cit.*

dans des logiques équivalentes, en soulignant les vocabulaires, les expériences et les espoirs communs. Pour répondre à la question des normes, des principes et des références partagés, il faut cerner les mécanismes qui marquent le passage, d'une part, entre les univers différenciés, pour les favoriser et, d'autre part, entre les étapes de déconstruction et les étapes de reconstruction, pour marquer les temps de cette prospective sociale.

L'organisation délibérative ne peut se départir d'une analytique des discours, elle ne peut pas non plus oublier de laisser entrer du « jeu » dans les discours, elle « préserve la possibilité que l'événement dans sa contingence soit prise en compte »[400]. La gouvernance postmoderne s'interroge dès lors sur la possibilité d'une synergie entre déconstruction et reconstruction, c'est-à-dire une médiation dans un travail constant de référence/déférence, identique/différentiel, idiome/singularité.

Il y a nécessairement différents rôles dans la prospective sociale ainsi que des temps plus aptes à des processus de reconstruction ou à ceux de déconstruction ; bien que la constance de la dialectique demeure indispensable dans les deux sens.

De façon purement hypothétique, les rôles peuvent se décliner ainsi dans une enceinte délibérative. Premièrement, Evans imagine *un tiers qui anime les références*, c'est-à-dire un tiers qui les prenne en considération comme proposition. Cette instance ouvre la délibération par une acceptation inconditionnelle de toutes les subjectivités. Le tiers étend son hospitalité à l'ensemble des références en élargissant au maximum leur collecte, en facilitant leurs dynamiques. Deuxièmement, *une instance témoigne du différend*, elle met en pratique la paralogie. L'activité différenciante souligne les métaprescriptifs, les références qui sont induites dans les expressions linguistiques, et le dissentiment qui en résulte. Troisièmement, *une instance introduira du descriptif et du compréhensif*, c'est-à-dire qu'elle aura pour charge d'apporter

---

[400] LYOTARD Jean-François, *Le Postmoderne expliqué aux enfants, op.cit*, p. 73.

des indications sur les phénomènes, portera à la conscience des participants, les contours des problèmes de société et de l'action politique dans la complexité contemporaine, de la manière la plus neutre possible. Quatrièmement, à un moment ou un autre, une autre instance se chargera de *faire intervenir le dénotatif*, elle analysera les éléments invariants et non subjectifs de la signification[401]. Enfin, cinquièmement, la partie la plus délicate revient à *investir la délibération d'une portée prescriptive*, c'est-à-dire normative. Le diagnostic d'une situation comporte d'ailleurs déjà une part non négligeable de normatif, le diagnostic implique un jugement de valeur et prolongera invariablement une visée prescriptive.

Au-delà de toute son utilité, la politique délibérative est aussi un lieu où se formulent des solutions politiques et des visions d'avenir ; l'espace délibératif est un lieu où se déterminent les arbitrages entre les systèmes de valeurs et les conceptions du monde, sur la base pragmatique de leurs conséquences ou de leurs efficacités, sur la base également de la mesure du partage de leurs références au sein de la société. En grande partie, l'unicité découle de la mise en réseau et de la paralogie afin d'établir des ponts favorisant la communication et augmentant la profondeur référentielle.

Le processus qui nous conduit à la commune mesure n'a pas de fin en soi parce que la dialogie est incessante. Considérée sous tous les angles, même celui de la linguistique, la différence n'acquerra jamais une consistance telle que le supposait l'unité moderne par sa réconciliation totale. L'interférence des références ne suffira pas pour déterminer la seule et unique perspective valable. Au contraire, c'est la constante saisie de ces références qui est un bienfait pour les relations entre le politique et la société.

Comme le démontre Tarde, et Latour à sa suite, même si l'élément social est un chaos inextricable d'hétérogénéités discordantes, il est toujours possible, sur le long terme, d'imaginer que sortent, de cette confuse Babel, quelques

---

[401] Cette fonction est nécessairement associée aux éléments de connotation, ce qui implique toute une gamme analytique, notamment psycho-politique, socio-anthropologique, ethnologique.

habitudes générales qui seront soulignées et formulées dans des lois grammaticales[402]. Malgré cela, la standardisation entraînera immédiatement le mouvement d'après lequel les monades diffèrent. Les lois grammaticales peuvent permettre à beaucoup plus de locuteurs de dialoguer ensemble, cela les aidera surtout à trouver de nouvelles formulations, de nouveaux coups de langages – encore d'autres formes de discordance. Elles auront toutefois permis à ces esprits de se diversifier une nouvelle fois. Les éléments macrosociologiques sont trop provisoires, ils révèlent une faible habilité à déterminer les occurrences, dans la mesure où ils ne servent que comme *occasions* pour *la génération de nouvelles différences*. Plus nous trouvons d'éléments structuraux, dans nos grammaires, dictionnaires et exemples, plus nous permettons aux discours de différer les uns des autres[403].

Le progrès se situe bien dans la continuelle évolution des langages et des descriptions du monde que nous utilisons, des relations sociales que nous entretenons et des formes d'organisation de la vie que nous créons. La politique postmoderne est poétique car elle se trouve devant un art du possible, l'aporie du conditionnel et de l'inconditionnel, une transaction impossible entre le calcul et l'incalculable[404]. Elle libère un langage créateur tout en lui imposant des cadres analytiques imparfaits mais nécessaires. Elle respecte inconditionnellement les différences et leurs expressions mais elle doit assigner des limites à l'indécidabilité. La décision en elle-même doit cristalliser le multiple dans l'Un, faire émerger l'*Unitas Multiplex*. Pour Derrida, cette transaction est sans règle donnée d'avance, sans assurance possible : « Une transaction toujours périlleuse doit donc inventer, chaque fois, dans chaque

---

[402] TARDE Gabriel (1893), *Monadologie et Sociologie*, *op.cit*. Cité dans LATOUR Bruno, « Gabriel Tarde and The End of the Social », *op.cit*.
[403] Nous comprenons en fait qu'il s'agit de destituer le centre, en laissant les périphéries s'exprimer, tout en assurant une configuration de ces périphéries qui soit modulable selon des visées stratégiques, c'est-à-dire dans l'optique de reconfigurer un centre, lui-même générateur de singularités.
[404] DERRIDA Jacques, *Voyous*, *op.cit*.

situation singulière, sa loi et sa norme, c'est-à-dire une maxime qui accueille chaque fois l'événement à venir »[405].

La politique postmoderne cherche l'événement de ce qui fait sens pour l'époque, de ce qui donne direction. L'événement postmoderne, ce serait la rencontre de la réalité et de la connaissance, c'est-à-dire l'appréhension de la formation des quantités sociales et des tendances pures, concrescence des singularités. Si, dans son essence, l'image est ouverte, des vues panoramiques de la société et de son futur s'installent cependant par progressives touches. Il faut en effet, selon Latour, contrebalancer la vue oligoptique par des vues panoramiques. Ce sont des processus de figuration propres au travail politique, leur intérêt est de préparer à la composition du collectif, les spectateurs, auditeurs et lecteurs sont eux-mêmes équipés d'un désir de totalité et de centralité dans cet exercice[406]. Laclau et Mouffe désignaient une production politico-*discursive* de la société, Latour distingue, lui, une production politico-*figurale* de la société. La multiplication de ces images, sur la base de scénarii, correspond à notre idée de prospective sociale, qui symbolise cette mise en relief du réel par la figuration, et un débat autour de ces figurations.

La question qui subsiste consiste à savoir ce qui appartient au politique en tant que tel et ce qui a trait à la sphère sociale. S'agit-il du progressif remplacement de l'ordre politique moderne par une sphère postmoderne de liens entre une multiplicité de groupes autour de valeurs communes comme la création ou l'innovation, l'amour ou la compassion ? Critchley propose, lui, de distinguer deux sphères, celle de la justice et celle de la loi[407]. La sphère de la justice correspondrait à un travail sans fin de long terme qui favoriserait l'information, l'éducation, la socialisation et la politisation. Elle traiterait des transitions de long terme de nos sociétés, par exemple les thèmes de la société de la connaissance ou de l'évolution du travail. La sphère de la loi engloberait les activités

---

[405] *Ibidem*, p. 208.
[406] LATOUR Bruno, *Changer de société*, *op.cit*, p. 276.
[407] CRITCHLEY Simon, « Deconstruction and Pragmatism - Is Derrida a Private Ironist or a Public Liberal ? » in *Deconstruction and pragmatism*, *op.cit*, pp. 14-40.

décisionnelles de court terme résultant de l'interaction entre les institutions politico-juridiques et l'expertise. Ces deux sphères auraient des objectifs et des temps différents. Pour Critchley, il n'y aurait pas d'instanciation entre les deux sphères, il n'existerait pas de rapports d'unification entre les objets et les débats des deux sphères, ce qui paraît impossible. Pour notre part, il nous semble que la gouvernance postmoderne relève au contraire d'une continuelle instanciation entre les deux sphères, l'une proprement politique et l'autre proprement civilisationnelle.

La politisation que les postmodernes préconisent conserve une nature ambiguë dès lors que l'on ne perçoit pas exactement ce qui relève de la chose politique et ce qui relève du dépassement d'une certaine logique moderne du politique. La politisation doit se comprendre ainsi comme *une production contingente du lien social.*

Au-delà des fonctions régaliennes, purement sécuritaires et matérialistes, l'Etat, dans l'optique postmoderne, déploie des fonctions minimales, différant de sa version moderne qui en faisait un centre d'opacité. Le rôle minimal de l'Etat est celui d'une médiation souple de mise en réseau et de pourvoyeur d'informations et de connaissances, un Etat initiateur, éducateur, garant de la liberté. C'est un Etat qui en initiant la société civile à la gouvernance de la société, et en se laissant initier par elle, lui laisse progressivement une place significative dans l'élaboration de ses perspectives.

Épilogue

« Les crises récurrentes, ou plutôt la crise permanente, dont le devenir de l'Occident s'entretient procèdent d'une disposition essentielle. L'Occident est cette civilisation qui s'interroge sur son essence de civilisation. La singularité de la civilisation occidentale réside en cette interrogation, qui la dote en retour d'une portée universelle, prétend-elle. »

Jean-François Lyotard[408].

---

[408] *Moralités postmodernes*, *op.cit*, p. 199.

La gouvernance postmoderne de la politique de civilisation

Nous sommes face à un monde multiple de différences culturelles, sociales, politiques, mais aussi un monde de différences temporelles, spatiales, sensibles, un monde de différences cognitives, symboliques, phénoménologiques. Dans ce monde postmoderne de différences, l'enjeu du passage revêt une importance déterminante quant à la cohésion sociale. Notre discussion sur le pluralisme démocratique a montré toute l'opérabilité du postmodernisme politique, il est un formidable outil épistémologique qui répond à la structure contemporaine de nos sociétés, des sociétés plurielles et multiculturelles où cette différence s'impose comme une figure centrale.

Le postmodernisme est une façon de penser la connexion des multiplicités. Il faut imaginer les méthodes voire les principes sur lesquels ces multiplicités grandissantes peuvent être liées. L'herméneutique sociale dépeinte dans ce travail porte sur cette question du passage et du réseau à construire entre multiplicités. Son objectif premier reste la communication sociale. Le partage et la circularité des informations doivent être la règle, la société postmoderne crée un espace d'échanges où ne sauraient prévaloir le contrôle et la domination. La circularité de l'information favorise la communication entre ensembles différenciés et la création de nouvelles configurations. Le moment postmoderne n'est qu'un moment du débat, la décision survient toujours avec son lot d'arbitrages, mais ce moment postmoderne est indispensable pour élucider les conditions de la communication sociale et relier les groupes entre eux.

L'enjeu est d'inventer les processus qui permettent aux forces sociales émergentes de contribuer au politique et à la progressive construction de l'éthique nécessaire à une certaine forme de société qu'on appelle démocratie. D'un modèle transcendantal à l'immanence, d'une vision verticale à une vision horizontale, ce sont les mouvements propres des rapports sociaux qui réalisent, de par leurs significations dynamiques, la production discursive ou figurale de la société. C'est dans la multiplication de ces moments et de ces situations d'institutions que nous pouvons saisir la société qui « se dit », la société qui « se fait ». Or, nous trouvons, dans ces micro-récits, des formes sociales qui sont autant d'agencements symboliques ayant précisément pour visée la représentation sociale. Les micro-récits *composent* la société, ils lui donnent forme, ils expriment en leur sein sa structure, voire ils la préfigurent.

Le perspectivisme postmoderne appliqué à la politique de civilisation, nous l'avons identifié relativement à la notion de prospective sociale. La prospective sociale a pour but de faire émerger la rationalité sociale du développement, elle étale, sur un plan de consistance, les dimensions du temps que sont le passé, le présent et le futur. Par la diffusion de la connaissance, le corps social s'approprie les thématiques du développement et entrevoit la situation contingente et historique dans laquelle il se trouve, il peut ainsi envisager les étapes de sa genèse. La politique de civilisation consiste à replacer l'homme dans son historicité en montrant comment le développement de l'humanité s'enracine dans des strates antérieures dont nous ne récoltons que les *traces* (des conflits structurants dont nous dirions qu'ils sont historiques et archétypaux, mythologiques ou encore psychanalytiques) mais aussi des strates postérieures, projections vers l'avenir qui forment l'horizon du sens. Ainsi se conçoit l'existence de la société, une présence à soi dans un « ici et maintenant » qui est une substance essentielle de l'expérience démocratique.

Ce que cible la gouvernance postmoderne, lorsque nous rassemblons les dimensions évoquées, ressemble à l'allégorie de la durée bergsonienne, une synthèse de temps et d'espaces. Plusieurs durées se présentent, plusieurs espaces coexistent, et la question de leur synchronisation constitue la question de la temporalité ou du contemporain. C'est dans cette synthèse de temporalités vécues, contextualisées dans des expériences spatiales, que se cristallise l'image dialectique de la société, malgré son incessante fluctuation. La démocratie qui est la force du peuple, le *cratos* du *demos*, se comprend essentiellement en rapport à l'institution de sa propre temporalité, des contours de son expérience, de l'investissement de ses espaces. Nous avons fait coïncider les processus de cette institution avec le moment ou la situation du vivre-ensemble, celle d'une vitalité du présent. Dans la dynamique sociale et culturelle de ces variations, la généalogie entrevoit ce qui fait « sens » pour l'époque, comme des courbures d'espace/temps[409].

Dans la situation délicate de transition que vivent nos sociétés, il est vital de développer un projet global de production symbolique qui s'attache à réintroduire ou recomposer l'intelligibilité d'un social fragmenté. L'ouverture du symbolique à la société apporte l'efficacité car il active la recomposition indispensable pour figurer les changements et donner à la société les moyens de se figurer *dans* ces changements. L'ouverture du symbolique contribue à affirmer la légitimité politique car elle autorise une réappropriation souveraine de la société quant aux processus qui la traversent et la redéfinissent. L'ouverture symbolique et sa constitution communicative sont par ailleurs un maillage essentiel de la solidarité et de l'organicité. Elle satisfait enfin à un autre type de légitimité, dont le besoin semble s'accroître vis-à-vis du politique, une légitimité philosophique ou spirituelle ; l'ouverture du symbolique facilite la connaissance de nous-mêmes car elle inscrit l'humanité dans une réflexivité essentielle sur son devenir.

C'est ainsi que Morin nous appelle à retrouver ce paradigme perdu de la nature humaine, car il constitue un paradigme utile pour nous situer dans notre époque confuse[410]. L'inclusion démocratique devient signifiante dès lors qu'elle participe à un projet de connaissance sur nous-mêmes. C'est l'enjeu de la société de la connaissance. La politique de la civilisation a pour objectif principal la libération du signifiant, une réflexion généralisée sur la complexité du développement, sur l'imbrication du niveau individuel et collectif, sur la nature humaine et son *propre*.

---

[409] La théorie postmoderne de la société nous semble tributaire d'un phénomène d'assimilation de la théorie physique de la relativité du temps, peut-être erronée dans les sciences humaines et sociales.
[410] MORIN Edgar (1973), *Le paradigme perdu : la nature humaine*, Seuil, Paris, 1979.

La postmodernité n'est encore qu'une figure sans forme, elle est le nom même d'un mouvement de transition. D'un côté, il faut laisser une expression pleine et libre aux micro-récits qui spontanément s'agencent pour donner forme à la contemporanéité. D'un autre côté, le politique a un rôle dans cet agencement symbolique des micro-récits pour recomposer des macro-récits sur le développement. Dans un contexte où le besoin d'identité est fort, où la confusion menace car elle est le terreau de tous les dévoiements, notre choix s'est donc porté, au-delà d'une déconstruction unilatérale, sur la possibilité d'une reconstruction qui implique la déconstruction, au sein de la prospective sociale.

Le contemporain ne se pense pas sur le mode unitaire d'une grande vie de l'esprit ou d'une programmation institutionnelle excessivement bureaucratique, il se pense à partir de réseaux complexes et décentralisés qui relient des points entre eux et qui entreprennent d'entrevoir leur(s) écheveau(x). Le contemporain demeure énigmatique si on ne le conçoit pas comme un composite multiforme et dispersé, une image-mouvement faite d'hétérotopies qui défie continuellement l'analyse et constitue une nouvelle manière de considérer l'histoire en train de se faire[411].

Sur la dialectique de l'histoire : vers quelle époque allons-nous ?

On ne peut pas faire comme si différents mouvements de synchronisation n'existaient pas au sein des sociétés occidentales. Il existe en effet une déconstruction des principales conceptions métaphysiques, philosophiques ou

---

[411] FOUCAULT Michel (1984), « Des espaces autres. Hétérotopies » in *Dits et écrits, Vol. IV*, Gallimard, Paris, 1994, pp. 752-762. Disponible sur :
< http://foucault.info/documents/heteroTopia/foucault.heteroTopia.fr.html >
L'hétérotopie s'entend ici comme des enclaves d'espace-temps, des enclaves imaginaires, où se recompose la société et se pense son avenir. Ce peut être également tous ces lieux à la marge qui sont également des lieux d'expérimentations d'une nouvelle société, par exemple d'une nouvelle sensibilité ou d'une nouvelle économie.

scientifiques qui ont contribué à façonner notre vision du monde ou de la réalité. À côté et avec ce mouvement intellectuel, la transition culturelle des valeurs se rapporte à une nouvelle hiérarchisation des priorités, une nouvelle structure des besoins. Cette révolution culturelle bouleverse silencieusement la structure dorsale de nos sociétés.

On ne peut pas faire comme si la simultanéité d'existence de ces mouvements, ou de présence, n'était qu'une chimère. C'est justement pour nous la simultanéité d'apparition de ces mouvements qui caractérise l'époque contemporaine ou ce qu'est le contemporain. Ces mouvements actualisent le contexte épochal comme ils sont actualisés par lui. Le postmoderne se définit à partir de cet ensemble de changements concomitants, par lesquels la société se pourvoit de nouvelles définitions, de nouveaux mots. Nous cernons la forme et le contenu du phénomène postmoderne à partir de l'étude de cette simultanéité d'instants sociaux et culturels, d'une part, mais aussi scientifiques et de connaissance, d'autre part. Ils agissent les uns sur les autres, se suivent et se rencontrent ici ou là, pour la plupart du temps se renforcer plutôt que de se dissoudre.

On ne peut faire comme si la modernité n'était pas à bout de souffle, le terme « hypermodernité » nous semble d'ailleurs seulement signifier la modernité tardive et la radicalisation de ses logiques. Ce terme ne signifie que la saturation des logiques inhérentes à la modernité. En ce sens, il correspond, dans les discours intellectuels, à la valence négative de la postmodernité. Au contraire, la notion de « postmodernité », et le postmodernisme en tant que mouvement culturel, postule le diagnostic de radicalisation de la modernité tout en développant des prospections sur les changements nécessaires pour sortir de cette saturation. Ici, les postmodernes entrevoient la valence positive de la postmodernité, au lieu d'en faire un résidu dégradé.

Cette époque requiert des nouveautés conceptuelles, elle nécessite ses propres théories de la réalité, elle doit être enracinée dans ses propres priorités. Ferré nous invite à repérer toutes *les intimations de changements* qui sont contenues dans cette époque en train de se faire[412]. Le contemporain, c'est aussi l'image de ce qui est devant nous, ce qui se présente, dans une éthique de l'instant, quand la situation agit de telle sorte que nous nous retrouvons devant un visage, même étranger, nous devons le reconnaître ; l'infinie responsabilité est celle d'une écoute.

Si le postmodernisme est une utopie, elle réside dans l'idéalisation de la systématicité même, qu'elle soit philosophique, politique, sociale, historique. La noblesse d'une théorie philosophique ou d'un projet politique, d'une génération à l'égard d'une autre, c'est de laisser toujours ouvert ce qui l'a constitué et la fonde. Le postmodernisme enjoint de s'approprier et de réinterpréter, non pas seulement sa propre existence en tant qu'idéologie, ou le futur en tant qu'avenir ouvert et prospectif, mais il prescrit aussi bien d'investir toutes les idées qui symbolisent l'humanité. Ce n'est pas l'histoire et son émancipation comme totalité, comme réconciliation, ce sont bien plutôt les histoires émancipatrices qui sont favorisées, soulignées et promues. Il n'y a pas de frontières, de barrières de savoirs, de cultures, de langues, d'histoires, de traditions. Après la modernité occidentale, son mode uniformisant et impérialiste, le postmodernisme se rapporte à l'émergence d'embryons de culture universalisable.

Dans la période de transition sémantique et anthropocentrique, il est nécessaire d'accroître l'implication des hommes et des femmes de tous horizons dans la graduelle délimitation d'un nouvel ordre de la pensée, une dialectique historique qui donne un sens au destin collectif, une nouvelle technique de la vie. La postmodernité est un lieu sans nom où chacun se reflète, dont nous sommes tous le reflet, nos vies étant non plus prises dans l'histoire mais l'expression même de cette histoire. Il est propre aux hommes de donner un mouvement à leurs vies, à la société qu'ils construisent comme à la Nature dont ils héritent. C'est pourquoi le *post* n'indique que cette transition-là, il n'indique pas un effacement du moderne ou son dépassement, il indique l'animation de ce mouvement même d'historicité déjà à l'œuvre dans les

---

[412] FERRÉ Frederick, *Being and Value*, *op.cit*, p. 280.

prémisses de la modernité ; il est ainsi un humanisme parce que l'humanisme ne posait rien de plus que l'auto-détermination de l'homme par la connaissance.

Une dialectique de l'histoire ne peut émerger par un acte de force, elle est la résultante d'une construction sociale complexe entre réflexions théoriques et pratiques, elle est façonnée à partir de consensus intellectuels, scientifiques et sociaux, elle provient de la graduelle structuration de nouvelles valeurs et du degré de l'évolution socio-technique. Ce qui importe alors, constitue bien l'ouverture essentielle de la physionomie de la postmodernité. Une telle élasticité permet que se projettent, dans une époque toujours à déconstruire et à reconstruire, les ferments de l'imagination humaine.

Ce qui vaut pour la dialectique de l'histoire, est par ailleurs valable pour la définition du paradigme scientifique qui accompagnera la transition ou émergera d'elle. D'après Kuhn, il n'y a pas de différence essentielle entre une révolution scientifique et une révolution politique[413]. Lors d'une révolution, Kuhn nous explique que le choix d'un nouveau paradigme à adopter est, en définitive, déterminé, par les valeurs et les intérêts de la communauté scientifique dominante, eux-mêmes relatifs au contexte psychologique et sociologique de l'époque. Or, rappelons encore comment le phénomène postmoderne, si ce mot a encore du sens dans quelques décennies, souligne juste une transition vers un nouvel ensemble paradigmatique. Ce paradigme n'arrivera pas d'un coup d'un seul, il sera le résultat d'un long processus car, nous dit Morin, « un paradigme, s'il doit être formulé par quelqu'un, par Descartes par exemple, est, dans le fond, le produit de tout un développement culturel, historique, civilisationnel »[414]. Le paradigme postmoderne en soi lié au paradigme de la complexité « viendra de l'ensemble de nouvelles conceptions, de nouvelles visions, de nouvelles découvertes et de nouvelles réflexions qui vont s'accorder et se rejoindre »[415].

---

[413] KUHN Thomas (1962), *La structure des révolutions scientifiques*, Flammarion, Paris, 1983.
[414] MORIN Edgar, *Pour entrer dans le XXIᵉ siècle*, *op.cit*, p. 103.
[415] *Idem*.

Ne croyons pas néanmoins qu'il n'y ait pas quelques éléments dialectiques qui puissent favoriser la compréhension de cette transition comme la transition elle-même. C'est ce que nous apporte essentiellement le postmoderne dans sa digression sur les « tours et retours » de l'évolution, une mise en perspective de la notion de progrès. Ce sera nos deux derniers points.

Premièrement, nous devons replacer la métaphysique constructiviste dans des processus historiques de long terme comme dans une évolution sociale et culturelle des besoins. La destitution de la référence transcendantale, comprise sous l'angle de l'époque, du sens de l'histoire, de la vérité ou du politique correspond selon nous à la réappropriation sociale de cette référence[416].

Cette destitution, ou selon réappropriation, provient d'un processus de libération, qui fut d'abord collectif et qui est maintenant individuel. Freitag a décrit pertinemment « le procès historique caractéristique de la modernité dans lequel la philosophie, puis la science se réappropriaient la "référence transcendantale" inhérente à la conception religieuse et à son élaboration théologique, tout en la déplaçant […] »[417]. La métaphysique constructiviste se situe dans ce phénomène propre à la modernité. Ce phénomène constitue, d'abord, un processus de libération collective parce qu'il s'agit de s'affranchir de la pensée mythologique ou magique, de la théologie, puis, progressivement aussi de leurs représentants terrestres, les souverains de droit divin. Avec les révolutions politiques, la référence transcendantale se déplace vers les institutions, les idéologies et les universaux en général. En tant qu'expression historique de ce processus, la déconstruction s'applique à ces derniers objets. Elle s'applique enfin à la Science, cette dernière n'échappant pas à l'esprit de déconstruction : elle est mise en cause en tant que facteur d'organisation de la vie. La science est la dernière structure qui

---

[416] Nous définissons ce phénomène comme une ré-immanentisation anthropologique.
[417] FREITAG Michel, « La dissolution post-moderne de la référence transcendantale », *op.cit*, p. 28

prétend régir le fonctionnement de la vie, celui de la subjectivité[418]. En tous les cas, la science représente, semble-t-il, la dernière figure à questionner, ou peut-être, est-ce la subjectivité, en elle-même, au-delà de tous ces conditionnements qui en vient à se questionner dans son immanence la plus nue.

L'immanence la plus nue en dehors de tout codage que nous évoquons ne serait-elle pas d'ailleurs la figure la plus intrinsèque de la philosophie postmoderne, une phénoménologie radicale où tout est phénomène ? Si nous pouvons parler de flux, c'est parce qu'il s'agit bien de ce monde fluide, où tout est processus, où la réalité est émergente.

On pourrait encore relier cette orientation de la réflexivité à une théorie de l'évolution des besoins comme le fait Baudrillard en empruntant à la République de Platon les trois ordres de la pensée. Ces ordres démarquent trois étapes qui déterminent probablement des stades historiques : l'usage de la Nature, la modification de la Nature au service de l'utilisation de celle-ci, la représentation de la Nature[419]. Baudrillard suppose que nous sommes entrés dans le troisième ordre, l'exploration de l'activité de représentation. La particularité de la pensée post-matérialiste se loge dans son étude singulière de la praxis : elle ne focalise pas tellement sur les conditions de production matérielle mais sur les conditions de production du sens. Par l'exploration de l'activité de représentation, l'objet de connaissance devient les modes d'investissement de la Nature et d'organisation du social, qui réfléchissent la nature humaine. Les trois ordres (utilisation, fabrication, représentation) rejoignent éventuellement la théorie des besoins de Deleuze et Guattari[420]. Des investissements préconscients d'intérêts et de besoins (utilisation), tels que les hommes de l'ère pré-moderne les effectuaient, aux investissements inconscients de la réalité (fabrication), tels que les hommes de la modernité en ont fait l'expérience avec la crise écologique, les guerres mondiales et

---

[418] Il reste encore probablement à interpréter la Nature ou notre nature, c'est-à-dire la vie même se faisant.
[419] Cité dans SANTRAC Alexander, *The Deconstruction of Baudrillard*, op.cit, pp. 59-62.
[420] DELEUZE Gilles, GUATTARI Félix, *Anti-Œdipe*, op.cit.

la bombe atomique, nous sommes, avec la pensée postmoderne, et la postmodernisation, dans la conscientisation graduelle des interactions de l'homme avec son environnement technique, naturel ou social, et, en définitive, avec lui-même. Ce qui constitue un paradigme écologique.

Notre deuxième et dernier point clarifie enfin la conception postmoderne du processus de développement. La linéarité du progrès moderne est substituée à la vision complexe de la « contemporanéité logique ». L'évolution n'est pas un chemin tranquille vers un progrès exponentiel, incessant, inaltérable. Il se compose de regrès, de discontinuités, d'inversion et d'interactions inattendues et imprévisibles. L'indéterminé souligné par la pensée *et* la condition postmoderne n'est pas tant un frein à la compréhension du développement. Au contraire, il permet de mettre des termes en tension, de concevoir l'évolution comme la décision sur le mode de l'aporie. Morin précise ainsi que la dialogie n'évite pas les contraintes logiques et empiriques à l'opposé d'une dialectique qui éclaircissait soudainement les horizons de l'histoire, de l'origine à sa fin. La politique, telle qu'est appréhendée par la cosmogonie postmoderne *et* dans les conditions sociétales postmodernes, n'est pas une chose facile, ce n'est pas la voie la plus aisée, parce que l'organisation demande une dépense d'énergie conséquente pour penser les structures et déployer les nouvelles postures pratiques au sein de ces structures. Cela entraînera plus de complexité, au lieu de la réduire, cela entraînera en effet plus de travail.

Auguste Comte le stipulait déjà à son époque : l'ordre et le progrès apparaissent sous les espèces d'un invariant et de variations. Il s'agit de discuter ce principe selon deux points de vue contraires, des dichotomies que Comte juge *universellement* repérables : dogmatique/historique, statique/dynamique, théorique/pratique, abstrait/concret, simple/complexe, intérieur/extérieur, dedans/dehors, objectif/subjectif, homme/monde[421]. Ces conflits structurants qui traversent l'évolution, nous pouvons cependant en tirer une connaissance approfondie pour cerner le complexe anthropo-

---

[421] COMTE Auguste, *Système de politique positive, Tome II, op.cit*, p. 432.

social. Nous pouvons recueillir le plus d'informations pertinentes dans le but d'arbitrer entre ses tensions, d'essayer de les dépasser, ou de les concilier, en fait, dans une harmonie.

L'Union européenne et la Mondialisation nous semblent des expériences politiques qui illustrent cet argument dans la mesure où il s'agit, pour l'Europe, d'assumer l'aspect dynamique du progrès, non seulement compris comme une progression mais aussi sous l'angle de ses instabilités et de ses regrès. La relativisation du progrès, et sa mise en tension analytique et pratique, permet de sortir d'un impérialisme aveugle qui sanctifiait son destin comme l'histoire triomphale de la vérité, sans voir pourtant les failles à l'intérieur et à l'extérieur de son système.

Un des conflits les plus structurants, s'il y en a qui surdétermine les autres, se comprend dans la tension entre homogénéisation et différenciation. L'espèce humaine semble avoir une charge, celle de réaliser l'unité dans la variété, parvenir à un niveau d'unité, de fusion adéquate, qui autorise l'expression de la solidarité et de l'efficacité collectives, tout en conservant et en stimulant la différenciation, indispensable à la créativité et à une certaine forme de liberté ou d'intégrité. À la racine, c'est pour Freud « une poussée érotique interne » qui entraîne les individus à s'unir, l'humanité à se rassembler, les nations à se regrouper et à procéder à une intégration continentale toujours plus étroite dans la fusion et l'interpénétration progressive des structures politiques de gouvernance[422]. Le slogan de l'Union européenne « L'unité dans la diversité » représente la traduction politique d'un mouvement biologique d'homogénéisation et de différenciation, cette tension doit également être comprise d'un point de vue socio-biologique. Nous sommes les vecteurs de la différentiation, comme le précise Lyotard mais, en même temps, dans un mouvement naturel, comme le montre Freud, nous sommes aussi voués à nous unir[423].

---

[422] FREUD Sigmund (1929), *Malaise dans la civilisation*, PUF, Paris, 1971, p. 91.
[423] LYOTARD Jean-François, *Moralités Postmodernes*, *op.cit.*

La mondialisation répond aussi à cette tension duale. Il nous faut à la fois de l'ordre et du désordre, de l'homogénéisation et de la différenciation. L'uniformisation du mode de vie est de plus en plus mise en cause car nous sentons qu'il nous est nécessaire de conserver une diversité qui représente la richesse de l'humanité. Cette vision de l'homme et de son humanité est à la fois basée sur l'unicité de l'humanité mais aussi et surtout sur le fait qu'il est *vital* de multiplier les échanges, les métissages, les hybridations ; conserver la variété des sentiments, des savoirs ou des arts.

D'une manière marquante, la civilisation contemporaine voit ce conflit de différenciation et d'homogénéisation s'insérer dans la dynamique de nos existences individuelles. La diversification a renforcé le sens de la liberté individuelle comme la pluralité des facettes de la personnalité, tout en provoquant la fragmentation du moi et un sentiment diffus de perte d'unité. Paradoxalement, dans ce monde nouveau de différences, la structuration du moi est livrée aux caprices homogénéisants du marché, au techno-capitalisme et à la performativité telle que nous l'avons définie. En quelque sorte, le conflit intrinsèque à la civilisation fusionne avec ceux des individus, dans la mesure où le conflit différenciation/homogénéisation est vécu sur le plan existentiel. Les deux plans que sont la civilisation et l'individu n'ont-ils jamais été aussi intriqués ?

Si nous réalisons la fusion et l'interpénétration de nos structures économiques, politiques et culturelles par la mondialisation, nous devons aussi penser la différenciation de ces processus, penser la possibilité même de cette différenciation afin de permettre à la pluralité de s'exprimer. Pour Lyotard, cela requiert de penser un libéralisme *démocratique* qui conserverait l'énergie nécessaire au développement et au vitalisme de la société.

Si l'homme se libère de ce conflit angoissant que représente, en réalité, l'entropie, s'il comprend que ces deux entités l'ordre et le désordre ou l'homogénéisation et la différenciation sont les deux faces d'une même pièce, il se libérera alors d'une angoisse profonde qui paralyse le processus de civilisation. Le malaise de la civilisation ne provient-il pas de la mécompréhension de l'ubiquité paradoxale de son processus d'évolution ? Il faut laisser s'exprimer les différences afin qu'elles soient potentiellement des progrès culturels et s'intègrent à la civilisation, au lieu de se diriger contre l'unité en privilégiant un désordre unilatéral et destructeur. Il faut contrôler les modalités d'homogénéisation afin que celles-ci résultent de la médiation des processus de différenciation, qu'elles soient, jusqu'à un certain point, en accord avec eux. Car, en effet, ces deux élans sont entremêlés et la société gagnerait à établir une synergie positive entre ces complémentarités.

Ce qui est fondamental dans le système mondial qui se dessine, c'est de poursuivre la fusion en accordant une attention particulière aux cultures, aux particularismes et à la pluralité. Espérons simplement qu'au-delà d'une lutte de pouvoir sur le symbolique de ce qui advient, nous aurons un dialogue ouvert, une herméneutique sociale où les éthiques plurielles feraient vivre les cultures et élargiraient leurs frontières.

Table des matières

Introduction 5

I - La condition postmoderne 15

Chapitre 1. Le prisme de la technique 19
   Hétérogénéisation et fragmentation 20
   Le Système des objets et la société de consommation ... 22
   Nouvelles technologies : l'ère de la simulation 24

Chapitre 2. La Société post-industrielle 31
   Le gouvernement à l'âge informatique 32
   Économie et Société de la Connaissance 34
   Humaniser la technique 41

Chapitre 3. Les mutations de la scène politique 47
   L'Existentialisme politique 48
   L'Etat et la régulation sociale 59

II - La pensée politique postmoderne 65

Chapitre 4. L'idéalisme après la modernité 67
   Les écueils de l'idéologie 68
   La mentalité utopique 73
   Entre Socialisme et Libéralisme 83

Chapitre 5. Le déplacement de la notion de politique ... 93
   Fonction imaginaire du récit social 94
   Les trois niveaux de la chose politique 97
   La constitution micropolitique du sujet 102

III - Critique de la raison politique moderne 107

L'homogénéisation comme négation 109

Chapitre 6. De la violence physique à la violence symbolique 111
   Totalité et hégémonie 112
   La colonisation des pratiques quotidiennes 115

Chapitre 7. L'imprésentable souveraineté 125
   Les axiomes de la société politique 126
   Conflits et antagonismes : la lutte identitaire 127
   Le crime du consensus 132
   Le peuple ou le *demos* introuvable 136

IV - *Unité* moderne, *Unicités* postmodernes 147

Chapitre 8. Comprendre le polythéisme des valeurs 149
   De l'Un et du Multiple : une aporie contemporaine 150
   La problématique du commun 153

Chapitre 9. Typologie du lien social : la solidarité vécue 165
   Solidarité structuro-fonctionnelle : les conditions matérielles 166
   Le champ symbolique et la socialité 170

V - De la différence en politique 195
La différenciation comme ouverture 197

Chapitre 10. La politique réinventée ou la production du social 201
   La dyade morale/ sociale 203
   La co-production symbolique du réel 205
   Performativité sociale 212

Chapitre 11. La démocratie participative 221
Du panopticon à l'oligopticon 222
   L'action dans les sociétés complexes 224
   L'indécidabilité du politique : dialogies civiques 230
   Décision et différence : la commune mesure ? 241

Épilogue 253
La gouvernance postmoderne de la politique de civilisation 255
Sur la dialectique de l'histoire : vers quelle époque allons-nous ? 258

Politique
aux éditions L'Harmattan

POLITIQUES DE LA VIOLENCE
Essai sur l'impuissance citoyenne
Cagnat Cédric - Préface d'Alain Brossat
L'auteur nous propose ici une analyse du fonctionnement des mécanismes d'extermination de la vie politique dans nos sociétés. La thèse qu'il soutient : le «démocratisme», soit l'idéologie des formes de pouvoir légitimées, est cela même qui refoule et tue la démocratie. Selon lui, cette idéologie fonctionne comme un agencement de discours destinés à faire prévaloir auprès de la population cette «évidence» fallacieuse, discréditant toute autre figure de la politique ou de l'activité démocratique.
(Coll. Questions contemporaines, 19.00 euros, 192 p.) ISBN : 978-2-296-96545-4

SIGNATURE EN POLITIQUE
Entre attribut du pouvoir et contrainte matérielle
Raher Rémi
Dans le champ politique, la signature peut être perçue comme un outil de structuration de l'action publique : elle valide une décision et engage un processus. Cependant, nombreux sont les documents signés sans que le titulaire de la signature n'ait formellement émis son accord, voire sans qu'il en soit informé. L'utilisation de la signature s'inscrit dans les règles du jeu politique, mais elle rend possible l'expression de singularités, avec un enjeu global qui se résume ainsi : qui décide ?
(Coll. Questions contemporaines, 15.50 euros, 152 p.) ISBN : 978-2-296-96105-0

PACTE (LE) SOCIAL RÉEXPLIQUÉ AUX CITOYENS DÉCHUS
Coito Manuel
Le pacte social menace de rompre sous l'effet d'un capitalisme finissant. Une idéologie d'allure religieuse est appelée à la rescousse pour sauver les apparences et prospère d'autant que se languit la vie politique. Ce livre revient sur les tyranniques injonctions des sondeurs de la volonté publique et des apôtres de la fatalité économique, l'absurde liturgie électorale de la représentation politique, la forclusion sociale des vieux... et imagine l'avenir d'un regain du pacte social.
(Coll. Questions contemporaines, 13.50 euros, 120 p.) ISBN : 978-2-296-96404-4

DÉVELOPPEMENT DURABLE ET SCIENCES SOCIALES
Traductions d'un concept polysémique de l'international au local
Coordonné par Marjorie Filliastre, Marion Mauger-Parat et Hélène-Yvonne Maynaud
L'étude pluridisciplinaire de la question du développement durable suscite de nouveaux questionnements à l'aune de la situation internationale et nationale. Les chercheur-e-s en sciences humaines et sociales en examinent les ressorts

et étudient la manière dont les individus, seuls ou collectivement, membres d'organisations publiques ou privées, professionnels ou particuliers, se représentent ce phénomène ou encore oeuvrent pour sa mise en place.
(Coll. Dossiers Sciences Humaines et Sociales, 22.50 euros, 226 p.)
ISBN : 978-2-296-96536-2

GÉNOCIDE (LE) FACE À L'IMAGE
Gosziola Matthleu
L'image témoigne toujours du réel dans son aspect le plus tranchant. Elles apparaissent comme ontologiquement nécessaires lors des conflits, des guerres, et plus particulièrement lors de cette atrocité qu'est le génocide. Il s'agit simplement de témoigner de toutes les douleurs et de toutes les injustices pour tenter de les prévenir, dans ce monde si féru d'oubli. Car un génocide est toujours possible, n'importe où, n'importe quand.
(Coll. Questions contemporaines, 14.00 euros, 128 p.) ISBN : 978-2-296-96841-7

PASSAGE AU CRIBLE DE LA SCÈNE MONDIALE
L'actualité internationale 2011
Sous la direction de Josepha Laroche
Cette publication porte sur l'actualité mondiale de l'année 2011 : une importance particulière a été accordée à l'affaiblissement des Etats. Ce livre souligne également les avancées juridiques et les innovations institutionnelles réalisées en matière de protection internationale des droits de l'Homme, il met en avant la vigueur et le dynamisme des mobilisations sociales s'exerçant aujourd'hui sur la scène mondiale.
(Coll. Chaos International, 13.50 euros, 124 p.)   ISBN : 978-2-296-96991-9

SCÈNE (LA) INTERNATIONALE À L'HEURE DES MENACES TERRORISTES
Dankoro Salim Oussène Sanka
L'auteur divulgue un regard d'expert sur les sources profondes du terrorisme. En nous faisant découvrir les évolutions tumultueuses de la scène internationale, il expose par la suite les multiples bouleversements apportés par l'intervention des promoteurs de violence privée dans le champ de la coopération sécuritaire internationale et dans l'agenda des organisations internationales et régionales ; enfin, il dévoile les étranges révélations de la lutte contre le terrorisme, et les raisons de l'impossibilité de le combattre.
(Coll. Défense, 18.00 euros, 182 p.)   *ISBN : 978-2-296-96079-4*

DÉMOCRATIE PARTICIPATIVE : PROGRÈS OU ILLUSIONS ?
Fauchard Liam, Mocellin Philippe
Si la démocratie participative devait compléter la démocratie représentative, comment faudrait-il s'y prendre ? Est-ce souhaitable ? Est-ce transposable dans des pays n'ayant pas une longue tradition de démocratie ? *A contrario*, il existe des régions du globe où des formes nouvelles de représentations pluralistes s'expriment, à l'écart des mécanismes occidentaux. La démocratie participative mérite d'être explorée dans ses avantages et ses inconvénients.
(Coll. Administration et Aménagement du Territoire, 28.00 euros, 278 p.)
ISBN : 978-2-296-96219-4

J'AI UN MANDAT DU PEUPLE
Propos insolents d'un député rebelle
Myard Jacques
Diplomate de carrière, Jacques Myard confie dans cet ouvrage quelques réflexions tirées de son expérience de maire et de député. En contrepoint de ce témoignage sincère, ses interventions à la tribune de l'hémicycle rendent compte de l'engagement d'un élu du peuple.
(15.50 euros, 148 p.)   *ISBN : 978-2-296-96973-5*

VOIES (LES) DE LA RÉSILIENCE
Sous la direction de Carine Dartiguepeyrou
Préface d'Ervin Laszlo
Avant-propos d'Edgar Morin
Quelles sont les tendances à venir dans un monde en mutation ? Quelles sont les solutions d'avenir, les actions à entreprendre ? La résilience met l'accent sur la réaction en cas de choc, la capacité de transcender une difficulté et de se transformer. Ce livre met en lumière ces chemins qui demandent créativité et réinvention de notre part, c'est un appel à la conscience planétaire et un hymne à notre interdépendance avec le monde du vivant.
(Coll. Prospective, 21.00 euros, 204 p.)   *ISBN : 978-2-296-97026-7*

DÉMONDIALISTES (LES) POURRAIENT-ILS DEMAIN NOUS SAUVER ?
Pascallon Pierre
La mondialisation est perçue comme une menace, les thèses démondialistes recueillent aujourd'hui un large écho. Il est donc indispensable de regarder au plus près si leurs propositions sont de nature à nous permettre de sortir à l'avenir de la crise... Une réflexion s'impose à l'heure où les questions de «mondialisation-démondialisation-remondialisation» sont au coeur de tous les débats, de ceux de la campagne présidentielle française en particulier.
(18.00 euros, 184 p.)   *ISBN : 978-2-296-96516-4*

CAPITALISME À L'AGONIE
Quel avenir pour homo sapiens ?
Dalgalian Robert
Nous vivons une crise de civilisation. Si les chemins d'une démocratie rénovée se découvrent toujours en situation de crise, il n'est peut-être pas indispensable que celle-ci atteigne des sommets cataclysmiques. L'horizon du sursaut ne peut se dessiner que dans un exercice collectif de lucidité et de responsabilité. Nous en avons les ressources cérébrales nécessaires. Cela s'appelle la démocratie autogestionnaire.
(16.50 euros, 172 p.)   *ISBN : 978-2-296-56974-4*

FRANÇOIS HOLLANDE : DISCOURS DU BOURGET
ET AUTRES DISCOURS DE LA CAMPAGNE PRÉSIDENTIELLE
Textes présentés par Alain Chardonnens
François Hollande revient de loin : peu croyaient en ses chances de remporter les primaires socialistes contre Dominique Strauss-Kahn. Pour gagner les présidentielles, il veut à présent effacer son image d'homme hésitant aux projets flous. Au Bourget, il apparaît comme un tribun au verbe brillant et à la

gestuelle mitterrandienne, à la Maison des Métallos il détaille son programme, à Rouen il attaque le bilan de Nicolas Sarkozy...
(12.00 euros, 106 p.) *ISBN : 978-2-296-96075-6*

ITINÉRAIRE D'UN ÉLU SOCIALISTE EN SARKOZIE
Janvier Guy
Préface de Jacques Rozenblum ; avant-propos de Robert Badinter
Guy Janvier est élu conseiller général des Hauts-de-Seine en mars 2004 lorsque Nicolas Sarkozy en devient président. S'il prétend vouloir faire de ce département le laboratoire de ses idées, N. Sarkozy comprend vite l'intérêt qu'il a de ne rien changer au «système» mis en place par Charles Pasqua. Haut fonctionnaire de l'État et titulaire de différents mandats locaux, l'auteur avance des propositions concrètes dans les domaines du logement, de l'éducation, de la famille, des drogues...
(14.50 euros, 162 p.) *ISBN : 978-2-296-96825-7*

MON COMBAT CONTRE LE FÉODALISME FINANCIER
50 éditoriaux 1995/2012
Cheminade Jacques
Ce recueil présente une sélection d'éditoriaux que Jacques Cheminade a écrits entre 1995 et 2012. Ennemi de l'oligarchie financière et de son idéologie prédatrice, il s'efforce de servir la cause des générations à naître. Le candidat à l'élection présidentielle de 2012 nous livre ici ses repères, à l'opposé de la vision oligarchique qui espère contrôler le «temps de cerveau disponible» et manipuler les préjugés.
(14.00 euros, 132 p.) *ISBN : 978-2-296-97014-4*

CONSOMMATION (LA) CITOYENNE : ORIGINES, SIGNIFICATIONS, ENJEUX
Flipo Jean-Paul
La consommation citoyenne consiste, de la part d'un individu ou d'un groupe, à se prendre en charge, tant dans le choix d'un modèle personnel de consommation que dans la manière de l'accomplir. Ce livre présente une analyse éclairant le sens de ces nouvelles conduites consommatoires et évoque des perspectives d'action. La consomm'action peut être une alternative à la participation politique car elle porte l'espérance de résultats tangibles et d'une autonomie véritable des consommateurs.
(24.00 euros, 240 p.) *ISBN : 978-2-296-56967-6*

LIENS ENTRE SÉCURITÉ ET DÉVELOPPEMENT
De l'évidence à l'ambiguïté
Saliba-Couture Charles
Peut-il y avoir développement sans sécurité et sécurité sans développement ? Les liens entre ces deux notions sont sujets à interprétation et couvrent des enjeux et domaines multiples. L'objectif de cet ouvrage consiste à déconstruire l'»évidence» de ces liens en usant du concept d'*ambiguïté*. Ce cadre d'analyse est illustré par l'étude des rapports et publications gouvernementales du *Département for international Development* (DFID) du Royaume-Uni.
(Coll. Questions contemporaines, 11.50 euros, 242 p.) ISBN : 978-2-296-56852-5

L'HARMATTAN, ITALIA
Via Degli Artisti 15; 10124 Torino

L'HARMATTAN HONGRIE
Könyvesbolt ; Kossuth L. u. 14-16
1053 Budapest

ESPACE L'HARMATTAN KINSHASA
Faculté des Sciences sociales,
politiques et administratives
BP243, KIN XI
Université de Kinshasa

L'HARMATTAN CONGO
67, av. E. P. Lumumba
Bât. – Congo Pharmacie (Bib. Nat.)
BP2874 Brazzaville
harmattan.congo@yahoo.fr

L'HARMATTAN GUINÉE
Almamya Rue KA 028, en face du restaurant Le Cèdre
OKB agency BP 3470 Conakry
(00224) 60 20 85 08
harmattanguinee@yahoo.fr

L'HARMATTAN CAMEROUN
BP 11486
Face à la SNI, immeuble Don Bosco
Yaoundé
(00237) 99 76 61 66
harmattancam@yahoo.fr

L'HARMATTAN CÔTE D'IVOIRE
Résidence Karl / cité des arts
Abidjan-Cocody 03 BP 1588 Abidjan 03
(00225) 05 77 87 31
etien_nda@yahoo.fr

L'HARMATTAN MAURITANIE
Espace El Kettab du livre francophone
N° 472 avenue du Palais des Congrès
BP 316 Nouakchott
(00222) 63 25 980

L'HARMATTAN SÉNÉGAL
« Villa Rose », rue de Diourbel X G, Point E
BP 45034 Dakar FANN
(00221) 33 825 98 58 / 77 242 25 08
senharmattan@gmail.com

L'HARMATTAN TOGO
1771, Bd du 13 janvier
BP 414 Lomé
Tél : 00 228 2201792
gerry@taama.net

616270 - Août 2015
Achevé d'imprimer par